2024 年哈尔滨市社会科学界联合会学术著作出版资助项目

数字普惠金融赋能区域经济高质量发展的内在机理及实现路径研究

张鑫瑜 著

中国商业出版社

图书在版编目（CIP）数据

数字普惠金融赋能区域经济高质量发展的内在机理及实现路径研究 / 张鑫瑜著. -- 北京 : 中国商业出版社, 2024. 12. -- ISBN 978-7-5208-3290-8

Ⅰ. F127

中国国家版本馆 CIP 数据核字第 20242MV713 号

责任编辑：滕　耘

中国商业出版社出版发行

（www.zgsycb.com　100053　北京广安门内报国寺1号）

总编室：010-63180647　　编辑室：010-83118925

发行部：010-83120835/8286

新华书店经销

北京虎彩文化传播有限公司印刷

*

710毫米×1000毫米　16开　14.5印张　　220千字

2024年12月第1版　2024年12月第1次印刷

定价：58.00元

* * * *

（如有印装质量问题可更换）

前　言

在全球经济一体化的背景下，金融服务实体经济的发展和经济转型升级已成为各国政府和学者关注的焦点。普惠金融作为一种新型金融服务模式，如何增强服务实体经济的能力，实现供给侧结构性改革，成为其高质量发展的关键问题。

习近平总书记在中央全面深化改革委员会第二十四次会议上强调："要始终坚持以人民为中心的发展思想，推进普惠金融高质量发展，健全具有高度适应性、竞争力、普惠性的现代金融体系，更好满足人民群众和实体经济多样化的金融需求，切实解决贷款难贷款贵问题。"党中央、国务院高度重视发展普惠金融，自2013年发展普惠金融被确立为国家战略以来，取得显著成效，多层次、广覆盖的普惠金融供给格局逐步确立，服务普惠金融的信用信息体系不断完善。当前，我国已迈上全面建设社会主义现代化国家新征程，对普惠金融工作提出更高要求，需要继续做好顶层设计，明确推动普惠金融高质量发展的具体路径。2023年10月，国务院印发《国务院关于推进普惠金融高质量发展的实施意见》，明确未来五年推进普惠金融高质量发展的指导思想、基本原则和主要目标，提出一系列政策举措，将进一步推进普惠金融高质量发展，满足人民群众和实体经济的金融需求。同时，国家也强调要加快发展数字经济，促进数字经济和实体经济深度融合，深化金融体制改革，加强和完善现代金融监管，加快金融领域数字化转型，全面塑造数字化能力，提高金融服务质量和效率。

随着数字技术的快速发展，普惠金融得以通过大数据、云计算、区块链、人工智能等先进技术，实现金融服务的普及和便捷化。本书以数字普惠金融如何助力区域经济高质量发展为研究目标，从数字普惠金融赋能供给侧结构性改革视角切入，分析供需市场中各利益群体的竞争和博弈关系，阐释普惠金融供需关系的内在机理，运用构建数学模型、博弈论、数理证明等方法分析各利益群体在数字普惠金融发展过程中的行为选择和策略互动，探索如何推进普惠金融供给侧结构性改革；从数字普惠金融推进需求侧创新发展视角，研究数字普惠金融对企业技术创新的影响；通过理论分析和实证研究，探索数字普惠金融驱动区域经济的传导机制及实现路径。这有助于厘清数字普惠金融与实体经济发展之间的内在关联，为实现金融供给侧结构性改革、提高普惠金融服务实体经济质效提供理论依据。此外，本书还调研了我国数字普惠金融发展和黑龙江省经济发展现状，分析了黑龙江省数字普惠金融的发展情况，揭示其规律和特点，为助力黑龙江经济发展提供政策依据。

本书在写作过程中参考和借鉴了大量文献资料，在此向所有的作者表示衷心的感谢。由于时间仓促，加之作者学术水平有限，书中难免存在错漏，请读者批评指正。

本书的出版获得黑龙江省哲学社会科学研究规划项目《全面振兴龙江经济的数字普惠金融供需机制及实现路径研究（22JYE460）》、哈尔滨市社会科学界联合会学术著作出版资助项目《数字普惠金融赋能区域经济高质量发展的内在机理及现实路径研究（2024HSKZZ010）》、2022 年哈尔滨商业大学《教师“创新”项目支持计划》项目，以及哈尔滨商业大学博士科研启动项目《面向情境感知的海量数据整合技术研究（14rw27）》等项目的资助。

最后，希望本书能为读者提供一定的启示和借鉴，促进数字普惠金融与区域经济高质量发展的深度融合，助力实现金融服务实体经济的目标。

张鑫瑜

2024 年 8 月

目　录

1 绪 论

1.1 选题背景与研究意义

1.1.1 选题背景

习近平总书记在中央全面深化改革委员会第二十四次会议上强调："要始终坚持以人民为中心的发展思想，推进普惠金融高质量发展，健全具有高度适应性、竞争力、普惠性的现代金融体系，更好满足人民群众和实体经济多样化的金融需求，切实解决贷款难贷款贵问题。"自党的十八大以来，党中央、国务院高度重视发展普惠金融。2013 年，党的十八届三中全会提出"发展普惠金融"，确立其为国家战略。2015 年 12 月，国务院印发《推进普惠金融发展规划（2016—2020 年）》（以下简称《规划》），明确了普惠金融的概念。十几年来，普惠金融的发展取得显著成效，普惠金融的理念逐渐深入人心，多层次、广覆盖的普惠金融供给格局逐步确立，普惠金融产品服务持续优化，服务普惠金融的信用信息体系不断完善，支撑普惠金融发展的政策制度更加健全，在服务国家战略、地方发展和人民群众生产生活等方面发挥了重要作用。

当前，我国已经迈上全面建设社会主义现代化国家新征程，对普惠金融工作提出了更高的要求。因而有必要继续做好顶层设计，明确推动普惠金融高质量发展的具体路径。2023 年 10 月 30 日，国务院印发《国务院关于推进普惠金融高质量发展的实施意见》（以下简称《实施意见》），明确我国未来五年推进普惠金融高质量发展的指导思想、基本原则和主要目标，提出了一系列政策举措。一方面，《实施意见》是《规划》的必要延伸。《规划》实施到期后，普惠金融发展仍面临诸多问题和挑战，有必要持续发力、补齐短板，构建高水平普惠金融体系。另一方面，《实施意见》是贯彻落实党中央、国务院对普惠金融领域各项工作部署的必然要求。《实施意见》认真贯彻党的二十大精神，践行金融工作的政治性和人民性，围绕支持中小微企业发展、健全农村金融服务体系、巩固拓展脱贫攻坚成果、加强和完善现代金融监管等党中央工作部署，细化政策举措。《实施意见》的出台，将进一步推进普惠金融高质量发展，更好满足人民群众和实体经济的金融需求。党的二十大报告强调要加快发展数字经济，促进数字经济和实体经济深度融合；提出深化金融体制改革、加强和完善现代金融监管的战略举措。国务院印发的《“十四五”数字经济发展规划》提出，到 2025 年，我国数字经济核心产业增加值占 GDP 比重达到 10%，要加快金融领域数字化转型，合理推动大数据、人工智能、区块链等技术在银行、证券、保险等领域深化应用。人民银行印发的《金融科技发展规划（2022 — 2025 年）》（以下简称《金融规划》）指出，要以加快推进金融机构数字化转型为主线，同时将深化金融业数字化转型作为发展目标之一，在重点任务中强调全面塑造数字化能力。2022 年发布的《中国银保监会办公厅关于银行业保险业数字化转型的指导意见》强调：“到 2025 年，数字化金融产品和服务方式广泛普及，基于数据资产和数字化技术的金融创新有序实践，个性化、差异化、定制化产品和服务开发能力明显增强，金融服务质量和效率显著提高。数字化经营管理体系基本建成，数据治理更加健全，科技能力大幅提升，网络安全、数据安全和风险管理水平全面提升。”

中央金融工作会议指出，金融是国民经济的血脉，是国家核心竞争力的重要组成部分，要加快建设金融强国。经济高质量发展离不开金融资源的滋养与润泽，数字经济时代背景下的金融对黑龙江省经济振兴的支撑作用愈发显著。黑龙江省人民政府印发《黑龙江省“十四五”数字经济发展规划》《黑龙江省金融开放招商若干政策措施（试行）》《黑龙江省绿色金融工作实施方案》《加强金融服务民营企业二十项措施》《黑龙江省推进普惠金融高质量发展实施方案》等系列省部委的发展规划强调，推动科技服务创新金融服务，鼓励金融机构围绕全省数字经济发展的各类融资需求，畅通融资渠道，创新融资产品。数字普惠金融作为一种新兴的金融模式，在黑龙江省经济高质量发展中具有重要作用。

在当前经济全球化的大背景下，全面振兴黑龙江省经济显得尤为重要。作为中国东北的重要地区，黑龙江省的经济发展在整个东北地区乃至全国的经济增长中都扮演着重要角色。然而，由于历史原因及地理位置等因素，黑龙江省的经济发展仍面临诸多挑战。而数字普惠金融的出现无疑为黑龙江省经济的全面发展注入了新的活力。数字普惠金融以其低成本、高效率的特点，为广大民众尤其是小微企业和边远地区的居民提供了便捷的金融服务，这对于激发地区内的消费潜力，推动产业升级具有重要的促进作用。因此，深入研究数字普惠金融在全面振兴黑龙江省经济中的作用,有助于提升金融服务的普及率和质量，对于实现区域经济的均衡发展、促进社会财富的公平分配也有不可替代的价值。

目前由于地理环境、产业结构等多重因素，黑龙江省普惠金融的发展程度相对不高，金融服务实体经济的能力有待提高。为此，研究数字普惠金融如何赋能区域经济高质量发展，成为当前金融改革和发展的重要课题。为深入贯彻习近平总书记视察黑龙江省期间的重要讲话指示精神，全面落实《实施意见》，结合黑龙江省实际，致力于构建高水平普惠金融体系，黑龙江省人民政府于2023 年 12 月 11 日印发了《黑龙江省推进普惠金融高质量发展实施方案》，旨在进一步推进普惠金融高质量发展。因此，黑龙江省积极面对和妥善解决数字普惠金融高质量发展和普惠金融供给侧结构性改革的问题，是落实党中央关于东北振兴一系列决策部署的需要所在。

1.1.2 研究意义

1. 理论意义

我国已站位于金融服务实体经济发展和经济转型升级相结合的战略高度，而普惠金融如何增强服务实体经济，如何发挥对区域经济高质量发展的引擎作用，供给侧结构性改革成为其助力的关键。本书以数字经济时代下数字普惠金融赋能区域经济高质量发展的内在机理及实现路径作为研究目标，以振兴区域经济为前提，从数字普惠金融赋能供给侧结构性改革视角切入，综合运用博弈论、推理证明、大数据分析、固定效应模型以及实证分析等多种研究方法，进行了数字普惠金融供需机制、供需两侧关系的内在机理、如何推进供给侧结构性改革和需求侧创新发展，以及数字普惠金融赋能区域经济高质量发展的传导机制与实现路径等方面的深入研究，旨在缓解数字普惠金融供需结构失衡、资源错配问题，扩展数字普惠金融的理论边界，丰富数字普惠金融的理论体系和区域经济发展理论，为数字普惠金融与区域经济的协调发展提供新的理论视角和实践经验。

2. 实践意义

本书从黑龙江省数字普惠金融发展的现状出发，系统分析了数字普惠金融助力区域经济高质量发展的内在机理和实现路径，为黑龙江省金融资源合理配置以及区域经济发展提出新方向；以数字普惠金融推动黑龙江省区域经济发展，改善金融资源低效和无序的状态，最终实现相互促进的良性循环。本书所研究的内容服务于国家战略及黑龙江省“十四五”规划，不仅满足党中央切实加大“三农”领域金融支持的战略要求，还为黑龙江省数字普惠金融供给侧结构性改革提供战略发展方向。研究成果有助于政府部门做好金融战略规划，合理配置资源，扩大服务范围，为政府相关部门制定政策提供客观依据及决策借鉴。

响应党中央深化金融供给侧结构性改革的战略要求，促进传统金融机构业务的转型升级，为新时期数字经济与普惠金融的深度融合提质增速，是区域经济发展的要求，也是黑龙江经济全面振兴的金融保障要求。

1.2 国内外相关研究现状梳理

1.2.1 关于数字普惠金融的国外研究现状

1. 数字普惠金融和经济高质量发展的相关研究

相关研究一般侧重于普惠金融的功能及其对各类群体、中小微企业的创新作用和对区域经济的影响。Honohan（2005）提出，普惠金融应具有四大功能：扩大内需、刺激经济、消除贫困以及实现包容性社会。普惠性、包容性的金融服务可以促进经济增长，令所有公民受益，为金融各类群体提供动力（Kapoor，2013；Manyika J.，Lund S.，Singer M.，2016；游士兵，2023）。数字普惠金融能够通过创新金融服务方式，提高金融服务效率，进一步推动经济高质量发展（Demirguc-Kunt 等，2015）。Manyika J.，Lund S.和 Singer M.（2016）发现，数字普惠金融能提高居民生活水平，为金融各类需求群体提供动力。Cull R.（2013）和 Corrado（2017）指出，数字普惠金融发展与经济发展存在可持续的协同效应。Hanning A.（2017）指出，县域普惠金融可缩小贫富差距。随着数字技术和设施的普及与完善，金融机构能以低成本为社会提供金融服务（Gomeber P.，Koch J A.和 Siering M.，2017），且其发展水平对经济增长的影响效应也存在差异（Kremer S.，2018)。数字普惠金融可以通过金融科技手段，提高金融服务实体经济的能力，推动产业数字化转型，为经济高质量发展提供支持（Laeven，2018）。Jain S.和 Gabor D.（2020）指出，数字普惠金融缓解了信息不对称程度，降低了金融服务过程中的交易成本，为金融市场提供更多透明度和公平性（Rojas-Suarez 和 Amado，2020），从而增强了金融供给的可持续性。

2. 关于数字普惠金融供需的相关研究

相关的国外研究集中融资约束、金融市场供需不均衡影响方面。Berger（2001）发现，融资双方信息不对称导致中小企业融资难，且高科技中小型企业所受影响更大（Paulo Maçãs Nunes，2012），而政府财政发展以及合理配置可以促进外部融资缓解此类问题（Beck，2008)。Harmgart H.（2014）研究表明，农业的特点对于小额信贷市场的发展具有异质性。Loubere N.（2017）与 Malki I.（2015）针对农村小额信贷供需矛盾提出政策建议。Omarini A. E.（2018）认为，数字普惠金融能够缓解银企之间的信息不对称程度，通过降低企业融资成本，缓解企业高质量发展中“融资贵”难题。Victor M.和 Sharma A.（2020）认为，数字普惠金融独特的网络融资模式拥有更为宽松的信用条件，从而使中小企业的融资门槛降低。

3. 关于数字普惠金融实现路径的相关研究

相关的国外研究一般侧重于金融对企业创新促进、科技助力金融普惠等方面。Christen（2004）认为，金融创新可以满足普惠群体的金融需求。技术助力金融发展，凭借生物识别、云计算等数字化技术快速完成全流程普惠金融服务，实现应贷尽贷快贷（Huang Y.，Lin C.和 Sheng Z.，2018），提升了企业资源整合能力（Basole R. C.，2018）。Bourreau（2016）和 Atika（2019）认为，电子支付系统以及手机银行的广泛应用促进普惠金融的发展。Deepika 和 Navneet（2019）认为，银行等金融机构可利用数字化技术把普惠金融带入乡村。Douglas，Arner 和 Buckley 等（2020）认为，金融科技实现普惠金融可持续发展，助推经济社会变革。

4. 关于在数字普惠金融区域发展方面的相关研究

相关的国外学者关注了城乡差异、区域差异等问题。Kremer S.等（2019）研究了数字普惠金融在城乡区域的差异，认为数字普惠金融在城市和农村地区的发展存在不平衡。还有学者还关注了数字普惠金融在不同国家和地区的发展情况，认为应加强国际合作，促进数字普惠金融在全球范围内的均衡发展（Levine 等，2019；Wang 等，2019）。

5. 数字普惠金融对实体经济影响的相关研究

梳理好当前数字普惠金融的经济效应对于把握其影响机制，了解其实现区域经济高质量发展的路径从而进行深一步研究具有重要意义。越来越多的研究关注数字普惠金融在支持实体经济方面的作用。Demirguc-Kunt A.，Kumh of E.和 Rojas-Suarez J.（2020）通过实证研究发现，数字普惠金融能够有效降低融资成本，缓解中小企业融资难题，进而促进实体经济的发展。此外，Rojas-Suarez J.，Demirguc-Kunt A.和 Gunseli B.（2021）分析了数字普惠金融在支持农业、教育、医疗等领域的效果，认为其有助于提高服务质量，降低成本，推动产业结构升级。许多研究者试图探究数字普惠金融发展对经济增长的影响。如 Kumar S.和 Rai R.（2023）通过实证研究发现，数字普惠金融发展对经济增长具有显著的正向影响。此外，他们还指出，数字普惠金融在促进经济增长的过程中，应关注金融服务质量、金融基础设施建设等方面的问题。

6. 数字普惠金融与金融科技创新的相关研究

随着金融科技的兴起，数字普惠金融的发展迎来了新的机遇和挑战。许多研究者关注金融科技如何影响数字普惠金融的发展。Sarma M.和 Pais J.（2021）研究发现，金融科技可以通过移动支付、大数据、人工智能等技术手段，扩大数字普惠金融的覆盖面和提高服务质量。然而，金融科技发展也存在潜在风险，如数据安全、隐私保护等问题（Rojas-Suarez M.，2022）。一些国外学者关注了数字普惠金融的创新模式和新兴技术的应用。Davies et al.（2019）研究了区块链技术在数字普惠金融中的应用，认为区块链技术可以提高数字普惠金融的透明度和安全性。此外，国内外学者还关注了人工智能、大数据等新兴技术在数字普惠金融中的应用，认为这些技术可以提高数字普惠金融的服务效率和质量（Chen 等，2019；Li 等，2019）。

7. 关于数字普惠金融的政策支持和监管框架的相关研究

Demirguc-Kunt 和 Klapper（2013）研究了数字普惠金融的政策支持措施，认为政府应提供良好的政策环境，促进数字普惠金融的发展，政府在推动数字普惠金融发展方面扮演着关键角色。Levine 等（2014）探讨了数字普惠金融的监管框架，认为应建立适应数字普惠金融特点的监管体系，以促进数字普惠金融的健康发展。此外，国内外学者还关注了数字普惠金融的国际合作问题，认为应加强国际合作与交流，共同推动数字普惠金融的发展（Kling 等，2015；Wang 等，2018）。

8. 关于数字普惠金融的风险管理的相关研究

Beck 和 Demirguc-Kunt（2013）指出，数字普惠金融的发展需要注重风险控制，以防范潜在的金融风险。Laeven 和 Ratnovski（2014）研究了数字普惠金融的风险管理策略，认为应采用技术和制度相结合的方式，提高数字普惠金融的风险管理能力。此外，一些学者还关注了数字普惠金融的消费者保护问题，认为应建立完善的消费者保护机制，保护消费者的合法权益（Davies 等，2015；Li 等，2018）。

1.2.2 关于数字普惠金融的国内研究现状

1. 数字普惠金融和经济高质量发展的相关研究

国内数字普惠金融研究一般侧重于数字普惠金融业务对各类需求群体、中小微企业等的创新作用及对区域经济影响等方面。焦瑾璞（2010）指出，所有群体应得到共同的、公平的金融服务。传统金融机构正加速向轻资产、数字化和智能化方向转型（董玉峰，2018）。数字普惠金融缓解了信息不对称程度，从而增强了金融供给可持续性，促进经济“内循环”和供给侧产业及需求侧消费升级，助力国内大循环（张海龙等，2021）。数字普惠金融发展受地区经济、城镇化和数字技术水平差距的影响（焦云霞，2022），进而形成东部、中部、西部依次递减的区域格局（王善高，2022）。随着普惠金融水平发展，创新水平对经济增长呈非线性影响（杨刚，2022）。

2. 关于数字普惠金融供需的相关研究

国内的一些学者的研究主要集中于普惠金融供需两端错配现状、影响因素及其特点方面。吴雨微（2014）发现信息不对称、融资价格水平、服务质量以及环境状况均会导致科技型企业融资失衡。张忠寿（2015）指出，江苏省中小微企业普惠金融产品供给相对单一。韩风芹（2018）发现，我国数字普惠金融发展整体处于初始阶段，存在供需不匹配问题（黄伟麟等，2015），表现为产品供需、管理职能与时间上的不匹配，可通过改善供给侧结构、挖掘需求潜能来实现高质量发展（蒋瑞琛，2022）。孙玉环（2021）指出，在城乡之间，数字普惠金融产品的供给存在较大的差别，通过改进基础设施，提高消费者金融素养，加强顶层设计，完善政策支持框架可以改善数字普惠金融生态系统（董翀，2022）。

3. 关于数字普惠金融实现路径的相关研究

与国外相比，我国学者同样强调科技助力金融普惠、金融促进企业创新等方面。刘海二（2013）认为，手机银行解决了金融包容性问题，数字化技术助推普惠金融发展（牛余斌，2018）。邢乐成（2019）则提出“平台+产品”实施路径，实现大规模金融减贫（董玉峰，2020）。在企业创新方面，数字普惠金融通过缓解融资约束、优化资源配置和补齐传统金融短板促进小微企业技术创新，且扩大金融覆盖面比挖掘服务深度的效果更佳（杨君，2021）。在企业创新方面，数字普惠金融通过缓解融资约束、优化资源配置、促进企业数字化转型（刘畅，2022）、补齐传统金融短板促进小微企业技术创新，促使企业高质量发展。同时，数字普惠金融可以通过缩小城乡收入差距（宋科，2022）、实现乡村振兴，助推经济社会改革（庞凌霄，2022），促进共同富裕（刘心怡等，2021；冯华等，2023），最终实现区域经济的高质量发展（伍卓等，2023；吴茜等，2024）。

4. 在数字普惠金融区域发展方面的相关研究

国内学者主要集中于数字普惠金融发展的区域差异、影响因素以及政策效果等方面的深入研究。李宁华（2016）通过构建动态面板数据模型，对我国东部、中部、西部地区的普惠金融发展水平进行了对比分析，发现数字普惠金融在区域间发展差距较大，东部地区的发展水平显著高于中部和西部地区，且政策扶持对数字普惠金融的发展具有显著的促进作用。陈惠敏（2017）以省为单位对我国数字普惠金融发展水平进行测度，发现地区间发展水平存在较大的差异，且普惠金融发展水平与经济发展水平、金融发展水平呈现出显著的正相关关系。王新生（2019）从地理分布的角度分析了数字普惠金融发展的空间集聚特征，其发现地区间的发展差异主要受制于地理、政策、经济等多方面的影响因素。

5. 关于数字普惠金融对实体经济影响的相关研究

相关的国内学者的研究主要集中在以下三个方面。一是数字普惠金融对实体经济发展起到促进作用。李宁华（2016）指出，数字普惠金融的发展能够有效提高实体经济的产出效率，为经济增长提供动力。此外，数字普惠金融的发展还能降低实体经济的融资成本，提高融资效率，进一步推动实体经济发展（李晓科，2016；王新生等，2017）。张浩然（2020）从产业升级的角度出发，提出数字普惠金融通过优化资源配置、提高金融服务效率，推动产业结构调整与升级。二是对中小企业融资的支持作用。刘春航（2017）指出，数字普惠金融的发展能够显著提高中小微企业的生存率，有助于稳定就业、促进经济增长；数字普惠金融能够拓宽中小企业的融资渠道，提高融资的可获得性（刘峰等，2018）；数字普惠金融能够缓解中小企业融资难、融资贵的问题，促进中小企业健康发展。三是对农村经济发展的推动作用。数字普惠金融对农村经济发展具有显著的推动作用（李晓英等，2019）；数字普惠金融还能够推动农村产业结构的优化升级，促进农村经济的可持续发展（张晓亮等，2020；谭蓉娟等，2021）。

6. 关于金融科技对数字普惠金融影响的相关研究

在这一领域，我国的一些学者进行了深入探讨，深入分析了金融科技创新在推动数字普惠金融发展中的作用和影响。金融科技通过提高金融服务效率、降低成本、优化金融产品和服务，助力数字普惠金融发展；金融科技通过大数据、人工智能、区块链等技术手段，提升了金融服务的效率和质量，推动了数字普惠金融的快速发展；金融科技的创新推动了数字普惠金融的普及，特别是移动支付、网络贷款和大数据风控等技术在提高普惠金融服务质量方面发挥了关键作用（王宇等，2019）。此外，金融科技还给传统金融业务模式带来了颠覆性变革，使得数字普惠金融服务更加便捷、个性化、智能化，从而助力数字普惠金融实现广泛覆盖和高质量发展（张浩等，2020）。数字普惠金融的发展也反过来推动金融科技的不断创新，以更好地满足普惠金融群体的需求。金融科技与数字普惠金融的结合，为金融服务提供了更为便捷、低成本的解决方案，进一步扩大了金融服务的覆盖范围，提高了金融服务实体经济的能力（李宁，2019）。

7. 关于数字普惠金融的政策支持和监管框架的相关研究

关于数字普惠金融的政策支持和监管框架，国内学者进行了探讨。刘春航（2017）分析了国外数字普惠金融的发展经验，提出我国应加强政策支持、创新金融产品、完善数字普惠金融监管体系等措施。王芳（2020）指出，应关注数字普惠金融发展中的道德风险和信用风险，通过建立健全的风险评估和监控机制，确保金融资源的有效配置。国内研究主要关注风险类型、风险评估、风险防范与监管机制等方面。陈建（2018）提出，应建立完善的监管体系，确保数字普惠金融的健康可持续发展。王瑾（2018）探讨了数字普惠金融监管的挑战与应对措施。此外，还有一些研究从跨部门角度分析数字普惠金融风险及监管问题（李光琴等，2019）。强化金融科技在监管中的运用，利用大数据、人工智能等技术手段，提升监管能力和水平，提高监管效率，确保数字普惠金融的健康发展（李建，2021）。王海滨（2021）结合我国实际，提出了针对数字普惠金融的监管策略，包括强化法律法规建设、提高监管科技水平、加强协同监管等。

8. 关于数字普惠金融风险管理方面的相关研究

在数字普惠金融的风险管理方面，国内诸多学者也进行了深入研究。在数字普惠金融快速发展的同时，如何有效防范和化解相关风险成为学者们关注的焦点。陈建（2016）分析了数字普惠金融风险的种类及其传染机制，并提出风险防范策略。邓胜（2017）从金融科技的视角分析了数字普惠金融面临的信用风险、操作风险和市场风险，并提出相应的防范措施。陈冬宇（2019）提出了数字普惠金融风险防范的策略，包括加强监管科技应用、完善法律法规、强化信息安全和保护消费者权益等方面。关于数字普惠金融发展过程中的潜在风险，如信息安全隐患、金融欺诈、信用风险等，应采取相应措施进行防范（王瑾，2019）。

综上所述，数字普惠金融作为一种新兴的金融模式，以其独特的优势和广泛的覆盖面，正在对区域经济发展产生深远的影响。国内外学者在这一领域的研究已经取得了丰硕的成果，形成了一套较为完善的研究体系和框架。这些研究成果为本书深入理解数字普惠金融如何助力区域经济高质量发展提供了丰富的理论依据和研究方法。尽管当前的研究已经相当成熟，但关于数字普惠金融供需机理及实现路径相关的研究尚不多，梳理研究方向时发现仍有一些重要的研究方向和问题亟待解决。一是数字普惠金融产业存在理论落后于实践的现状。数字普惠金融如何更好地连接供需两侧，避免资源错配，缓解信贷市场信息不对称问题，如何实现数字普惠金融最优化，以及如何推动供给侧产业升级及需求侧消费升级缺乏有效指导，数字普惠金融供需关系作用机理尚不明确，需要进一步研究。二是数字普惠金融与区域经济发展间传导机制及实现路径仍未解决，企业及城市创新和数字化转型在普惠金融驱动区域经济发展方面的作用机理研究还不够深入。如何从理论和实证两个层面，深入探讨数字普惠金融对区域经济发展的内在机理，是未来研究的重要方向。数字普惠金融助力区域经济发展的研究仍有很大的拓展空间。本书针对上述两个方面的问题展开研究，以期为我国数字普惠金融的持续发展和区域经济的高质量发展提供更有力的理论支持。

1.3 研究目标与研究内容

1.3.1 研究目标

普惠金融能够推动经济增长，经济增长又会促进普惠金融的发展，振兴区域经济离不开普惠金融的加持，而数字普惠金融自身的可持续发展依靠内在的原生动力，由此，本书以探索振兴区域经济高质量发展的普惠金融发展的内在机制原理为首要任务。本书以数字普惠金融供给侧结构性改革为研究切入点，对数字普惠金融供需市场相关利益群体的竞争和博弈关系、数字普惠金融驱动区域经济的传导机制及实现路径等方面展开研究。

本书以普惠金融如何赋能区域经济高质量发展的自身内在机理为研究目标，从数字普惠金融赋能供给侧结构性改革视角切入，深入探讨数字普惠金融供需机制、供需关系的内在机理、如何推进普惠金融供给侧结构性改革以及其需求侧创新发展、普惠金融赋能区域经济高质量发展的传导机制与实现路径等方面，有助于厘清数字普惠金融与实体经济发展之间的内在关联，为实现金融供给侧结构性改革，提高金融服务实体经济质效，以及为区域经济高质量发展提供助力和理论依据。

本书旨在揭示数字普惠金融赋能区域经济高质量发展的实现路径，从而给出数字普惠金融支持区域经济高质量发展的政策建议，为东北三省乃至全国区域经济发展和数字普惠金融供给侧结构性改革提供理论研究框架与实践参考，为新时期数字经济与普惠金融的深度融合提质增速，并为各级政府及相关部门制定普惠金融助力经济高质量发展政策提供客观依据及决策借鉴。

1.3.2 研究的主要内容

本书以数字经济时代下数字普惠金融赋能区域经济高质量发展的内在机理及实现路径作为研究对象，从数字普惠金融供需两端视角，针对数字普惠金融供需机制、数字普惠金融赋能区域经济高质量发展的传导机制与实现路径、数字普惠金融赋能区域经济高质量发展的对策建议等方面展开综合探索、尝试性创新和实践应用工作，主要研究内容如下。

1. 黑龙江省数字普惠金融发展的现状分析

通过对黑龙江省数字普惠金融的扶持政策、基础设施建设，普惠金融机构服务的下沉力度、覆盖面，产品和服务创新等方面进行梳理，分析黑龙江省数字普惠金融发展基本情况；通过黑龙江省数字普惠金融覆盖广度、使用深度、数字化程度，以及数字普惠金融总指数，分析黑龙江省的数字普惠金融的发展所呈现出的特点；根据对黑龙江省普惠金融发展现状的调查分析，提出其存在的问题，为后续研究提供现实依据。

2. 普惠金融供需机制研究

这部分集中于普惠金融供给侧结构性视角下的消费金融市场的供需两侧博弈及机制研究。首先，利用非合作博弈理论研究消费金融市场中普惠金融机构与其不定向多归属用户间的动态博弈关系；其次，从消费者理性和最优策略博弈视角，对消费金融分期产品市场进行模型构建，分析金融机构与多归属不定向用户间的动态博弈过程，并计算用户付费和提供商收益；最后，分析两种市场形态中的博弈关系。另外，普惠金融供需机制研究主要关注金融服务的提供者和需求者之间的互动关系，以及如何通过优化供需机制来提高金融服务的可得性、可负担性和质量。因此，研究用户选择消费金融产品的意愿有助于深入了解消费金融的用户的需求和偏好，帮助金融机构设计更符合市场需求的产品和服务，金融机构可以更好地满足用户需求，助力金融机构优化服务模式，提高服务质量，从而吸引更多用户，提高产品的市场竞争力。另外，研究用户选择消费金融产品的意愿，可以帮助金融机构更好地评估用户的信用风险，降低信贷风险，可以为政策制定者提供有益的参考，促进普惠金融的发展。

3. 数字普惠金融供需关系的内在机理研究

系统梳理数字普惠金融供需关系的内在机理，深入剖析数字普惠金融市场相关利益群体的演化博弈关系，构建三方演化博弈模型，通过 Matlab 数值仿真研究博弈主体策略选择的关键影响因素，挖掘其对系统演化路径及演化博弈均衡稳定性的影响，为后续数字普惠金融对经济高质量发展的传导机制和实现路径的实证分析奠定理论基础。

4. 普惠金融供给侧结构性改革研究

鉴于信息技术的迅猛进展、金融客户需求的持续演变、我国政府对普惠金融数字化转型政策的连续出台，以及金融机构间竞争的日益加剧，普惠金融数字化转型已成为一种必然趋势。从演化博弈视角，探讨政府、数字普惠金融机构与小微企业三方主体的动态博弈过程，探索小微企业融资约束缓解途径。通过仿真模拟，分析政府、数字普惠金融机构和小微企业三者间策略调整关系，为各主体决策合理配置提供依据，对政府科学决策，引导数字普惠金融机构合规优质服务，缓解小微企业融资约束具有重要的实践和战略意义。

5. 数字普惠金融推进需求侧创新发展研究

通过研究数字普惠金融对实体企业技术创新的影响，以更深入地研究数字普惠金融如何通过提供资金支持、信息服务和技术支持等手段促进实体企业的技术创新。借助 2012—2021 年沪深 A 股上市公司数据，实证检验数字普惠金融对实体企业技术创新的影响、机制与异质性检验，为政府和监管部门引导数字普惠金融更好地服务于实体企业技术创新，促进经济转型升级，同时为政府制定相关政策提供依据。

6. 数字普惠金融驱动区域经济的传导机制及实现路径的实证研究

利用 2017—2021 年东北三省 35 个地级市的面板数据，建立固定效应模型对数字普惠金融能否促进东北三省经济高质量发展以及产业结构、居民消费水平的作用机制进行了数字普惠金融赋能区域经济高质量发展内在机理分析研究，进而提出数字普惠金融赋能区域经济高质量发展实现路径。

7. 数字普惠金融促进黑龙江省经济高质量发展的政策建议

通过数字普惠金融供需关系的内在机理以及数字普惠金融驱动区域经济的传导机制和实现路径的实证研究分析结果，从结构优化和效率提升等方面提出黑龙江省数字普惠金融促进区域经济高质量发展的政策建议。

1.4 研究思路与研究方法

1.4.1 研究的基本思路

首先，探究发展历程和研究现状。

通过对当前全球经济一体化背景下金融服务实体经济的现状和趋势展开分析，揭示普惠金融在推动经济增长、缩小贫富差距以及促进金融包容性方面的重要作用。结合发展普惠金融自 2013 年被确立为国家战略以来的发展历程和成效，阐述普惠金融在数字经济时代如何通过大数据、云计算、区块链、人工智能等技术手段，实现金融服务普及化和便捷化，为区域经济高质量发展提供新动力和路径。梳理国内外关于数字普惠金融的研究现状，总结现有研究成果与不足，明确研究的切入点和创新点，为后续研究指明了方向。

其次，阐释概念界定与理论基础。

系统地梳理相关理论基础，并对核心概念进行清晰的界定。这一环节深入探讨了普惠金融、数字普惠金融、供需理论、博弈论、创新生态系统理论等多学科理论，为研究提供了坚实的理论支撑。同时，对关键概念如数字普惠金融、消费金融、长尾理论、信息不对称理论等进行了详细阐释，明确了这些概念在本书中的具体内涵与外延，为研究数字普惠金融如何更好地服务小微企业和低收入群体提供理论视角。通过构建全面且精准的理论框架，为后续的实证研究和政策建议奠定了坚实的基础。

再次，进行实证分析与路径研究。

聚焦于数字普惠金融的供需机制，深入分析消费金融市场的供需博弈关系，构建消费金融产品市场模型，并通过数学建模和博弈论分析，探讨金融机构如何根据市场需求调整产品供给策略，以及用户如何在多归属选择中做出最优决策。这一部分的研究旨在揭示数字普惠金融市场的运行机制，为金融机构优化产品设计和服务提供理论依据。通过问卷调查和实证分析，研究用户选择消费金融产品的意愿及其影响因素。借助技术接受模型、计划行为理论等理论，结合调研数据，分析用户对消费金融产品的感知有用性、感知易用性、主观规范等因素对使用意愿的影响。这一研究成为普惠金融机构提供精准服务的依据，同时也为政策制定提供消费者保护和市场规范的参考。

基于普惠金融供给侧结构性改革视角，研究数字普惠金融相关利益者的博弈关系。通过构建政府、数字普惠金融机构和小微企业三方主体演化博弈模型，探讨它们在数字普惠金融市场中的动态互动关系。通过数值仿真方法模拟策略演化过程，探讨不同参数条件下各主体策略选择的动态趋势，进而分析监管形象收益、行政处罚力度、奖励机制等关键因素对策略选择的影响，从而揭示在普惠金融供给侧结构性改革中，如何通过政策引导和市场机制实现各方利益的平衡，为小微企业提供有效的金融服务支持，为政策制定提供依据，以推动数字普惠金融市场的健康发展和普惠金融供给侧结构性改革的顺利实施。

从普惠金融需求侧创新发展视角出发，探究数字普惠金融如何通过满足企业发展的金融需求来驱动企业技术创新。通过实证分析，检验数字普惠金融对企业技术创新的影响效应，探寻其促进企业技术创新的路径，考察在不同企业规模、行业类型及地区发展水平下的异质性表现，揭示数字普惠金融在需求侧创新中的差异化作用，从而给出政策建议，助力数字普惠金融有效地支持企业技术创新，推动区域经济高质量发展。

聚焦数字普惠金融驱动区域经济高质量发展的传导机制及实现路径，基于区域经济及金融发展理论，探究数字普惠金融经优化资源配置、降低交易成本、增强金融包容性等促进区域经济增长的作用机制。构建实证框架，运用固定效应、动态面板等计量模型，检验其对区域经济增长、产业结构升级、居民消费升级、就业质量提升等多维度的综合影响。借助中介效应与路径分析，深挖其驱动区域经济高质量发展的传导机制，验证是否通过缓解企业融资约束、促进企业技术创新、支持农村经济发展等中间变量发挥作用。依据实证结果，提出优化数字普惠金融发展环境的建议，结合区域特性给出差异化策略，为政策制定提供科学依据，推动数字普惠金融高效服务区域经济高质量发展。

最后，结合调研情况提出政策建议。

基于上述研究成果，针对黑龙江省数字普惠金融现状展开深入调研，系统梳理黑龙江省数字普惠金融的发展规律及特征，识别其具备的优势与存在的不足。

据此提出数字普惠金融助力黑龙江省区域经济高质量发展的政策建议，旨在为黑龙江省乃至全国的区域经济发展以及数字普惠金融供给侧结构性改革构建理论研究框架，并提供切实可行的实践借鉴，助力达成经济高质量发展目标。

1.4.2 研究方法

在研究方法上，本书采用定性与定量分析相结合、规范与实证分析相结合、静态与动态分析相结合、假设与推理证明相结合，以及调查研究和案例研究方法，确保研究结果的准确性和可靠性。同时，选取具有代表性的数字普惠金融案例，深入了解数字普惠金融在黑龙江省实际工作中的应用，分析其在振兴区域经济发展中的成功经验和做法，为研究提供了实证依据，并为政策制定提供了有力支持。

1. 文献研究法

本书从研究主题出发，进行了广泛且深入的对国内外相关的文献阅读与分析论证，以“普惠金融”“普惠金融供给侧结构性改革”“普惠金融供需机制”“数字普惠金融”“普惠金融数字化转型”“消费金融”“数字经济”“消费金融产业”“消费需求”“消费金融数字化转型”“博弈论”“创新生态系统”“信用风险识别”等为关键词检索，对领域的最新前沿和相应的研究现状进行了全面的梳理与分析，厘清数字普惠金融机构之间的关系、数字普惠金融机构与多归属不定向用户之间的关系、普惠金融数字化转型的驱动要素，明确理论基础及相关关系，为确定本书的研究目标和增量贡献打下了坚实的理论支撑。

2. 假设与推理证明相结合的方法

理论的应用都是有其具体适宜环境和条件的，可以认为假设是理论研究的必要前提，适当地给出假设条件能够得出具有逻辑且令人信服的推论结果。本书对博弈主体的属性、信息对称性、市场结构等外在条件进行了假定，利用推理证明对数字普惠金融机构之间，及其与多归属不定向用户之间所存在的博弈关系进行深入研究，并进行仿真求解，最后给出符合数字普惠金融机构的管理与营销建议。

3. 博弈论研究方法

博弈论（Game Theory，GT）是现代数学的一个新分支，它是运筹学的重要知识内容，也常被译为游戏论、对策论。博弈论是研究参与博弈的主体之间相互作用、相互影响下进行的在当下最优的决策行为，以及这些决策怎样能够达到均衡结果的理论。其中，博弈论关键核心问题是找出在其他博弈主体选择既定决策的情况下，找到能够给己方带来最佳利益的应对策略。它在现代经济社会中俨然已经成为高频使用的标准分析工具之一。

4. 定性研究法（深度访谈）

通过与数字普惠金融机构深度用户和业内专家的深度访谈，本书了解并掌握了数字普惠金融机构在我国当前的发展现状。着重访谈了初入社会的大学生群体中的数字普惠金融机构从业人员，找到此类用户群体的消费结构和消费特征，找到影响用户群体选择消费金融的动因。

5. 实证分析法

一是以 2012—2021 年沪深 A 股上市公司的面板数据与数字普惠金融的省级数据相结合，实证检验了数字普惠金融对中小企业技术创新的影响效应、作用机理及异质性影响；二是探索数字普惠金融影响东北地区经济增长的机制，利用 2017—2021 年东北三省 35 个地级市的面板数据，建立固定效应模型，探究数字普惠金融对东北三省经济高质量发展的直接影响因素及其传导机制。

1.5 研究的重点和难点

1. 研究重点

本书需要分析黑龙江省数字普惠金融的发展现状，找出其优势和不足，为助力黑龙江省经济发展提供依据；研究数字普惠金融与区域经济增长之间的关系，明确数字普惠金融在黑龙江省经济发展中的作用，并且结合黑龙江省的实际情况，研究数字普惠金融助力黑龙江省经济发展的具体实现路径。

2. 研究难点

如何构建数字普惠金融供需博弈模型，实现数字普惠金融的有效供给和需求对接既是本书的研究重点，也是研究难点。另外，在研究过程中需要收集大量关于数字普惠金融和黑龙江经济发展的数据，大数据的处理与分析同样是本书的研究难点。在研究数字普惠金融与经济增长的关系时，如何进行科学、准确的量化分析也是本书的研究重点与研究难点。

2　数字普惠金融助力区域经济高质量发展的概念界定与理论基础

2.1　普惠金融与数字普惠金融

2.1.1　普惠金融

为促进经济发展，缩小贫富差距，使更多的金融需求群体得到广泛的可担负的金融服务，普惠金融（Inclusive Finance）应运而生。此概念最早在2005年联合国举办的“国际小额信贷年”会议上被提出，后被世界各国所采用。世界银行在后续给出的定义中强调，“普惠金融”是指一种为社会所有群体提供的可负担得起的、合理的、便捷的、安全的、有效的金融服务的金融体系。Leyshon和Thrift（1997），Regan和Paxton（2003），Easterly和William（2006）等一些国外学者提出，普惠金融可以缓解金融“嫌贫爱富”的金融排斥问题，提高金融服务的覆盖受众群体程度。这对于我国而言，也是解决金融歧视（焦瑾璞，2015；周利，2021）、促进共同富裕（冯华，2023）以及建设经济稳定增长的包容性社会（胡联，2021；黎翠梅，2021；颜建军，2021）的关键手段之一。

普惠金融旨在在商业可持续的基础上，扩大金融服务的覆盖范围、提高可获得性和满意度，以提高所有市场参与者和广大民众对金融服务的满足感。普惠金融涉及的领域非常广泛，包括融资贷款、支付、投资、保险、证券等多种金融服务。然而，业界通常更倾向于将其与融资贷款业务联系在一起，尤其是这一领域的融资贷款业务已吸引了来自各个用户群体的广泛关注。普惠金融中的融资贷款业务主要包括消费信贷、小型企业融资、供应链金融（融资）等领域。

普惠金融的内涵在过去的十多年间，已经发生了一定的更迭变化。最初，其仅指金融机构层面所推出的小额度的信贷金融类产品。自党的十八届三中全会以来，我国开始将普惠金融的发展建设上升到国家战略高度层面。2015年《规划》

明确提出，普惠金融需要立足于机会平等和商业可持续原则，以普惠金融机构和用户均可担负的成本为有金融服务需求的社会各阶层及群体提供适当、有效的、可担负的金融服务。而社会中的中小微企业、农民群体、低收入人群、脱贫人群、残障人群以及老年人群体等成为重点服务对象。这个概念涵盖了一系列普惠金融服务产品、金融服务需求侧和供给侧、供需双方的交易渠道、政府金融机构，以及其他各利益相关方。《规划》为我国的普惠金融后续的发展协调奠定了重要基础。2018 年，中国人民银行与世界银行集团共同发布了中国普惠金融报告——《全国视野下的中国普惠金融：实践、经验与挑战》。该报告提出了目前而言最为全面及权威的普惠金融定义：个人、小微企业能够获取和使用一系列合适的金融产品和服务，这些金融产品和服务对需求侧的用户而言一视同仁、便捷安全，对供给侧的金融机构而言商业可持续。由于这一定义涵盖了目前其他国家和国际组织对普惠金融所做定义中的所有共同要素，涵盖范围更为广泛，因此，本书以此版本定义为准。2023 年 10 月 30 日，我国下发了关于普惠金融发展的最新政策性文件——《国务院关于推进普惠金融高质量发展的实施意见》，其给出了我国普惠金融未来几年的发展规划部署，明确了发展方向、指导思想和基本原则，以及普惠金融发展的主要目标。

2.1.2 数字普惠金融

数字普惠金融是指以数字技术为支撑，为广大用户，尤其是传统金融体系难以覆盖的低收入人群等提供便捷、高效金融服务的新型金融模式。其定义核心在于“普惠”，即强调金融服务的普及性和包容性，以及“数字化”，是指运用互联网、大数据、人工智能等现代科技手段优化金融产品与服务（郭峰等，2020）。

数字普惠金融的特性主要包括低成本、高效率和易获得性，这些特性不仅降低了服务门槛，还极大地拓展了服务范围，使金融服务能够深入偏远地区，实现真正的金融普及（李涛，2016；黄益平，2018；黎翠梅，2021）。数字普惠金融服务门槛低、覆盖面广、操作简便，能够有效解决传统普惠金融服务无法触及的“最后一公里”问题（颜建军，2021）。

从发展历程上看，数字普惠金融源于互联网金融，随着移动支付、大数据、云计算等技术的成熟，逐渐演变为今天的形式。观察当前的发展脉络和技术进步，可以预见，随着科技的不断革新与应用，数字普惠金融将进一步向个性化和智能化方向发展，同时，安全性和可持续性也将成为行业发展的重要课题（李继尊，2015），从而推动整个金融服务行业进入更公平、更全面的发展阶段。

在经济发展中，数字普惠金融发挥着促进资源优化配置、提高金融服务效率、降低交易成本等多重作用。在农村地区，通过数字普惠金融平台，农户能够便捷地获得小额贷款用于购买农资、扩大生产规模，并且可以解决传统金融机构因信息不对称、服务成本高而不愿涉足的难题。对于小微企业，基于大数据分析的数字普惠金融机构能够快速评估企业信用，高效发放贷款，助力企业及时获得资金支持，降低融资成本，推动小微企业蓬勃发展，进而为区域经济增长注入源源不断的活力。

2.1.3 数字普惠金融的外部性

数字普惠金融的外部性是指数字普惠金融的发展对其他经济活动和社会福利产生的间接影响。外部性可以分为正外部性和负外部性。正外部性是指数字普惠金融的发展对其他经济活动和社会福利产生积极影响，负外部性是指数字普惠金融的发展对其他经济活动和社会福利产生负面影响。

1. 正外部性

（1）数字普惠金融通过利用数字技术和创新的商业模式，可以提供更便捷、成本效益更高、更安全的金融服务，从而促进金融包容性（傅利福等，2021；任太增等，2022；龙海明等，2022；朱奎全等，2024）。数字普惠金融促进金融包容性的几种方式主要是：数字普惠金融通过智能手机、互联网和数字支付平台等，使得金融服务更加便捷地触达传统金融服务难以覆盖的地区和人群，降低金融服务的地域限制，提高金融服务的可访问性；数字普惠金融通过自动化和批处理技术，可以降低金融服务的运营成本，从而为客户提供更低成本的服务，这使得低收入和边际消费者也能够负担得起金融服务（叶文辉等，2023）；数字普惠金融通过实时数据处理和智能算法，提高金融服务的处理速度和准确性，提升客户的满意度，这使更多的人愿意使用金融服务；数字普惠金融通过技术创新和合作伙伴关系，提供更丰富多样的金融服务，满足不同消费者的需求，这使更多的人能够找到符合自己需求的金融服务；数字普惠金融通过教育和培训，可以提高消费者的金融知识和技能，使他们更好地理解和使用金融服务，这提高了消费者的金融素养；数字普惠金融通过透明化和标准化的服务流程，建立了消费者对金融服务的信任，这使得更多的人愿意使用金融服务，提高了金融包容性。

（2）数字普惠金融通过在线贷款平台等模式，使中小企业和个人能够更容易地获得资金支持。这些平台通过运用大数据和人工智能技术实现实时数据处理与智能算法，提高金融服务的处理速度和准确性，使中小企业和个人能够更快地获得资金支持，可以更快速、准确地评估借款人的信用风险，从而为他们提供更便捷的融资服务（石宗辉等，2022；黄朝波等，2022；于菁，2022；周雷等，2024）。数字普惠金融通过运用技术创新和规模效应，可以降低金融服务的运营成本，从而为中小企业和个人提供更低成本的资金，这使得他们能够以更低的利息负担获得资金支持；数字普惠金融通过了解中小企业和个人的具体需求，提供更符合他们需求的定制化金融服务；数字普惠金融通过与各类投资者、金融机构和政府部门的合作，可以为中小企业和个人提供更丰富的融资渠道，这使得他们能够从更多来源获得资金支持；数字普惠金融通过教育和培训，可以提高中小企业和个人的金融知识和技能（蒋瑞琛等，2022；张汉飞等，2024），使他们更好地理解和使用金融服务。通过上述分析，数字普惠金融通过提高融资可获得性、降低融资成本、提高融资效率、提供定制化服务、增加融资渠道和提高金融素养，帮助中小企业和个人获得资金支持，提高他们的生产效率和创新能力。

（3）数字普惠金融促使传统金融机构加速数字化转型，增加了对金融、科技、数字化运营等创新人才的需求。这为教育培训产业带来了机遇，促使相关教育培训机构增加针对金融科技、数据分析和创新思维等方面的培训课程，为社会提供了更多的就业机会（马国旺等，2021；罗春玲等，2023）。数字普惠金融为电子商务和物流产业提供了便捷的支付和融资服务，促进了这两个产业的发展，对相关从业人员的需求也会增加，从而创造更多的就业机会。数字普惠金融的发展需要相应的法律法规和监管政策对其进行引导和规范，这也为法律和咨询产业带来了业务机会，增加了对法律专家、政策顾问和合规人员的需求，从而创造了更多的就业机会。另外，数字普惠金融通过提高融资效率、降低融资成本、提高金融可获得性、提供定制化服务、增加融资渠道和提高企业数字化水平，有助于促进中小企业的生产效率和创新能力，为企业的良好发展奠定了基础，从而创造了更多的就业机会。

（4）一方面，数字普惠金融可以提高金融包容性、提高生产效率、增加就业机会；另一方面，数字普惠金融通过提供资金支持和风险投资，可以激励个人和企业进行创新与创业活动。而创新与创业活动是经济发展的重要动力，有助于推动经济增长和产业升级（王丹等，2024；贾子钰等，2024；张少峰等，2024）。数字普惠金融通过运用大数据和人工智能技术，提高金融服务的匹配效率，使得资金能够更有效地流向有需求的个人和企业，这有助于提高资源配置效率，促进经济健康发展。数字普惠金融通过在线服务模式，跨越了地理限制，使得偏远地区的人群也能获得金融服务，这有助于促进区域均衡发展、缩小地区差距，实现包容性增长。数字普惠金融还可以通过实时监控和风险预警系统，提高金融体系的稳健性。金融稳定是经济发展的重要前提，有助于维护经济持续健康发展，促进区域经济发展。

2. 负外部性

（1）风险传递。数字普惠金融平台可能对借款人的信用评估不够严格，导致信贷质量下降。这可能导致借款人违约，从而影响贷款人的资金安全。此外，信贷风险还可能通过连锁反应影响其他经济活动，如供应链金融、担保公司等。数字普惠金融的线上模式使得欺诈行为更加隐蔽和难以防范。欺诈风险可能通过虚假宣传、身份盗窃、网络钓鱼等方式影响消费者和其他经济活动。数字普惠金融依赖于信息技术和网络安全。技术风险可能通过数据泄露、系统故障、网络攻击等方式影响金融服务的稳定性和安全性（侯层等，2020；石宗辉等，2022；戴志敏等，2023）。技术风险还可能影响其他经济活动，如电子商务、在线支付等。在市场环境恶化或突发事件发生时，平台可能难以筹集到足够的资金来满足客户的提现需求。流动性风险可能会影响其他经济活动，如其他金融机构、投资者等。法律和监管风险可能通过合规问题、法律诉讼、监管处罚等方式影响金融服务的正常运营。以上风险还可能会影响其他经济主体的活动，如投资者、担保公司、合作机构等。

（2）数字普惠金融平台可能利用监管漏洞和灰色地带，开展未经许可或监管不足的金融业务。这使得数字普惠金融机构相较于传统金融机构享有较低的监管成本和运营成本，从而产生不公平竞争（雷辉等，2021；张岳等，2021）。数字普惠金融平台可能运用大数据和人工智能技术，获取和利用消费者的个人信息，进行精准营销和风险评估。这使得数字普惠金融机构在某些情况下会比传统金融机构掌握更多的客户信息，可能导致信息不对称和市场失衡。数字普惠金融通过在线服务模式，可以跨越地域限制，使得偏远地区的人群也能获得金融服务。这可能导致传统金融机构在这些地区的市场份额被抢占，影响金融市场的稳定和公平。数字普惠金融平台可能通过"烧钱"补贴、低价策略等方式，争夺客户资源。这可能导致金融市场价格战，影响传统金融机构的盈利能力，进而影响金融市场的稳定和公平。数字普惠金融的发展可能带来新的系统性风险，影响金融市场的稳定和公平。为维护金融市场的稳定和公平，需要政府监管部门加强对数字普惠金融的监管，完善监管政策和法规，消除监管套利，降低信息不对称程度，防止市场分割，避免价格战，防范系统性风险。同时，传统金融机构也需要积极应对数字普惠金融的挑战，加快数字化转型，提高服务质量和服务效率，以应对市场中激烈的竞争。

（3）数字普惠金融机构可能运用大数据和人工智能技术，收集并分析大量的个人和企业的行为数据，进行风险评估和营销推广。如果数据管理不当、隐私保护措施不到位，可能导致数据泄露、侵犯隐私，对个人和企业造成潜在损失。数字普惠金融依赖于信息技术和网络安全，但其在线服务模式使得信息安全面临更大的威胁，网络攻击可能导致系统瘫痪、数据丢失、资金被盗等，对个人和企业造成潜在损失（魏建等，2024；丁鑫等，2024）。因此，技术风险可能通过数据泄露、系统故障、网络攻击等方式影响金融服务的稳定性和安全性，进而对个人和企业造成潜在损失。另外，数字普惠金融的创新模式可能涉及法律和监管的模糊地带。法律和监管风险可能通过合规问题、法律诉讼、监管处罚等方式影响金融服务的正常运营，同样会对个人和企业造成潜在损失。为防范上述风险，需要数字普惠金融机构加强信息安全和隐私保护工作，提高数据管理能力，完善网络安全体系，严格遵守法律法规和监管要求。同时，个人和企业也需要提高信息安全和隐私保护意识，谨慎对待个人信息和数据，选择信誉良好的金融服务机构。

（4）在社会实践中，部分人群，特别是老年人、低收入人群、农村居民等，可能由于教育程度、认知能力、生活习惯等缺乏必要的数字素养，难以适应和使用数字普惠金融服务（陈银娥等，2023；刘锋等，2024；高原等，2024）。这可能导致这些人群在享受金融服务方面处于劣势，加剧社会经济的不平等。而且部分地区，特别是偏远地区，可能由于经济发展水平、地理环境、政策支持等，信息基础设施不足，无法提供稳定、高效的数字普惠金融服务。这可能导致这些地区在享受金融服务方面处于劣势，加剧地区发展的不平衡。同样，数字普惠金融的发展可能带来新的数字安全问题，如网络诈骗、个人信息泄露等。对于缺乏数字素养和安全意识的人群，他们可能更容易成为数字安全问题的受害者，从而加剧技术和数字鸿沟。数字普惠金融的技术和模式更新迅速，可能使得部分人群和地区在追赶技术发展的过程中感到力不从心。这也会导致这些人群和地区在享受数字普惠金融的福利方面处于劣势，加剧技术和数字鸿沟。为缩小技术和数字鸿沟，需要政府、金融机构和社会各界共同努力。例如，政府需要加大对偏远地区信息基础设施的投入，提高数字素养教育的普及程度。金融机构需要提供简单易用、符合市场需求的数字普惠金融服务，关注群众的金融服务需求。社会各界需要加强对数字安全问题的宣传和教育，增强公众的风险防范意识。

政策制定者需要关注数字普惠金融的外部性，通过适当的政策干预和监管措施，尽可能地扩大正外部性，减少负外部性，从而实现数字普惠金融的可持续发展和社会福利的最大化。

2.2 消费金融

2.2.1 概念界定

1. 国外研究

国外对消费金融的研究起步较早，这和西方国家信用体系相对健全、数据资源丰富尤其是个人的消费观念有很大的关系（宋明月，2016）。针对国外的研究，消费金融领域的相关概念众多（王江等，2017），主要包含以下四项。

一是消费者金融（Consumer Finance）。它是零售银行的分支，主要涉及对消费者提供贷款，包括信用卡、房贷、汽车贷款等。Andrea（2011）梳理了第二次世界大战后美国消费者金融的发展情况，认为消费金融涉及的金融领域众多，包括消费者的支付、储蓄和投资、借贷、风险管理和提供意见等方面。

二是个人理财（Personal Finance）。King 和 Carey 等（2013）将个人理财定义为一种涉及财务咨询、财务规划研究、教育和实践的综合跨学科专业。其侧重点在于对财务和财富的管理角度，而非消费。学术界对于个人理财的研究也主要集中在投资者教育方面（Shawn，2013）。

三是家庭金融（Household Finance）。它是关于家庭如何使用金融市场实现其目标的规范性和积极性的研究（Luigi P.，2012）。关于家庭金融的研究可能包含两个部分：将家庭视作一个类似个人的消费主体，此时家庭面临的消费决策与个人十分类似，在这种情况下，家庭金融在消费者金融的研究范围内；但是实际上，家庭所面临的金融问题比简单的消费要丰富得多，涉及以家庭作为经济单位在资产配置、投资决策、风险管理、遗产规划等方面的行为和策略，对这种情况的研究有助于理解家庭在金融市场中的行为模式。

四是消费信贷（Consumer Credit）。它是指金融机构向消费者（非法人或组织）所提供的用于个人消费目的（非经营目的）的借贷产品和服务，个人消费包含耐用品、日用品、分别满足物质需求和文化需求的消费用品等。这也是比较狭义的消费金融的概念，与目前国内业界对消费金融概念的理解比较接近。

2. 国内研究

国内对消费金融概念的界定始于2010年，目前尚未形成独立的理论体系。消费金融的研究涉及经济、金融、行为科学和统计学等诸多学科（钱颖一，2010），增加了对其定义的难度。在“首届中国消费金融研讨会”上，学术界讨论了消费金融名称的含义和研究领域，主要关注点在于消费金融研究范围是否需要包含居民的资产配置问题、居民收入、投资和消费、家庭的金融行为和资产配置等，以及由其而引发的消费金融应该叫作“消费金融”还是“消费者金融”的讨论（廖理和张学勇，2010）。

因此，国内的消费金融概念对应国外的几个术语其实都有涉及（宋明月，2016）。纵观国内的研究，对消费金融概念的界定可以从服务对象、产品功能、广义狭义等角度进行分类。杨胜刚（1999）认为，消费金融的服务对象不是企业法人，而应是自然人，这是它与企业金融（Corporate Finance）最大的不同之处。这是从服务对象角度对消费金融的定义。

王江等（2007）基于消费和金融两个方面——消费包含日常生活消费在内的对所有资源的非生产目的的使用或者消费；金融业不仅包含个人自身面临的财务问题，还包括市场、机构和政府以及与消费者有关的金融技术、产品、监管等，给予了消费金融更加广泛的定义。这一思路与廖理和张学勇（2017）提出的观点具有异曲同工之处，市场作为供给方，为消费者提供消费金融产品和服务，在这样的环境下，消费者进行金融决策，这一切的正常运行，离不开政府部门通过法律和监管框架规范消费金融市场、产品和服务，保护消费者在使用消费金融产品时的权益。这是从消费者、市场和政府三个层面对消费金融的界定（曾燕等，2021；张颖熙等，2021；程雪军等，2021）。

锡士（2010）、杨鹏艳（2015）和刘丹（2011）从消费金融的提供商、目标客户、服务形式、服务目的、服务对象和本质视角对消费金融进行了定义，认为消费金融是由金融提供的，通过信贷储蓄和支付结算等手段为包含个人或者家庭在内的各阶层消费者提供服务，目的是满足目标客户对于最终消费品的需求，同时刺激市场需求，服务对象是消费品市场。这一观点认为，消费金融的本质是一种金融服务。

另外，还有从广义和狭义上对消费金融定义。从广义上看，消费金融包含与个人消费相关的任何金融需求（韩立岩和杜春越，2018）；而从狭义上看，消费金融是指金融机构向消费者提供的用以满足个人消费的贷款服务，即上文提到的消费信贷的概念。

2009 年 7 月，我国通过了《消费金融公司试点管理办法》，其中指出“消费金融公司，是指经中国银行业监督管理委员会批准，在中华人民共和国境内设立的，不吸收公众存款，以小额、分散为原则，为中国境内居民个人提供以消费为目的的贷款的非银行金融机构”。它规定了我国消费金融公司的经营范围，主要包含个人耐用品消费和个人消费贷款。

根据对国内外研究的梳理，本书所研究的消费金融偏向业内对狭义消费金融的定义，是指面向对象为自然人，主要为满足消费者对最终商品或服务而提供的金融服务，即针对个人消费者的消费信贷的概念。

2.2.2 消费金融的分类

现代意义上的消费金融公司的出现可以追溯到 20 世纪初，第二次世界大战后，随着人们消费需求的快速扩张，消费金融经历了一段快速发展时期（许文彬和王希平，2010）。经过了近百年的发展，在美国、西班牙、日本、韩国等发达国家，消费金融已经形成了较为稳定的金融模式，主要包含消费金融公司、中介银行和第三方征信机构（许华和任锐，2016），三者相互依赖，进而实现共赢。

以美国消费金融机构的分类为例，主要包括商业银行（Commercial Bank）、信用合作社（Credit Union）、消费金融公司（Consumer Finance Company）、工业银行（Industrial Bank）以及其他类型贷款机构（汪洋和白钦先，2010；赵建斌，2013）。从消费金融资金投向和来源来看，美国消费金融的主要投向为住宅购买、装修、服务和耐用品消费。从资金来源具体构成来看，商业银行、金融公司和证券化资产池机构一直占据着一般消费金融的前三名（孙章伟，2018）。

在亚洲国家中，日本是最早开始兴起消费金融业务的国家。日本的消费金融业务主要兴起于20世纪50年代中期，此时人们消费需求激增，但是受制于当时银行对零售客户的消极态度，导致日本的消费金融缘起于百货公司的按月分期付款的消费信贷业务。目前，日本四大消费金融公司为三菱财团旗下子公司Acom和Aful，三井住友财团旗下子公司Promise，以及三井住友财团旗下消费金融公司Mobit。与美国不同的是，日本的消费金融公司不能够吸收公众存款，从经营业务范围来看，包含贷款、担保、贷款管理和催收等特色业务（孙章伟，2018）。

与发达国家比较，我国并未形成多层次的消费金融市场体系，且消费金融业务发展较为保守，可以从事的业务种类较少。目前，我国的金融监管机构主要对商业银行和专业的消费金融公司颁发消费金融业务牌照，两者也构成了我国消费金融市场两大主要提供商。但是两者在目标客户、渠道和风险管理模式等方面存在着差异（陈琼等，2019），商业银行主要是通过银行分支机构进行分销，面对的多是中产、富裕人群及企业客户，业务模式较为保守；而专业的消费金融公司则以大众和低端消费者为目标。

除了商业银行和专业的消费金融公司，产业资本、电商平台等也是我国消费金融的主体，这与我国互联网技术的兴起密不可分。数据逐渐多维、征信体系逐渐成熟、风控体系逐渐完善，使消费金融深入生活消费的各个场景，满足了中低端长尾用户的消费需求（张丽平等，2022；程雪军，2023）。目前，我国消费金融市场逐步形成银行系、产业系、电商系的竞争格局（谢富胜等，2021；唐文娟等，2022；张鑫瑜，2023）。

1. 银行系

银行系消费金融主要由银行及以银行为主要股东的消费金融公司组成。第一种形式为银行传统的消费贷款业务，随着2016年下半年房贷调控不断升级，消费贷款有望成为银行资产的主要构成，且消费信贷利率高、期限短，也有利于银行修正资产与负债的期限错配问题；第二种形式为消费金融公司使用信用贷款方式；第三种形式为场景化的电商贷款模式，如工商银行的“融e购”网上商城等。具体见表2-1。

表 2-1　银行系提供的消费金融服务

序号	消费金融服务	说明
1	传统的消费贷款业务	银行向通过征信审核后的消费者发放差别化信用额度的消费贷款，用户通过消费贷款进行消费，并在规定时间内按时还款或者分期付款
2	信用贷款方式	消费者向银行申请消费金融贷款，利用达到的资金购买相应的产品和服务。事后，消费者需要向银行提供实际消费的产品和服务清单或者发票
3	场景化的电商贷款模式	银行通过设立银行电商平台，向客户提供产品和服务，如客户通过向银行申请贷款后，在银行电商平台实现购置大类商品，并分期归还银行借款。如工商银行推出的“融 e 购”网上商城，其为客户提供互联网信用消费信贷服务

关于银行参股设立消费金融公司的形式，2010 年率先由北京银行、中国银行、成都银行和捷信集团成立了北银消费金融公司、中银消费金融公司、四川锦程消费金融公司和捷信消费金融公司，是我国消费金融第一梯队，为后续消费金融业务的开展奠定了基础（姜宝泉等，2016；赵保国等，2019）。2013 年 11 月，消费金融公司新增 12 个试点城市，至此，我国消费金融公司试点城市达到 16 个。2015 年 6 月，国务院常务会议确定将消费金融公司试点范围扩至全国。消费金融公司的股权结构多为混合所有制，其中大部分都有银行系资本的身影。这类消费金融公司的信用评级高，有较为稳定的资金来源，资金成本低，发展具有一定的优势，消费金融公司的盈利来源主要为利差收入（刘丹等，2018）。

2. 产业系

产业系消费金融与银行系最主要的区别在于其出资设立主体为实体企业。

我国产业系消费金融主要包括海尔消费金融、马上消费金融、重庆小米消费金融、四川省唯品富邦消费金融、苏宁消费金融等。例如，海尔消费金融是由海尔集团、海尔财务公司、红星美凯龙、绿城电商、中国有赞（原“中国创新支付”）五家大型集团共同发起设立，是山东省唯一一家持牌消费金融机构。

产业系消费金融公司依托产业自身线上和线下互动的消费场景，构建“线上引流线下体验”的O2O（Online to Offline，线上到线下）消费金融模式，是产业系消费金融发展的最大优势之一。对于产业系公司而言，一方面，消费金融业务作为促进业务发展的一环,是产品和服务延伸中的重要一步(小乔,2018)，以苏宁消费金融为例，苏宁金融产业布局已经通过供应链金融与互联网保险服务完成了上游和中游的布局，而消费金融则完善了对下游零售客户布局。另一方面，产业系公司自有的消费金融场景，可以以低息的信贷方式刺激消费者的消费意愿，缓解库存压力，提高公司业绩。

3. 电商系

电商系消费金融是指电商平台成立的综合金融服务平台以及依托电商的分期购物平台，为平台提供消费和分期购物等金融服务。依托大型的电商平台，如阿里巴巴和京东，当消费者购买其自营商品或第三方提供的商品时，向消费者提供小额的消费贷款或者分期服务。

电商系消费金融虽然起步于2014年，但是发展速度较快（王维东，2017）。这一方面得益于电商平台自有的大量消费者，成熟的商业消费场景为消费金融提供了大量原始用户,而消费金融产品反过来又带动了平台产品和服务的销售，形成金融与消费的良性互动。以京东为例，数据显示，京东白条在上线以后的半年内，用户在使用“白条”后月订单增长了33%，月消费金额增长了58%，55%的“白条”用户使用了分期付款服务，这部分订单单价比非“白条”用户高50%。

另一方面，电商平台丰富的用户消费数据为消费金融风控体系的搭建构建了良好的基础（马厚娟，2015）。丰富的数据不仅可以将平台的违约降到最低，还可以根据用户消费能力、消费习惯等数据创造更贴近用户需求的消费金融产品，为长尾用户提供基础的金融支持。但是由于电商平台不能吸收用户存款，因此这类公司的资金来源是主要的问题（马丽艳，2019）。

2.2.3 消费金融的特点

从上述消费金融的分类可以看出，我国消费金融与美国、英国和日本等发达国家相比，其业务涵盖的范围要窄得多，一方面是由消费场景决定的，另一方面是由我国法律法规强制规范所致的。消费金融的功能定位主要是围绕“消费”领域，依托各种消费场景，为消费者提供日常消费品的信贷服务。从《消费金融公司试点管理办法》中可以推断出，我国消费金融产品无法为诸如房屋等大型的商品提供信贷服务，这在一定程度上就限制了消费金融业务的拓展。也正因为如此，这就导致了我国消费金融呈现出如表 2-2 所示的几个特点，如业务集中于小额分散信贷、产品类型相对单一等（许华，2016；游春，尚非，2013）。

表 2-2　我国消费金融的特点

特点	说明
单笔授信额度较小	主要针对个人消费贷款和个人耐用品消费
审批速度快	依托大数据实现精准评估，简化审批流程
无须抵押	大数据风控有保证
服务方式灵活	互联网渠道、商场渠道等
期限短	由消费场景高频次、额度小的特点决定
个人还款方式灵活	可根据自身情况选择还款计划，一般融资额度不超过个人月收入的 5 倍，贷款利率不超过中国人民银行基准利率的 4 倍

2.3 长尾理论

伴随信息技术的快速演进，互联网时代的扑面而来，出现了一个新的经济学理论——长尾理论（The Long Tail Theory）。此理论最先由美国学者克里斯·安德森（Chris Anderson）于 2004 年 10 月提出。该理论源于社会学领域中广泛出现的帕累托法则，也即 80/20 法则。帕累托法则提出，企业一般会关注曲线“头部”的重要群体，而直接忽视了曲线“尾部”的普通客户群体。一般而言，在商业实践中，需求曲线的“尾部”，即所谓的普通客户，其所带来的经济收益甚至能超过“头部”贵宾群体的收益，但由于传统的企业收集信息的方法手段相对落后，收集市场尾部客户信息会付出大量额外资源开销，导致大部分企业一般会倾向于重视数量少但需求体量较大的贵宾客户身上，同时会选择性“放弃”总体规模庞大但个体需求体量很小的普通客户群体。

长尾理论认为，在互联网时代，由于生产和分发成本的降低，许多以前无法盈利的小众产品和服务开始变得越来越重要。这些小众产品的需求量虽然相对较小，但是由于产品数量庞大，加总起来的总体需求量可以与热门产品的需求量相媲美。长尾理论的核心观点是，在互联网时代，企业可以通过满足众多小众市场的需求来获得更大的收益。这是因为，尽管每个小众市场的规模都不大，但是由于市场的数量庞大，加总起来的市场规模可以与主流市场相媲美（牛瑞芳，2016；陈晓芬等，2017）。此外，由于小众市场的需求更加多样化和个性化，企业可以通过满足这些需求来提高客户满意度和忠诚度。

长尾理论主要适用于数字产品和服务，如音乐、电影、书籍、软件等。这些产品的需求曲线呈现出“长尾”形状，即少数热门产品的需求量较大，而大量小众产品的需求量较小。但是，由于互联网技术的发展，消费者可以更方便地找到和购买这些小众产品，从而使这些产品的总需求量不断增长。长尾理论为企业提供了一种新的商业模式和市场战略，即通过关注和满足小众市场的需求来发掘新的市场机会和增长点。

长尾理论关注的是大量小众市场的需求，而普惠金融正是致力于满足这些小众市场（普通民众和小微企业）的金融需求，关注的是传统金融机构难以覆盖的各类金融需求群体和小微企业，这些群体的需求相对较小，但数量庞大，这与长尾理论中的小众市场具有相似性（蓝海燕等，2018）。普惠金融通过创新的服务模式和技术手段，降低服务成本，提高服务效率，从而更好地满足小众市场的需求。这与长尾理论中的互联网技术发展相呼应。普惠金融通过满足小众市场的需求，可以发掘出巨大的市场潜力。这与长尾理论中的小众产品总需求量不断增长的观点相一致。普惠金融有助于提高社会公平、促进就业和经济增长，这与长尾理论关注的个性化需求和客户满意度具有一定的相似性（牛瑞芳，2016）。因此，长尾理论可以为普惠金融提供一种理论指导，帮助金融机构更好地关注和满足小众市场的需求，从而实现社会价值和商业价值的统一（韩克勇，2018）。

2.4 信息不对称理论

信息不对称理论（Asymmetric Information Theory）归属于经济学理论范畴，主要研究在市场交易过程中，参与者之间信息的不对称性及其对市场结果的影响。信息不对称理论认为，在许多经济活动中，参与者之间的信息是不对称的，即某些参与者可能拥有其他参与者不拥有的信息。这种信息不对称可能导致市场失灵和资源配置的低效。从现实经济现象出发，信息不对称理论的主要特点包括以下四点。

一是信息差异（Information Asymmetry）。根据信息不对称理论，市场中的参与者可能掌握不同级别的信息，这种信息的不平等分布可能导致决策失误和交易效率低下。在数字普惠金融市场，普惠金融机构会比企业更了解产品的真实情况，而企业会比普惠金融机构更了解自身信用情况，这种信息差异会影响金融机构与企业的各自决策，进而影响市场的整体公平性和透明度。因此，减少信息不对称，提高市场透明度对于维护市场秩序和促进公平交易至关重要。

二是逆向选择（Adverse Selection）。信息不对称理论中的一个关键概念是逆向选择，即由于信息不对称，使得低质量的商品或服务有可能驱逐高质量的商品或服务。这可能导致市场资源配置的低效。在普惠金融领域，一些缺乏核心技术、经营风险高的小企业，因信息不透明，易伪装成优质企业获取贷款，而真正有创新能力的优质小企业却可能被挤出信贷市场。因此，解决逆向选择问题，如通过提供更多的信息披露、质量认证和第三方评估，对于提升市场效率和保护消费者权益具有重要意义。

三是道德风险（Moral Hazard）。信息不对称理论中的另一个关键概念是道德风险，即由于市场参与者的行为不可观察，可能导致其他参与者无法对其行为进行有效的激励或惩罚，这同样可能导致市场资源配置的低效。当某一普惠金融机构向小微企业发放用于设备更新的贷款后，因难以全程监督该企业行为，企业可能会擅自把资金挪用于高风险投资。一旦投资失败，企业无力还贷，这会造成金融资源的浪费。这种道德风险的存在，直接给普惠金融机构带来经济损失，致使不良贷款率攀升。同时，它还严重破坏整个普惠金融生态的信任根基。长此以往，金融机构出于风险规避考虑，必然会提高小微企业贷款门槛。如此一来，真正有资金需求且信用良好的小微企业，就会面临融资难的困境。

四是信号传递（Signaling）和筛选（Screening）。为了解决信息不对称问题，市场参与者可能会采用信号传递和筛选等策略。信号传递是指拥有更多信息的参与者通过某些行为或信号向其他参与者传递信息，筛选是指其他参与者根据已有的信息来判断和选择交易对象。

信息不对称理论在实际应用中，可被用于分析和解决许多经济问题，如保险市场、信贷市场、劳动力市场等。实践中，在数字普惠金融领域，普惠金融机构与客户之间存在明显的信息不对称现象（樊文翔，2021）。数字普惠金融机构在获取客户信用信息、还款能力等方面存在困难，导致审慎放贷；而客户则难以了解金融产品及相关政策，影响了金融需求的表达和满足。信息不对称理论可以用于分析金融服务提供者和用户之间的相互作用，以及政策制定者如何通过干预来优化市场结果（郭正江，2021）。在数字信贷市场中，贷款方和借款方之间存在信息不对称问题，政策制定者可以通过监管和激励机制来降低逆向选择和道德风险。监管机构可要求金融机构充分披露产品细节，同时建立公共信用信息平台，让贷款方更易获取借款方信用数据，以此改善信息不对称情况。

2.5 创新生态系统理论

2.5.1 创新生态系统

创新生态系统是一个新兴的概念，源于创新系统理论和生物学类比思想。在创新系统理论的发展过程中，弗里曼（Freeman）和伦德瓦尔（Lundvall）等学者受到了熊彼特（Schumpeter）的创新理论和李斯特（Liszt）的“国家系统”概念的启发，从而提出了这一理论。随后，在 20 世纪 70 年代，各研究领域开始对生物学科进行跨学科思考，如数学科学、经济金融、创新创业、机器制造等。这一时期，组织生态和商业生态等新的研究视角逐渐兴起，为创新生态系统理论的诞生奠定了基础。

Moore（1993）在商业生态系统研究视角方面提出了重要观点，他建议管理者将公司视为一个由松散但相互关联的参与者网络组成的生态系统的一部分。到了 2004 年，美国竞争力委员会指出：“要提高美国的创新能力，就要在企业、政府、教育家、工人间建立创新生态系统。”这一提议标志着“创新生态系统”正式被提出，引起了国内外学者的广泛关注和深入研究。

创新生态系统的提出，为企业、政府、教育机构和劳动者提供了一个全新的合作框架，以共同推动创新能力的提升。这一概念强调了各创新主体之间的互动、合作和协同作用，以及生态系统中知识、资源和能力的流动（朱秀梅等，2022；彭奕潇等，2024）。通过构建创新生态系统，可以更好地促进创新成果的产生和传播，推动经济增长和社会发展。

创新生态系统是一个复杂、开放且可持续发展的系统，其内涵可以从结构、外部环境和功能三个方面来分析。

首先，从结构角度来看，创新生态系统是一个典型的复杂系统。创新主体之间的交互行为具有非线性特征，如共生耦合、竞争合作等。此外，创新生态系统具有生态化组织体系，可以划分为多个生态层次结构，如物种、种群和群落。根据内部主体角色的特性，创新生态系统也可分为研究、开发与应用三类群落。

其次，从与外部环境的关系来看，创新生态系统是一个开放系统。经济环境、社会环境和自然环境共同构成了创新生态系统的创新环境，为内部创新主体提供了行为活动的“栖息地”并给予创新主体资源和能量。同时，创新主体不断地与环境交互，也会影响整个创新环境的发展。

最后，从功能角度来看，创新生态系统是一个可持续发展的系统。创新活动的频繁性、多样性和持久性是创新生态系统的主要表现。此外，创新生态系统通过不断地循环调整实现自身的持续进化。

总之，创新生态系统是将生态系统理论应用于创新管理发展的过程中逐步形成的。它是一个具有开放性和复杂性的系统，内部主体之间以共生竞合的方式共存，同时，内部主体与外部环境之间不断循环反馈，通过物质、信息、资金等的共享传导形成一个动态演化的系统（郭韬等，2024）。创新生态系统是一个由多个创新主体聚集在一起，内部主体与外部环境之间不断交互创新，共同创造价值，维持主体以及系统的可持续发展的复杂适应系统。

2.5.2　共生理论

共生理论（Symbiotic Theory）是一种生物学和社会学领域的理论，主要描述不同物种之间或人与环境之间相互依赖、相互影响的关系。共生理论强调生物体之间、个体与环境之间的密切联系，以及这些联系对生态系统和人类社会的稳定与平衡的重要性。随着研究领域的拓展，共生概念逐渐从生物学延伸至社会学、经济学等多个学科，从而形成了一种跨学科的理论体系。尤其是在生态环境保护、资源利用、社区发展等方面，共生理论提供了重要的理论指导和实践借鉴。

共生理论的核心观点在于，生物体或个体之间的相互依赖和相互作用，对于维持生态系统的稳定和健康发展至关重要。在共生关系中，各方都能从中获得一定的利益，从而实现共同成长。这种关系可以是互利的，也可以是竞争的，但无论何种形式，共生关系都体现了生物界和人类社会中各方之间的相互关联。

共生理论与普惠金融之间存在一定的联系。普惠金融旨在为社会各阶层和区域提供包容性、可获得性、可持续性的金融服务，以实现社会经济的包容性增长。共生理论强调不同物种之间、人与环境之间的相互依赖、相互影响和共享资源（周孟亮等，2024；郭晓晨，2024）。将共生理论应用于普惠金融领域，可以从以下几个方面理解它们之间的关系。

一是相互依赖。普惠金融通过为小微企业、低收入人群等提供金融服务，帮助他们实现经济发展和生活水平提高。这些群体的发展又将进一步推动普惠金融的发展，形成相互依赖的关系。

二是共享资源。普惠金融通过提供贷款、保险、支付等金融服务，使得社会资源得到更有效的配置和利用。在此过程中，不同群体之间共享金融资源，提高整个社会的福利水平。

三是环境适应。普惠金融需要根据服务对象的特点和需求，不断创新金融产品和服务模式。这种创新过程就是普惠金融适应其所处环境的表现。

四是系统平衡。普惠金融有助于缩小贫富差距、促进社会公平，从而有效维护社会经济系统的平衡和稳定。此理念与共生理论强调生态系统平衡的观点相吻合。

共生理论可以从相互依赖、共享资源、环境适应和系统平衡等方面为普惠金融提供理论支持和实践借鉴。普惠金融通过为社会各阶层和区域提供金融服务，促进社会经济的包容性增长，实现人与环境的和谐共生。将共生理论应用于数字普惠金融领域，可以分析数字普惠金融与各个利益相关者之间的相互关系和相互依赖性，包括金融机构、客户、政府、监管机构等，有助于更好地理解数字普惠金融的发展和作用，具体有以下表现。

一是金融机构与客户之间的共生关系。数字普惠金融通过数字化手段降低了金融服务的成本，使得金融机构能够更好地服务传统金融体系中未被服务或服务不足的人群（王海军等，2015；余军等，2018）。同时，这些人群的金融服务需求也得到了满足，实现了金融机构与客户的共赢。

二是金融机构与政府之间的共生关系。数字普惠金融有助于实现政府的普惠金融目标，提高金融服务的覆盖率和质量。政府在政策、监管等方面给予数字普惠金融支持，促进了数字普惠金融的发展。

三是金融机构与监管机构之间的共生关系。数字普惠金融的发展需要监管机构提供一个良好的监管环境。监管机构通过制定适当的监管政策和规则，保障数字普惠金融的健康发展，同时也保护了消费者的权益。

四是客户与政府之间的共生关系。数字普惠金融的普及使得客户能够享受到更加便捷、高效的金融服务。政府通过推动数字普惠金融的发展，提高了金融服务的覆盖率和质量，满足了客户的金融服务需求。

五是客户与监管机构之间的共生关系。数字普惠金融的发展需要监管机构提供一个良好的监管环境。监管机构通过制定适当的监管政策和规则，保障数字普惠金融的健康发展，同时也保护了消费者的权益。客户在享受数字普惠金融服务的同时，也需要遵守相关监管规定，维护金融秩序。

2.5.3 生态位理论

生态位理论（Ecological Niche Theory）是一种生物学理论，主要描述生物在生态系统中的角色、地位和相互作用。生态位理论最早由美国生态学家亨利·格里森（Henry Allan Gleason）在1917年提出。他认为，每个物种都有自己独特的生态位，不同物种之间通过竞争和协作形成一个稳定的生态系统。后续，生态位理论得到了进一步的发展和完善，其中重要的贡献者包括尤金·奥德姆（Eugene P. Odum）和罗伯特·麦克阿瑟（Robert MacArthur）以及爱德华·威尔逊（E. O. Wilson）。哈钦松（Hutchinson）在1957年对生态位理论进行了重要的扩展，他根据限制物种分布的条件和资源来定义生态位，并提出了基本生态位和现实生态位的概念。这些文献为生态位理论的发展奠定了基础，并对该理论的应用和理解产生了深远影响。生态位（Niche）是指一个物种在生态系统中的地位和作用，包括其生存和发展的所有生态因素和生态过程。生态位体现了物种与其生态环境之间的相互作用和适应性。生态位理论在生物学、生态学等领域具有广泛的应用（李文华等，2006）。例如，在生物多样性保护、生态系统管理、生物入侵研究等方面，生态位理论提供了理论指导和实践借鉴。此外，生态位理论还渗透到社会科学、经济学等领域，如产业生态位、金融生态位等概念，为这些领域的研究提供了新的视角和方法。

生态位理论可以为普惠金融提供一定的理论指导和实践借鉴，主要体现在以下几个方面。

一是角色定位。普惠金融作为金融体系的一部分，承担着为社会各阶层和区域提供包容性、可获得性、可持续性金融服务的职责。这与生态位理论中生物在生态系统中的角色定位相类似。普惠金融需要找准自己的生态位，为小微企业、低收入人群等提供专业、特色的金融服务。

二是适应环境。普惠金融机构需要根据所处的环境和客户需求，不断创新金融产品和服务模式，以适应复杂的市场环境。这与生态位理论中生物对环境的适应性相吻合。

三是竞争与合作。在生态系统中，不同物种之间既存在竞争关系，也存在合作关系。在普惠金融领域中，不同类型的金融机构之间、金融机构与客户之间也存在竞争与合作。普惠金融需要通过合作与竞争，实现资源的有效配置和优化。

四是系统稳定性。普惠金融通过为社会各阶层和区域提供金融服务，有助于维护社会经济系统的稳定。在生态系统中，不同物种之间的相互作用和生态位分布有助于维持生态系统的稳定。

五是包容性增长。普惠金融旨在实现金融服务的普及和包容性，使更多人群受益。这与生态位理论中生物群落的多样性和包容性相吻合。普惠金融通过支持偏远地区和广大群体的发展，有助于实现社会经济的包容性增长。

总之，生态位理论可以为普惠金融提供一定的理论指导和实践借鉴。普惠金融需要找准自己的生态位，适应环境，实现竞争与合作，维护系统稳定性和推动包容性增长。

2.6 供需理论

供需理论（Supply and Demand Theory）是经济学中分析市场中商品和服务价格与数量如何通过供给和需求力量达到平衡的核心理论。该理论认为，市场价格和交易数量是由生产者（供给者）愿意提供的商品或服务数量与消费者（需求者）愿意购买的商品或服务数量之间的相对关系决定的（洪倩，2016）。

在数字普惠金融领域，供需理论可被用于分析数字普惠金融服务的提供方和需求方两端之间的关系。政策制定者可以通过调整数字普惠金融的供给（如放宽市场准入、增加普惠金融产品和服务的种类等）和需求（如提高金融素养、提供消费激励等）来实现普惠金融市场均衡，从而优化资源配置和社会福利。在数字支付服务市场中，政策制定者可以通过鼓励更多的金融机构提供数字支付服务来增加供给，同时通过普及数字金融知识和提高消费者对数字支付服务的信任度来刺激需求。当供给和需求达到平衡时，数字支付服务的价格和数量将稳定在一个均衡点，从而实现市场资源的有效配置。因此，本书基于此视角，进行数字普惠金融机构、小微企业和政府三方的博弈研究，探讨数字普惠金融市场的供需机制。

2.6.1 供需平衡理论

供需平衡理论（Supply and Demand Balance Theory）进一步细化了供需理论的应用，主要特点包括以下几点。

一是价格调节机制。供需平衡理论强调，市场价格是通过供给和需求的相互作用来调节的。当市场供给大于需求时，价格将下降，以刺激需求；当市场供给小于需求时，价格将上升，以抑制需求。

二是市场均衡。供需平衡理论认为，当供给和需求达到平衡时，市场价格和数量将稳定在一个均衡点。在这个均衡点上，生产者愿意提供的商品和服务的数量恰好等于消费者愿意购买的数量。

三是供求弹性。在供需平衡理论中，供给和需求的弹性（即供给曲线和需求曲线的斜率）对市场价格与数量的影响至关重要。供给弹性越大，价格变动对供给量的影响越大；需求弹性越大，价格变动对需求量的影响越大。

四是外部因素影响。供需平衡理论还强调了其他外部因素（如政策、技术、消费者偏好等）对供给和需求的影响。这些外部因素的变化可能导致供给曲线或需求曲线的移动，从而影响市场价格和数量。

供需平衡理论主要研究市场中供给和需求之间的平衡关系。数字普惠金融通过满足区域经济发展的金融需求，可以实现供需平衡，促进区域经济的高质量发展。一方面，数字普惠金融有助于优化资源配置，促进供需平衡。在传统金融体系中，中小企业、农村居民和低收入群体往往因缺乏抵押物、信用记录等难以获得金融服务。而数字普惠金融通过大数据、云计算等技术手段，实现了对客户的精准画像和风险控制，使得这些群体能够获得平等、高效的金融服务。进而，数字普惠金融有助于缓解融资难题，激发市场活力，促进供需平衡。另一方面，数字普惠金融可以提高金融服务效率，进一步推动供需平衡。在传统金融服务模式下，金融机构与客户之间的信息不对称问题较为严重，导致金融服务成本较高、效率低下。而数字普惠金融通过线上线下的深度融合，实现了金融服务的智能化、便捷化，大大提高了金融服务效率。在此基础上，数字普惠金融能够更好地满足客户需求，推动供需平衡。

2.6.2 供需博弈

供需博弈（Supply and Demand Game）是指在市场经济中，供给者（生产者）和需求者（消费者）之间通过相互竞争与协商来决定商品和服务的价格及数量的过程。供需博弈的核心是寻找市场均衡点，即供给量和需求量相等的点，此时市场价格和数量将达到稳定（马慧，2012；蒋国瑞等，2013；葛和平，2021）。在供需博弈中，供给者和需求者根据各自的利益与市场信息进行决策。供给者根据生产成本、技术水平及市场竞争状况等因素决定生产与销售的商品和服务的数量；需求者根据商品和服务的价格、质量、个人喜好与收入水平等因素决定购买的商品和服务的数量。

供需博弈的过程可以分为以下几个步骤。

一是初始决策。供给者和需求者是根据市场信息与自身利益作出的初始决策——供给者决定生产和销售的数量，需求者决定购买的数量。

二是价格形成。在市场竞争中，价格成为供需双方的博弈焦点。当供给量大于需求量时，价格下降，以刺激需求；当供给量小于需求量时，价格上升，以抑制需求。

三是反馈和调整。供给者和需求者根据市场价格与数量的变化调整各自的决策。供给者可能调整生产数量，需求者可能调整购买数量。这个过程将持续进行，直到市场达到均衡状态。

四是市场均衡。当供给量等于需求量时，市场达到均衡状态。此时，市场价格和数量稳定在一个均衡点上。

数字普惠金融作为一种创新型金融服务模式，旨在解决传统金融体系中难以覆盖的小微企业、偏远地区等各类金融需求群体的融资问题。近年来，我国数字普惠金融发展迅速，取得了显著的成果。然而，在发展过程中，数字普惠金融面临着供需博弈的挑战。随着我国经济结构的转型升级，大量小微企业、农村经济组织和偏远地区人群等对普惠金融服务的需求日益旺盛。然而，这些需求在传统金融体系中往往难以得到满足，导致供需矛盾突出。另外，虽然数字普惠金融在近年来得到了快速发展，但普惠金融机构在产品创新、风险管理、金融科技等方面仍存在不足，难以满足日益增长的需求，在政策法规、监管体系等方面尚不完善，制约了数字普惠金融供给能力。

2.7 博弈论

博弈论（Game Theory）源于英文，最早是在 1928 年由数学家约翰·冯·诺伊曼（John Von Neumann）提出。此后，他和奥斯卡·摩根斯坦（Oskar Morgenstern）在 1944 年合著出版的《博弈论与经济行为》（*Theory of Games and Economic Behavior*）中，将博弈论系统地运用于经济领域，标志着现代博弈论理论体系的正式形成。博弈论是指在多个决策主体彼此影响的条件下，决策者根据实际的情况作出令人满意的决策，并分析多个决策者相互影响的行为所产生的决策以及这种决策是否为最优化决策的问题。决策者的效用函数不仅取决于其他决策主体的选择问题，而且还取决于自身的选择问题。通过用博弈分析研究方法对日常生活中具有现实意义的社会现象等问题进行分析，进而挖掘事件发生的本质，从而在各种复杂因素的影响下，找到利益最大化的均衡策略，不仅可以预测参与方的策略选择，更重要的是能够提高企业自身的决策水平和决策质量，这也就是博弈论在现实生活中的运用（赵红梅等，2009；施若，2010）。

2.7.1 博弈问题的构成要素及分类

博弈论是通过建立严密的数学分析模型来解决现实生活中的决策问题，其重点在于研究决策者应作出怎样的选择，才能使得自身的利益最大化。博弈论被广泛应用于生活的各个领域，因为决策问题在生活中时刻都在发生，而这类问题都可以采用博弈的原理来解决。博弈不仅体现在一个人的日常生活、一个公司的运营和一个国家的管理中，而且在处理各种社会问题时，也常用博弈的原理来分析研究问题，从而作出最优的决策。

1. 博弈问题的构成要素

在博弈论中，一般假设决策者是“理性的”，然后讨论理性的逻辑思维与行为。在分析一个博弈问题时，通常都会考虑到以下几个方面的因素（张维迎，2005）。

（1）博弈的参与者（Players）。博弈的参与者也称博弈主体、玩家或者局中人，是指在博弈过程中能够独立决策且能对结果负责的决策者（决策方）。消费金融机构和其用户就是典型的博弈参与者。

（2）博弈的选择（Strategies）。博弈的选择是指博弈的参与者在进行决策时，参与者所作出的特定选择。一般应在博弈前对每个博弈者在作出决策时可供其选择的方式、经济活动的程度、量值等方面作出规定。

（3）博弈信息（Information）。博弈信息是指博弈者掌握的对相关决策有价值的数据信息，因此，博弈信息是博弈主体制定策略的重要依据。博弈主体的目标是获得对应的利益，而利益的取得需要通过相应的策略手段实现。

（4）博弈的顺序（Orders）。在多个独立的决策者进行决策的条件下，决策者既可以同时作出决策，也可以先后作出决策；既可以一次性作出决策，也可以多次作出决策，这就是博弈的顺序问题。因此，一般而言，要在进行博弈之前先确定博弈的顺序，即使其他影响因素都不变，不同的顺序也必然会产生不同的博弈结果。

（5）博弈者的收益（Payoffs）。各个博弈者每作出一个选择时，就会产生相应的收益或损失，可以通过相关的手段对这些收益或损失进行量化，从而实现自身利益最大化。

以上几个因素就形成了一个博弈场景，通过对博弈问题进行有效的分析，从而会得出有关博弈各方主体的最优化战略组合。因此，研究博弈的主要目的在于，通过剖析博弈各方主体的行为及决策逻辑，实现博弈平衡状态，进而做出对全局最优化的决策。

2. 博弈问题的分类

博弈问题可以根据参与者之间的合作性、信息的完全性以及博弈的动态性进行分类。

首先，根据参与者是否合作，博弈问题可以分为合作博弈和非合作博弈。在合作博弈中，参与者可以形成具有约束力的协议；而在非合作博弈中，参与者则无法达成这样的协议，他们的行为是独立且竞争的。

其次，根据信息的完全性，博弈问题可以细分为完全信息博弈和不完全信息博弈。在完全信息博弈中，所有参与者都拥有博弈中所有相关信息的完全知识；而在不完全信息博弈中，至少有一个参与者对博弈的某些信息是不完全了解的。

最后，根据博弈的动态性，博弈问题可以被分为静态博弈和动态博弈。静态博弈是指参与者只进行一次决策的博弈；而动态博弈则涉及多个时期的决策，参与者的行动有先后顺序，且后续行动者可以根据先行动者的行为来调整自己的策略。在动态博弈中，还可以分为重复博弈和阶段博弈。重复博弈是指同一博弈结构被重复进行多次，而阶段博弈则是指博弈可以被分解为一系列阶段性的决策。

此外，博弈问题可以根据均衡的概念进行分类，如纳什均衡、占优均衡和贝叶斯均衡。纳什均衡是指在非合作博弈中，每个参与者都选择了最优策略，且没有任何一个参与者有动机单方面改变策略。占优均衡则是指无论其他参与者如何行动，某个参与者都有最佳响应策略。贝叶斯均衡则涉及在不完全信息博弈中，参与者基于自己对信息的信念进行最优策略选择。博弈问题的具体分类如图 2-1 所示。

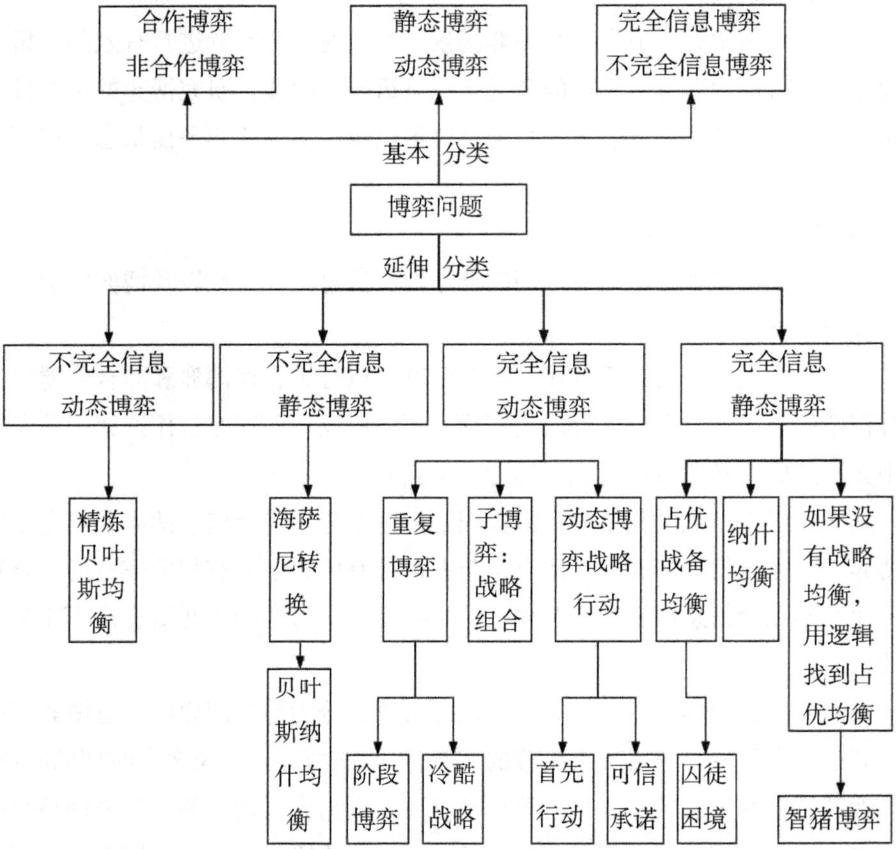

图 2-1　博弈问题的分类

本书利用非合作博弈理论来研究普惠金融机构之间，以及这些金融机构和多归属不定向用户间的动态博弈关系。在具体实践中，普惠金融机构与多归属不定向用户的选择是有先后顺序的，且后行动方在行动之前能观察到先行动一方的行为，后行动方只有在先行动方作出选择后，才需要考虑是否调整行动策略，在此信息结构中，轮到行动的博弈方能够全部看到在其行动之前的各个博弈方的所有行为（博弈过程的历史信息），上述双方的博弈过程体现了博弈的动态性。

2.7.2 动态博弈

动态博弈（Dynamic Game）是一种博弈论模型，主要研究在时间序列过程中，多个参与者如何根据各自的利益和策略相互作用和影响。动态博弈与静态博弈相对，静态博弈是在所有参与者同时作出决策的情况下进行的，而动态博弈则是在时间序列中，参与者根据自身的信息和策略逐步作出决策。动态博弈的主要特点包括以下几点。

一是时间顺序。在动态博弈中，参与者根据时间顺序逐步作出决策。即后行动的参与者可以根据先行动的参与者的选择来调整自己的策略。

二是信息不对称。在动态博弈中，参与者之间的信息可能是不对称的。即在博弈过程中，某些参与者可能拥有其他参与者不拥有的信息，这会影响他们的决策。

三是反应性。动态博弈中的参与者需要考虑其他参与者的可能反应，以便调整自己的策略来实现最佳结果。

四是逆向选择和道德风险。动态博弈可能涉及逆向选择和道德风险问题。逆向选择是指由于信息不对称，使得低质量的参与者有可能驱逐高质量的参与者；道德风险是指由于参与者的行为不可观察，可能导致其他参与者无法对其行为进行有效的激励或惩罚。

动态博弈在许多实际经济和金融问题中都有应用，如投资决策、价格竞争、资源开发等。在数字普惠金融领域，动态博弈也可以用于分析金融服务提供者和用户之间的相互作用，以及政策制定者如何通过干预来优化市场结果。例如，可以运用动态博弈来分析数字信贷市场中贷款方和借款方之间的信息不对称问题，以及政策制定者如何通过监管和激励机制来降低逆向选择与道德风险。

2.7.3 重复博弈

重复博弈（Repeated Game）是指能够重复进行且具有相似性质的博弈，而阶段博弈（Stage Game）是指重复博弈中的每一次博弈。在博弈的过程中，每进行一次博弈不仅会产生相应的收益或损失，而且还会涉及贴现问题，因此，博弈参与者在不同阶段产生的收益或损失是不相同的。重复博弈属于博弈问题的一种延伸分类，是完全信息动态博弈中的主要内容（李鹏，2019；衣鹏，2023）。

每次博弈的条件、规则和内容在重复博弈中都应该被视为相同。重复博弈必须在考虑相关利益的条件下进行。一个博弈者应率先采用合作的态度，然后其他博弈者也应采取积极配合的态度给予回应，最终博弈者才能稳定地“做大蛋糕”。

重复博弈有三个特征（肖海燕，2015；白云涛，2018）。一是博弈结构的前一个阶段对后一个阶段没有影响；二是博弈者能获得有关博弈的所有历史信息；三是在重复博弈中，博弈者的总支付等于所有各阶段博弈支付进行贴现后的简单求和（或）加权平均值。

博弈者可以根据其他博弈者过去的行动历史来帮助自己在阶段博弈中作出抉择，因此，如果博弈者考虑决策空间，那么博弈者在重复博弈中远远大于每一次博弈。有学者的研究表明，如果一个博弈者重复进行每一个阶段博弈中的纳什均衡策略组合，那么会形成重复博弈的一个纳什均衡。换句话说，阶段博弈和重复博弈都会存在纳什均衡。因此，整个过程中会有两个主要因素影响重复博弈均衡的结果：博弈的重复次数和信息是否完整。博弈参与者将如何选择短期利益或长期利益都会受到这两种因素的影响。假如博弈只能进行一次，那么每个博弈参与者都会从自身利益最大化出发而进行决策，因为这属于一次性交易；然而当博弈可以多次进行时，参与博弈的多个博弈者会采取联合行动，为谋求长期利益而放弃短期利益，从而实现合作均衡。在之后的博弈过程中，这类信息对其他博弈参与者也是有利的，因此，信息的完整性也会影响参与者的行为。当相关参与者的行为特征、支付能力等存在信息不对称时，博弈参与者一方可能为了谋求更大利益转而建立个人品牌与信誉。在博弈论的应用情景中，决定博弈的最终时间一般不取决于较大的概率，这需要博弈者之间进行无限次的重复博弈，因此，博弈者可根据实际情况选择“合作”或“对抗”；或者，博弈者之间的合作关系能否维持长久，关键取决于对对抗者的惩罚是否有力，要想实现有力的惩罚，就必须使合作的收益大于对抗的收益。这样，博弈者在重复无限次的博弈过程中才能提高合作的积极性。

此处假设 G 是一个基本博弈，这个基本博弈可以有限次或无限次地重复进行，因此 $G(N)$ 就是一个重复博弈。其中，G 可表示为 $G(N)$ 的一个原博弈，所以每一次博弈都可以被称为一个阶段博弈。而 N 可分为两种情况：①N 可以确定，则称为有限重复博弈；②N 无法确定，则称为无限重复博弈。

在重复博弈 $G(N)$ 中，在 t 阶段，博弈参与者 i 选取的行动记为 s_{it}，其中 $s_{it} \in s_t$，那么，博弈参与者 i 第 t 期行动组合可以记为 $s_t=(s_{1t}, s_{2t}, \cdots, s_{nt})$，博弈参与者 i 在 N 期博弈过程中获得的总收益为：

$$\pi_i = \sum_{n=1}^{N} \delta^{n-1} P_i(s_n) \tag{2-1}$$

式（2-1）中，δ为贴现率，若利润率为 r，则贴现率为：

$$\delta = \frac{1}{1+r} \tag{2-2}$$

此处不能用概率来研究一次博弈。但是当一次博弈可以重复多次时，就可以研究这些一次博弈在概率上能够获得最大的平均收益，于是可以用期望值来进行表达，通过构造期望收益函数的形式，从而比较多个不同混合策略的优点与缺点。

此处假设 $p=(p_1, p_2, \cdots, p_n)$ 是一个混合策略组合，其中，$p_i=(p_{i1}, p_{i2}, \cdots, p_{ik})$ 是 $s_i=(s_{i1}, s_{i2}, \cdots, s_{ik})$ 的一个概率分布，$u_i(s)=u_i(s_1, s_2, \cdots, s_n)$ 是博弈参与者 i 的收益函数。则可以用式（2-3）表示博弈参与者 i 的期望收益：

$$v_i(p_1, p_2, \cdots, p_n) = \sum_{s \in S}[p_1(s_1)p_2(s_2)\cdots p_n(s_n)] \times u_i(s_1, s_2, \cdots, s_n) \tag{2-3}$$

在真实的经济社会实践中，消费金融用户从自身角度，可以自由地选择一个或多个消费金融提供商，从而获得消费金融提供商所提供的各种金融服务组合，得到当前对自身最有利的决策。在此情况下，用户和各个消费金融提供商之间存在着博弈关系，在提供商认为没有获得更高的收益时会进行己方的策略调整，而用户认为没有得到更好的服务时，也会选择减少所接受的服务，因此，双方都要不断地进行自己的策略调整，重复博弈的过程，直到达到一种各自均认为暂时比较理想的状态，即一次均衡。因此，可以认定此博弈过程符合重复博弈的条件状态。

2.7.4 讨价还价博弈

1930 年，Zeuthen 首次提出协商原理与协商模型。协商过程包括双方的竞争行为和合作行为，达成协议时双方都能获得利益，并且希望最大化自己的利益，但是双方利益不完全相同。随着博弈论的出现及发展，博弈论成为讨价还价中理性参与者之间分配资源的重要理论，根据参与者的协商过程不同，运用博弈论解决协商问题可分为两种方法，即公理化方法和策略化方法（吴辉球等，2009；王刊良等，2010）。

使用公理化方法，源于对收益分配的合理性的研究，该合理性方案应该被所有参与方所认可和接受。Clara Ponsati 和 Joel Watson 研究了二人、多人的讨价还价问题，并确定了讨价还价可能发生的四种程序，主要结果是关于顺序谈判程序（协议只有在所有问题解决后才能执行）和同时谈判（所有问题同时谈判）之间的关系。如果一个讨价还价的解决方案预测了这两个程序相同的结果，那么它满足独立性。Clara Ponsati 和 Joel Watson 证明了如果一个解满足效率、对称性、尺度不变性、问题逐项单调性和议程独立性的公理，那么就当且仅当它是纳什解。这一结果为纳什的无关选项独立性公理提供了新的直观认识。Emilio Calvo，Clara Ponsati 和 Joel Watson 还证明了四个步骤的解都是不变的，并且如果当且仅当它是具有相等权值的实用解时，那么它就满足效率和对称性（庄仲乔等，2011；李永涛等，2013）。纳什议价博弈的可行集是参与者效用空间内的集合。因此，它的观点通常代表着对不确定事件的预期，如果没有预先确定达成协议的时间，就必须考虑到拖延协议的各种选择。Perles 和 Maschler 对这类博弈进行了研究，对二人纳什议价博弈的解进行了定义，并提出了一个解决方案的概念，它的追随者总是倾向于立即达成协议，而不是等待一个新的可行集的出现。Emilio Calvo 和 Esther Gutiérrez 给出了 n 人对策解概念的一种推广方法。

使用策略化方法，源于对协商参与方之间的讨价和还价的动态过程进行模拟。在协商过程中，一方提出报价，另一方选择接受或者拒绝，然后继续讨价还价。Rubinstein A.提出，两个玩家必须就大小为“1”的馅饼的分区达成协议，每个玩家都必须依次提出有关如何划分的建议，一个参与者提出要约后，另一个必须决定接受还是拒绝，然后继续讨价还价。假定玩家的偏好具有几种属性。在满足这些假设的所有模型中，都有理想平衡分割（P.E.P.）的特征。特别地，Rubinstein A.证明了当每个参与者在每个时期(c_1和c_2)承担固定的议价成本时，如果$c_1<c_2$是唯一的P.E.P.，那么就将所有的馅饼数给1；如果$c_1>c_2$是唯一的P.E.P.，那么就将所有的馅饼给2（于波涛等，2008；刘佳等，2023）。

RubinsteinA.于1982年建立了完全信息轮流出价讨价还价模型，在此过程中讨价还价过程也被视为合作博弈的过程（陶为群，2020；王重润，2023）。在讨价还价博弈中，博弈方A首先就某项资源提出自己的分配方案，而博弈方B根据A的方案进行“接受”或“拒绝”的策略选择。当B选择“接受”策略时代表双方达成一致，博弈结束；当B选择“拒绝”策略时，则博弈方A继续出价，直到双方达成一致。博弈方A在第1、3、5…时期出价，博弈方B在第2、4、6…时期出价，整个博弈过程中博弈双方都具有完全信息且博弈期限无限。

在互联网金融领域中，消费金融产品提供商与用户之间基于分期付款利率的博弈过程符合Rubinstein讨价还价模型。消费金融平台与用户双方作为博弈主体围绕着分期利率定价展开博弈，消费金融平台作为贷款的提供者在博弈中属于出价方，其根据自身情况设置贷款利率并灵活调整，在博弈中的目标是实现自身利润的最大化；而客户需要在平台的利率基础上接受或对利率进行还价，目标是实现自身成本支出最小化。博弈结果是通过稳定贷款的客户数量体现。如果平台在设置利率后发现贷款利率难以吸引足够客户进行贷款，那么平台会选择降低自身贷款利率来吸引更多的客户进行贷款；当平台不断降低利率直至低于自身的预期盈利水平时，平台便会停止降低利率；当平台发现贷款客户数量不断增加时，会选择增加贷款利率。对客户而言，如果大多客户认为平台对利率的定价低于自身预期，那么选择在该平台贷款的客户数量会持续增加；当贷款利率的定价高于自身预期时，客户会选择不在此平台贷款。博弈在客户稳定接受平台利率水平时结束，代表着客户群体普遍接受互联网平台的利率定价，同时也代表着平台与客户群体都实现了自身的利润最大化。在整个博弈过程中，平台贷款利率始终保持完全公开，双方都拥有利率变化的完全信息。

2.7.5 演化博弈

演化博弈（Evolutionary Game）是一种博弈论模型，主要研究在种群动态变化过程中，不同策略的演化和竞争。演化博弈理论主要关注种群中个体之间的相互作用和影响，以及这些相互作用如何影响种群的整体行为和结构。与传统的静态博弈和动态博弈不同，演化博弈强调种群中策略的演化过程，而非一次性的决策过程。演化博弈的主要特点包括以下几点。

一是策略演化。在演化博弈中，种群中的个体可以根据自身的策略和相互作用来调整自己的行为。这种行为的调整可能导致策略的演化和变化。

二是适应性。演化博弈强调个体的适应性，即个体可以根据环境的变化和相互作用的结果来调整自己的策略，以提高自身的生存和繁衍能力。

三是稳定性。演化博弈关注种群中策略的稳定性和持续性。当一种策略在种群中占据主导地位时，这种策略被认为具有稳定性。

四是协同演化。演化博弈还关注种群中不同策略之间的协同演化。即不同策略的个体之间可能存在相互作用和影响，从而影响各自的演化过程。

演化博弈在生物学、经济学和社会科学等领域都有广泛应用。在生物学中，演化博弈可以用于分析生物种群中不同行为策略的演化和竞争；在经济学中，演化博弈可以用于分析市场参与者的行为演化和市场结构的变化；在社会科学中，演化博弈可以用于分析社会规范和社会行为的演化。在数字普惠金融领域，演化博弈可以用于分析金融服务提供者和用户的行为演化与相互作用。可以运用演化博弈，来分析数字信贷市场中贷款方和借款方之间的信任与合作问题，以及政策制定者如何通过干预来优化市场结果（向海涛，2015；魏丽英等，2018）。

本书从演化博弈视角将政府、数字普惠金融机构、小微企业三大数字普惠金融市场参与主体纳入统一的研究框架，探讨政府、数字普惠金融机构与小微企业三方主体的动态博弈过程，构建博弈模型表述各自的利益诉求、策略演化以及收益分配机制，寻求使各方达到均衡状态的利益最优化策略，探索小微企业增强韧性、实现可持续性发展的途径。通过实际案例进行仿真模拟，分析政府、数字普惠金融机构和小微企业三方策略调整关系，探索影响三方主体各自决策的因素变化阈值，为各主体合理配置要素提供依据，对政府打造监管协同的数字普惠金融市场，引导数字普惠金融机构合规优质服务，提高小微企业生存能力具有重要的战略意义。

2.8 区域协调发展理论

区域协调发展理论（Regional Coordination and Harmonious Development Theory）是一种关于地区经济发展和区域政策制定的理论。该理论主要关注地区间的经济协调、资源优化配置和可持续发展等问题。区域协调发展理论的核心思想是通过政策干预和合作机制,实现地区间的均衡发展和资源的有效利用，从而提高整个区域的经济效益和社会效益（斯丽娟，2023；刘秉镰等，2023；杨蓉等，2023）。区域协调发展理论的主要特点包括以下几点。

一是综合性。区域协调发展理论强调地区经济、社会、环境等多个方面的综合发展。而数字普惠金融可赋能其中，在追求经济增长的同时，借助其提升金融服务覆盖面，助力关注环境保护、社会公平等问题，以金融创新推动全方位协同进步。

二是协调性。区域协调发展理论强调地区间的协调与合作。而数字普惠金融可打破地域壁垒，通过政策干预和合作机制，实现地区间资源优化配置与均衡发展，借金融之力促进区域协同共进 。

三是可持续性。区域协调发展理论关注区域发展的长期可持续性。即在追求短期经济增长的同时，还需要关注地区的长期发展和资源的有效利用。

三是可持续性。区域协调发展理论关注区域发展的长期可持续性。数字普惠金融提供持久资金支持，助力短期经济增长的同时，保障地区长期发展与资源的有效利用。

四是地域差异性。区域协调发展理论承认地区间的差异性，数字普惠金融能因地制宜，依据各地区的实际情况定制有针对性的适配服务，助力政策精准落地。

区域协调发展理论在实际应用中,可以用于分析和解决地区间的经济差距、资源环境、区域政策制定等问题。在数字普惠金融领域，区域协调发展理论可以用于分析金融服务在不同地区的发展差异和资源分配问题，以及政策制定者如何通过干预来优化市场结果。在数字信贷市场中，可以运用区域协调发展理论来分析不同地区贷款方和借款方之间的信任和合作问题，以及政策制定者如何通过干预来优化市场结果。

在现代经济体系中，金融资源的重要性不言而喻。区域协调发展理论强调，数字普惠金融作为一种具有跨区域特点的金融创新模式，能够有效地促进区域间金融资源的合理配置。通过数字普惠金融，可以打破地域壁垒，将金融资源引向具有发展潜力的地区，为实体经济提供有力支持。

首先，数字普惠金融凭借互联网技术优势，极大地扩大了金融服务范围。它能够将金融服务精准覆盖到传统金融体系难以触及的偏远地区，以及长期面临融资困境的小微企业。借助线上便捷的服务模式，为这些地区和企业搭建起获取资金的桥梁，切实解决其融资难题，有效地释放了发展潜力，进而有力地促进区域经济协调发展。

其次，数字普惠金融通过互联网技术降低金融服务成本，提高金融服务效率。这使得金融资源能够更加便捷、低成本地流向有需求的地区和企业，进一步推动区域经济协调发展。

最后，数字普惠金融注重金融风险防控，有利于维护金融市场稳定。区域协调发展理论认为，金融市场的稳定是实现经济均衡发展的重要前提。数字普惠金融在为各地区提供发展机遇的同时，也能有效防范和化解金融风险，保障金融资源的合理配置。

数字普惠金融作为一种跨区域的金融创新，在我国区域协调发展过程中发挥着极为关键的重要作用。通过促进金融资源合理配置，推动区域经济协调发展，数字普惠金融为我国实现全国经济均衡发展提供了有力支持。因此，应继续加大对数字普惠金融的政策扶持力度，充分发挥其在区域协调发展中的积极作用，为实现全面建设社会主义现代化国家的目标贡献力量。

2.9　服务定价

目前，关于数字普惠金融机构和用户动态博弈关系的研究工作不多，而较多的研究集中于数字普惠金融机构服务定价方法。部分学者专注于寡头企业质量竞争问题的研究，如 Thatchera 和 Matte（2004）建立了价格—质量的双寡头竞争模型，探讨技术投入对产品质量、价格、组织效率、利润与顾客福利的影响问题；周慧等（2004）与黄钟仪（2002）等利用博弈论，探讨了质量竞争策略问题。也有学者研究定价策略选择和定位竞争问题，如胥莉（2006）针对具有网络外部性的产业中双寡头垄断厂商的定价策略选择行为，将传统霍特林模型中外生的定价策略作为内生变量，分析了厂商对单一定价和歧视定价的战略选择；之后，Liang 等（2012）研究了寡头企业定价，分别以产量和价格为决策变量，对企业最优定位的差异进行分析。以上研究均是关于寡头企业中定价、决策分析及收益等问题的，但没有考虑到提供多种服务的寡头企业的定价问题。

而在现实的寡头市场中，企业间的竞争逐渐转变为附加服务的竞争，企业面临着多种服务的定价问题。王春苹等（2016）针对产品及附加服务的定价策略选择问题，构建关于双寡头垄断市场中两种不同附加服务下的销售博弈模型，通过两阶段伯特兰德博弈分析企业的定价策略和竞争行为，得到双寡头企业在四种局势下的定价策略，实现不同成本和市场规模组合下的不同产品和附加服务的最优定价策略，进而使企业的收益达到最大化。但此研究角度为数字普惠金融机构提供服务端，并非从用户视角出发。

邢丘丹等（2012）根据用户的感知价值理论、常用的服务定价策略和运筹学中的层次分析法，提出从提升产品价值、服务价值以及关系价值三个角度进行考量的服务定价策略；而艾瑞咨询在其发布的《2017 年中国互联网消费金融行业报告》中提出，企业应当考虑自身的具体情况，根据非价格策略以及带动需求并使之与供给相平衡原则，提出几种服务定价策略：高价策略、廉价策略、关系定价策略和差别定价策略。此处的差别定价策略是指数字普惠金融机构所提供的金融服务根据市场和用户群体的不同而制定不同的价格。而本书采用差别定价策略与提升关系价值的服务定价策略的混合模型。

成本结构，即运用某一商业的货币描述。针对数字普惠金融机构成本结构方面，陈秋梅（1999）指出，互联网消费金融业务成本中包含两大部分成本：一是固定成本（包括 IT 系统搭建成本、风控系统模型成本等），二是变动成本（包括审核成本、获客成本、数据成本、支付成本、资金成本等）。这两部分成本都受到许多不确定因素的影响且牵涉企业商业机密，所以难以预估成本，但通过搭建风控系统模型，可以将变动成本转化为固定成本（艾瑞咨询，2018），虽然在运营前期投入资金较多，但伴随用户数量的增加，固定成本具备规模性。

为计算时方便，本书将每月的平均开销成本与用户规模视作对数关系，这种方案对成本的估算虽然较为笼统，但由于取对数之后不会改变数据的性质和相关关系，且本书中成本对所面对的研究问题影响不大，因此，可利用此种方式参与后续的成本计算。

2.10 技术接受模型的提出与演进

1. 技术接受模型的理论基础

Fishbein 和 Ajzen 于 1975 首次提出理性行为理论(Theory Reasoned Action，TRA）。该理论假设，人是理性的，所有的实际行为（Actual Behavior）均是在个人意志控制之下形成的。从作用路径来看，TRA 模型认为，一方面个人的行为信念和结果评估会影响个人的行为态度（Attitude Toward Behavior），而行为态度的正面或负面则直接对行为意图（Behavior Intention）产生影响；另一方面，个人的规范信念与依从动机会对主观规范产生影响，从而影响行为意愿。如图 2-2 所示。最终对某项信息技术采纳与否的实际行动，受行为意图这一变量产生直接影响。

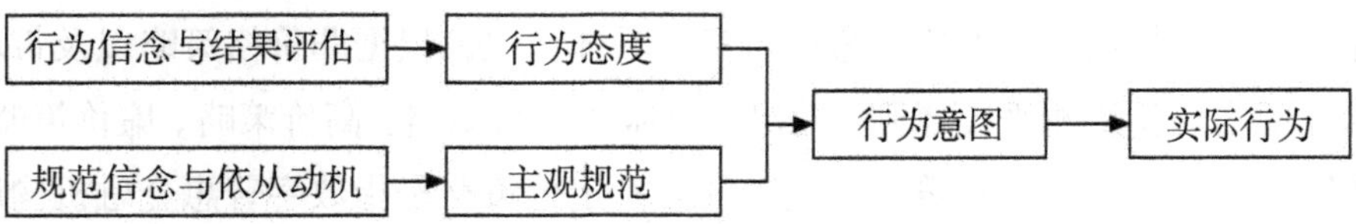

图 2-2　理性行为理论（TRA）模型框架

针对 TRA 中“人类的行为可以完全自我控制”这一假设，Ajzen（1980）认为该假设存在局限性，因为现实环境中个体行为会受到多方面的影响，因此在 TRA 模型基础上，Ajzen（1985）添加了感知的行为控制（Perceived Behavioral Control）这一变量，形成了计划行为理论（Theory of Planned Behavior，TPB），如图 2-3 所示。感知的行为控制是指个人所感知的对其从事的行为的控制程度，由控制信念和感知促进因素共同决定，当人们感知到其所拥有的机会、资源和能力越重要时，对行为的感知控制能力就会越强，从而对行为意图和实际使用行为产生正面影响。TPB 模型中的“感知”概念，也被借鉴到技术接受模型中。

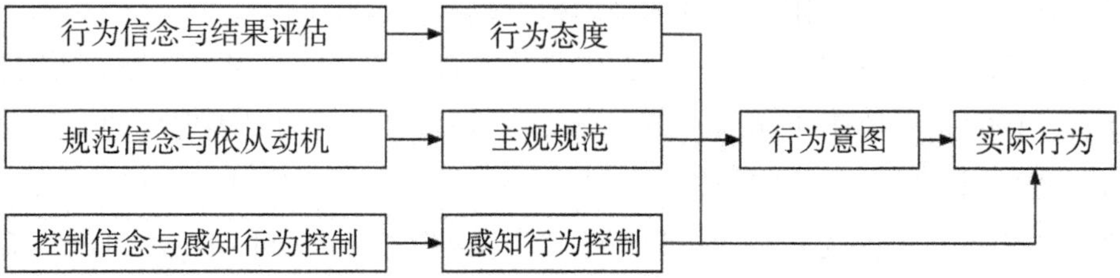

图 2-3 计划行为理论（TPB）模型框架

2. 技术接受模型

技术接受模型（Technology Acceptance Model，TAM）是 Davis（1989）在 TRA 模型、TPB 模型、自我效能理论、投入产出理论、资讯报告评估等一系列相关理论的基础上，提出的用于解释和预测人们对于信息技术的使用意愿大小的测量模型。

在 TAM 模型中，其作者提出了两个重要的感知概念——感知有用性（Perceived Usefulness，PU）和感知易用性（Perceived Ease of Use，PEOU）（Davis，1989）。这两个概念在阐释用户对信息技术的接受行为中起着关键作用。感知有用性是个人主观感知到的使用某信息技术时，对其工作绩效的提高程度；感知易用性是指个人主观感知到的使用某种信息技术的容易程度。这两个关键因素相互影响，并进一步会对用户的使用态度与使用行为意向产生影响，最终影响到用户的实际使用行为，该理论框架如图 2-4 所示，其清晰地呈现了各要素间的逻辑关联。

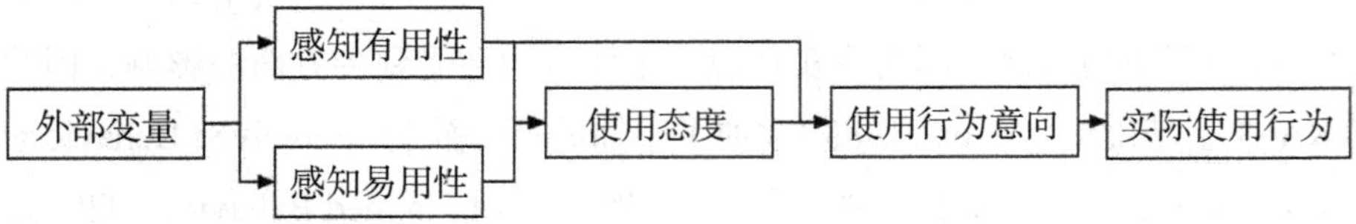

图 2-4 技术接受模型（TAM）框架

TAM 模型以其简洁性、易操作性和强针对性，在相关领域广泛应用，极大地推动了诸多研究与实践工作的开展。然而，它也存在一定局限性，如因素测量方法不统一、方法自身局限，以及研究对象同质性强弱等问题（高芙蓉，2009），这些问题在一定程度上限制了该模型的精准度与普适性。

在信息技术快速发展的 20 世纪 90 年代，各类用户技术接受行为的研究备受关注。1995 年，鉴于 TAM 模型在阐释用户技术接受行为时表现出的局限性，Taylor 通过深入研究与系统分析，将 TAM 模型与 TPB 理论进行有机结合，开创性地提出了技术接受和计划行为理论整合模型（Combined - TAM - TPB，C - TAM - TPB），其详细架构呈现如图 2-5 所示。

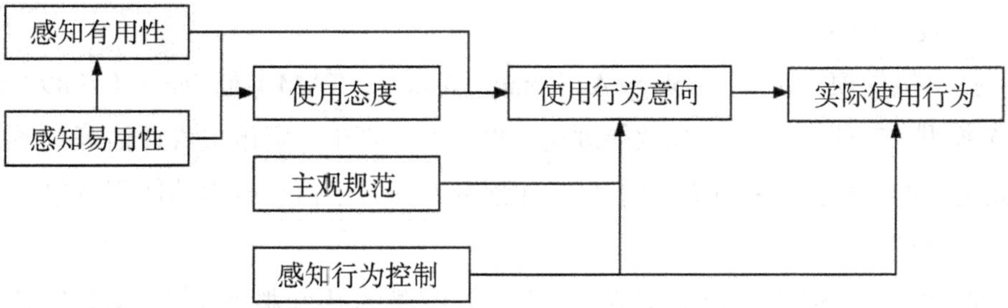

图 2-5 技术接受和计划行为理论整合模型（C-TAM-TPB）框架

在众多学者持续探索优化相关模型后，Todd 基于相似的研究视角，充分考量创新特性，将其与计划行为理论深度融合，构建出解构计划行为模型（Decomposed TPB，DTPB）。该模型架构如图 2-6 所示。这一创新性举措极大地提升了模型对于用户技术接受行为的解释效力，使得相关理论体系在逻辑层面更为严密、科学，为后续的研究提供了更为坚实的理论支撑。

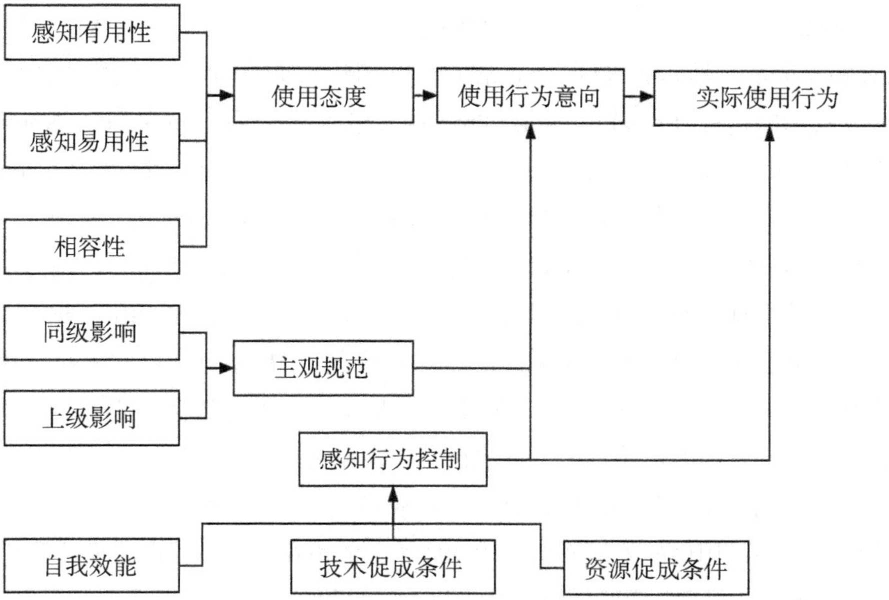

图 2-6　解构计划行为模型（DTPB）框架

3. 技术接受扩展模型

Venkatesh 和 Davis（2000）通过在 TAM 模型中加入一系列的外部变量，构建了新的模型 TAM2，其理论框架如图 2-7 所示。

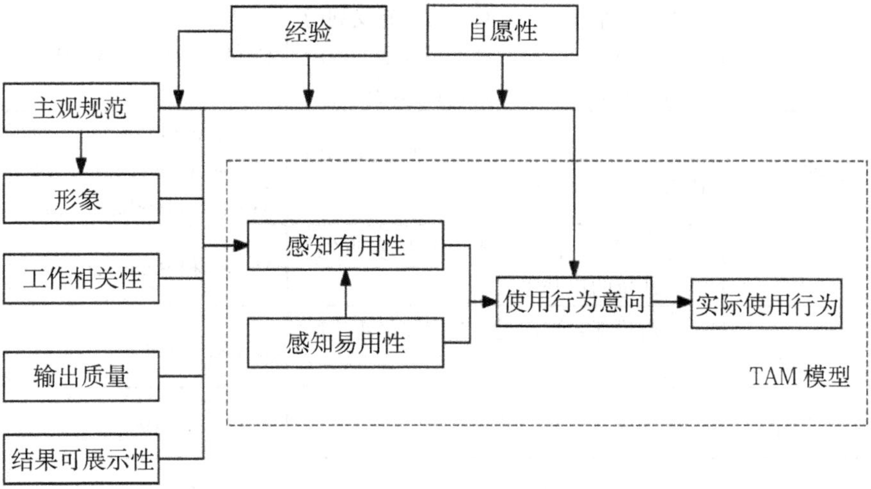

图 2-7　技术接受扩展模型（TAM2）理论框架

TAM2 模型目的是寻找除感知有用性和感知易用性以外的关键变量，增加 TAM 模型的实用性。TAM2 归纳总结了两个影响感知有用性和使用意愿的构面，一是社会影响过程（Social Influence Process），包括主观规范（Subjective Norm）、主动性（Voluntariness）、形象（Image）；二是认同工具过程（Cognitive Instrumental Process），包括工作相关性（Job Relevance）、输出质量（Output Quality）、结果可展示性（Result Demonstrability）和感知易用性。Venkatesh 和 Davis（2000）的研究主要根据自愿使用和强制使用两个维度将研究对象分为四组，研究的结果发现，社会影响过程和认同工具过程两个因子使得模型对使用意愿的解释程度增加到了 60%。TAM2 对 TAM 的修正主要有：①使用态度变量从模型中剔除；②将使用意愿的影响范围总结成社会影响和认同工具过程且完善了每个方面的三个不同构面。但 TAM2 也存在一定缺陷。首先，模型依旧只关注了感知有用性和感知易用性的外部影响，而忽略了人的内在动机；其次，模型验证的研究样本较少；最后，实验的研究结果为被试自我报告，有可能导致结果失真。技术接受扩展模型（TAM2）的变量定义及来源见表 2-3。

表 2-3　技术接受扩展模型（TAM2）的变量定义及来源

扩充变量	变量定义	来源
主观规范	个人采取某一项特定行为时所感受到的社会压力，个人感知到的重要他人或团体认为他应否执行该特定行为的压力	Fishbein 和 Ajzen，1975
主动性	某一新技术的潜在用户感受到的使用该技术是非强制性的程度（调节变量）	Agarwal 和 Prasad，1997 Hartwick 和 Barki，1994 Moore 和 Benbasat，1991
形象	通过使用一种创新技术，个人感到的其社会地位的提升程度	Moore 和 Benbasat，1991
工作相关性	个人对目标系统适用于其工作的程度的看法	Davis，1989
输出质量	目标系统对这些任务的执行情况	Davis 等，1992
结果可展示性	使创新的结果可展示	Moore 和 Benbasat，1991

4. 技术接受和使用整合模型

2003 年，Venkatesh 等人对相关领域的文献进行了研究。他们深度剖析了 TRA 模型、TAM 模型、TAM2 模型、激励模型（Motivational Model，MM）、TPB 模型、C-TAM-TPB 模型（Combined TAM and TPB）、计算机可用性模型（Model of PC Utilization，MPCU）、创新扩散理论（Innovation Diffusion Theory，IDT）以及社会认知理论（Social Cognitive Theory，SCT）等九个经典理论模型。在此基础上，他们创新性地提出了技术接受和使用整合模型（United Theory of Acceptance and Use of Technology，UTAUT），如图 2-8 所示。该模型凭借创新的架构设计与全面的变量考量，极大地提升了对技术接受和使用行为的解释效力，其解释能力达到了 70%，远高于上述八个模型 17%~53%的解释能力。该模型的提出为信息技术接受和使用的研究提供了一个综合性的框架，能够更好地理解和预测用户对新技术的接受和使用行为。技术接受和使用整合模型变量定义及来源见表 2-4。

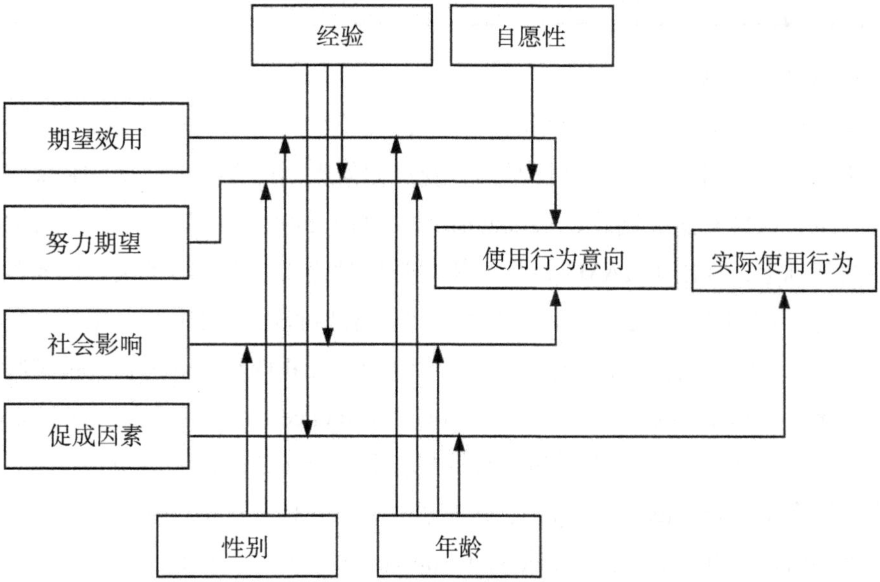

图 2-8　技术接受和使用整合模型（UTAUT）框架

表 2-4 技术接受和使用整合模型（UTAUT）的变量定义及来源

变量名称	变量定义	文献来源
期望效用	个人确信使用系统能够帮助其提高工作绩效的程度	Davis 等，1989，1992 Thompson，1991 Moore 和 Benbasat，1991 Compeau 和 Higgins，1996 Compeau 等，1999
努力期望	使用系统的容易程度	Davis 等，1989 Thompson，1991 Moore 和 Benbasat，1991
社会影响	个人感知到的，对其重要的人认为其应该使用系统	Taylor 和 Todd，1995 Thompson，1991 Moore 和 Benbasat，1991 Fishbein 和 Ajzen，1975
促成因素	个人确信组织和技术基础设施的存在能够支持系统使用的程度	Rogers，1995 Ajzen，1991 Moore 和 Benbasat，1991

5. 技术接受模型 3

在以往的针对信息技术使用的研究中，关于个人如何以及为何使用方面的相关研究已经相对完备，但是针对调节变量如何影响信息技术使用的相关研究却有些滞后。针对这一问题，Venkatesh 和 Bala（2008）在 TAM 模型与 TAM2 模型的基础上，提出了 TAM3 模型，其主要是对感知易用性因子决定因素的补充和改进，如图 2-9 所示。TAM3 模型认为，有四种因素对感知有用性和感知易用性产生影响，它们分别是个人差异（Individual Differences）、系统特征（System Characteristics）、社会影响（Social Influence）和便利条件（Facilitating Conditions）。其中，个人差异包含计算机自我效能（Computer Self-efficacy）、计算机焦虑（Computer Anxiety）、计算机娱乐性（Computer Playfulness）；系统特征包含感知愉悦性（Perceived Enjoyment）和客观可能性（Objective Usability）；社会影响与 TAM2 模型中的社会影响过程一样；便利条件是指代模型中的感知外部控制（Perceived External Control）。TAM3 模型新增变量定义及来源见表 2-5。

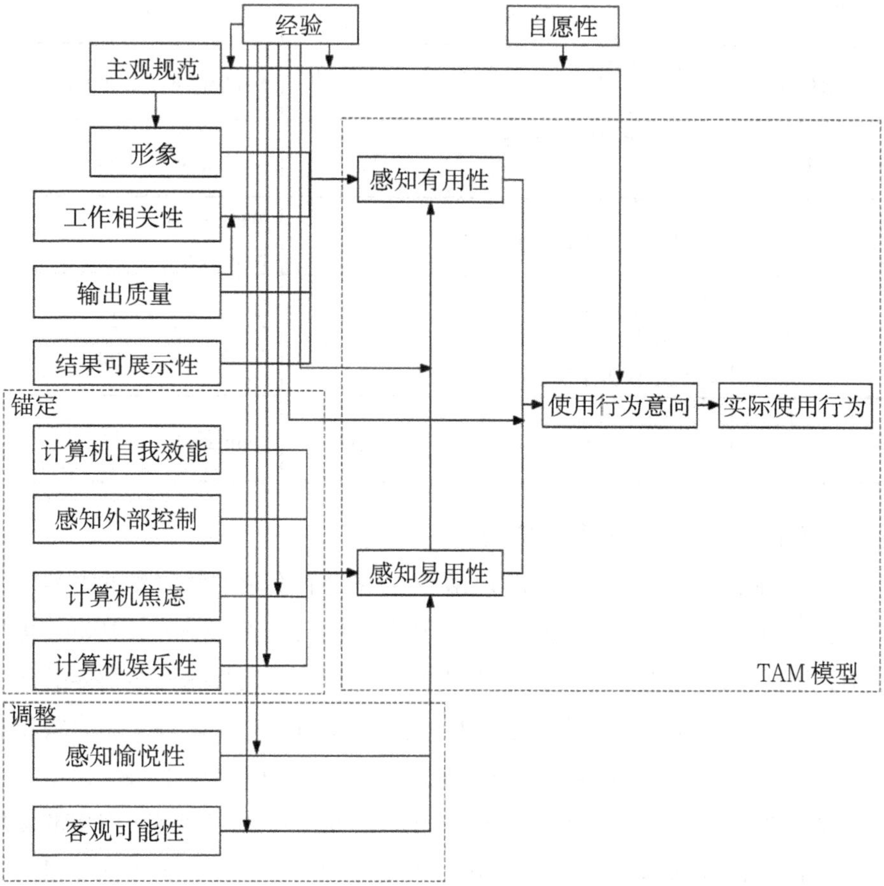

图 2-9 技术接受模型 3（TAM3）框架

表 2-5 TAM3 模型新增变量定义及来源

新增变量	变量定义	文献来源
计算机自我效能	个体使用计算机执行某个特定任务或者工作的能力判断	Compeau 和 Higgins，1995

续表

新增变量	变量定义	文献来源
感知外部控制	个体确信现存组织或者技术资源对系统使用的支持程度	Venkatesh 等，2003
计算机焦虑	个体在使用计算机时产生的恐惧或者焦虑感	Venkatesh，2000
计算机娱乐性	微机交互时的认知自发程度	Webster 和 Martocchio，1992
感知愉悦性	个体在使用信息技术时的内在动机，即个体使用技术不仅是因为它有用，还因为个体从中获得了满足感和乐趣	Davis 等，1992 Venkatesh，2000
客观可能性	完成特定任务实际付出努力的可能性	Venkatesh，2000

6. 技术接受模型演进路径与应用

从以上文献综述大致可以看出 TAM 这个理论的不断发展演变的过程。首先，需要明确的是 TAM 是以 TPB 理论为基石的模型；在 Davis （1989）提出了 TAM，并且在此模型中，提炼了感知有用性与感知易用性这两个需要关注的指标变量后，针对 TAM 模型的不足，理论界还出现了 C-TAM-TPB 整合模型和 DTPB 模型；随后又相继出现了 TAM2 模型、UTAUT 模型和 TAM3 模型。从 TAM 模型到 TAM3 模型，模型的解释能力从 40%提升到了 70%，模型的发展也逐渐实现了从简单向复杂、主动使用到被动使用、内部因素到外部变量的转移（谢梨蓉，2014）。

从使用意愿的影响因素来看，首先，学术界逐渐将使用态度这一中介变量从 TAM 中剔除；其次，从 1995 年的 C-TAM-TPB 整合模型开始，主观规范也一直作为使用意愿的直接影响因素（UTAUT 模型中代表变量为“社会影响”变量），同时主观规范也通过感知有用性对使用意愿产生间接影响。本书在构建研究模型时，也将考虑主观规范对消费金融用户使用消费金融的意愿的影响。

随着科技的发展，技术接受模型已经在实证研究中有了大量的应用，尤其体现在应用了信息技术的电商、手机、门户网站以及个人电脑上的一些软件系统，还有一些信息受技术影响较大的远程教育、网络授课等领域是TAM应用较多的领域（李月琳等，2017）。相应的研究学者所构建的研究假设模型一般是构建在一些成熟模型的基础之上，而不是单纯地使用某个模型，如TAM模型的这种情况并不多见。一般而言，很多学者构建假设模型的方式，首先，是利用一个成熟的、经典的理论模型；然后，在此模型的基础之上，结合所研究的问题，通过不同的理论，考虑增加或删除新变量，从而使所提出的假设模型更适用于所要解决的问题。一般应用信息技术这种创新对用户所产生影响因素包含很多涉及新技术方面，比如要考虑匹配、网络的时延、创新扩散理论以及TPB模型等方面问题。邓朝华等学者（2007）在TAM模型之上，考虑到网络外部性，结合此理论，对移动环境下用户对于服务提供商所推出的短信这一服务的接受意愿都受到何种影响因素进行了研究。邓朝华还在TAM模型基础上增添了网络外部性、感知乐趣、沟通有效性、服务费用自变量。杨永清等学者（2018）基于感知价值理论构建了移动互联网用户采纳模型，涉及含用户对娱乐的感知变量、无所不在性变量、用户对成本的感知变量、用户对风险的感知变量，以及用户自身是否有创新意识等。还有学者（高平等，2004；孙建军等，2010；陈明红等，2019）以任务技术适配模型作为基础，整合了TAM模型。作为学者研究的假设模型的理论基石，技术接受模型的演化路径见表2-6。

表2-6 技术接受模型的演化路径

模型	TRA	TPB	TAM	TAM2	UTAUT	TAM3
作者	Fishbein 和 Ajzen	Ajzen	Davis 等	Venkatesh 和 Davis	Venkatesh 等	Venkatesh 和 Bala
时间	1975年	1985年	1989年	2000年	2003年	2008年
因变量	行为意愿，实际行为	使用态度，使用行为，实际行为	行为意愿，实际行为	行为意愿，实际行为	行为意愿，实际行为	行为意愿，实际行为

续表

模型	TRA	TPB	TAM	TAM2	UTAUT	TAM3
影响因素	行为态度，主观规范	行为态度，主观规范，感知行为控制	感知有用性，感知易用性	感知有用性，感知易用性，主观规范	绩效期望，努力期望，社会影响，促成因素	感知有用性，感知易用性，主观规范
较前述模型新增影响因素	—	感知行为控制	—	形象，工作相关性，输出质量，结果可展示性	—	计算机自我效能，感知外部控制，计算机焦虑，计算机娱乐性，感知愉悦性，客观可能性
调节变量	无	无	无	经验，自愿性	性别，年龄，经验，自愿性	经验，自愿性

从模型的演化路径中可以发现，除了感知有用性与感知易用性会对使用者产生直接影响作用力外，主观规范也同样会对信息技术产品的使用者的感受产生直接影响作用力。Bock 等（2005）发现，主观规范这一变量对行为意愿的预测有重要影响。主观规范这一变量最早来源于 TRA 模型。TRA 模型认为，主观规范是由规范信念以及依从动机这两个心理变量因素共同决定的。其中，主观规范是指消费者对于所在的群体对其从事某项行为产生的压力；而依从动机则代表消费者会对自身认同的人或者所认同的群体的顺从程度。因此，主观规范变量考察的是消费者在进行某种信息技术使用行为决策时，将他人对自己的压力或意见转化为影响自己作出决策的因素。张敏（2013）研究发现，主观规范对消费金融用户创新行为的影响显著。因此，本书在构建假设模型的时候，将主观规范变量纳入模型中。

2.11 创新扩散理论

创新扩散理论是由美国传播学家、社会学家埃弗雷特·罗杰斯（Everett M. Rogers）在20世纪60年代提出的。他在1962年出版《创新扩散》（*Diffusion of Innovations*），在书中系统地研究了创新扩散的进程和各种影响因素，总结出创新事物在一个社会系统中扩散的基本规律，并提出著名的创新扩散S-曲线理论。该理论是一种对创新接受的各种消费人群进行研究细分的理论。创新扩散被形容为一项新的观念、事物、技术引入社会体系时的演变过程，传播的环节包括知晓、劝服、决策和证实四个环节。

在知晓环节，包含接受者变量和社会体系变量两个部分。其中，接受者变量主要涉及消费者体现在个人方面、社会方面以及其思想观念方面上所反映出来的创新需求；而社会体系变量主要会涉及社会层面的内容。

第二个环节——劝服，主要会涉及创新特性方面。根据Rogers自身所提出的理论模型，创新特性包含相对优越性、兼容性、复杂性、可观察性和可试性五个方面。

在决策环节，潜在采用者会综合知晓和劝服环节所获取的信息，对是否采用创新作出最终决定。在这一环节，个人的心理因素和外部的社会影响因素都起着关键作用。

最后一个环节是证实。在采用者作出采用创新的决策并开始使用后，他们会不断收集和评估关于创新的信息，以证实自己的决策是否正确。如果采用者在使用过程中发现创新确实带来了预期的效果，如提高了工作效率、提升了生活品质等，那么他们会进一步强化对创新的认可，并可能向他人推荐该创新。相反，如果在使用过程中出现了问题或未达到预期效果，采用者可能会对创新产生怀疑，甚至放弃使用。

在创新的决策环节，可以借用理查德·福斯特的S曲线来解释说明。在扩散的早期，由于创新扩散的速度很慢，只有少数人在意识上接受新技术、认可新技术，在生活实践中，使用新技术。但因社会在发展，鞭策其技术推广，创新的渗透斜率逐渐上升，采纳人数开始大幅增加，开始逐步进入“增长期”，扩散开始不断饱和，直至达到最高点。随后，创新扩散的进展又开始变得缓慢，慢慢地呈下降趋势（何琦等，2022）。从整体来看，这条曲线呈“S”形分布，如图 2-10 所示。

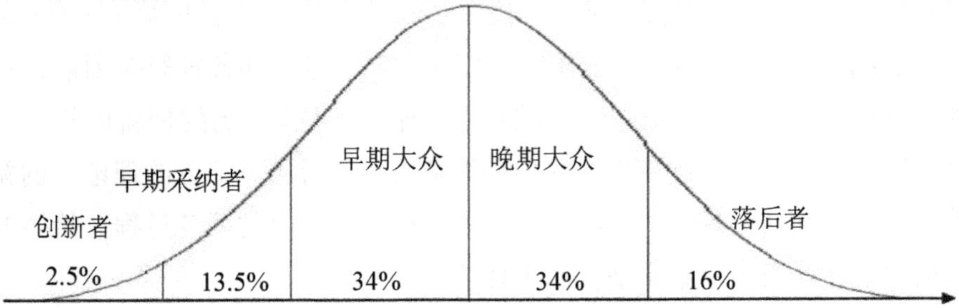

图 2-10　创新的扩散过程

对应 S 曲线，创新的采纳者可以分为五大类。第一类是创新者（Innovators），该类人拥有敏锐的观察力，生活中一旦出现小变化，这类人就能在其意识作用、实践过程中自觉地推动创新。在推动创新扩散的社会发展中，这一类人会起到极具影响力的作用，但是这类人大概只占总人数的 2.5%。第二类是早期采纳者（Early Adopters），其社会地位一般较高，拥有良好的社会信誉、社会公信力，受过较为系统的、良好的教育，如网络意见领袖。这一类人大概占总人数的 13.5%。第三类人被称为早期大众（Early Majority），多是谨慎思想者，按照社会发展方向前进，给出认为正确的意见，结合社会实践运动，作出自己的决策。其占比最多，可以达到总人数的 34%，但其群体在社会分工中往往不处于领导地位。第四类是晚期大众（Late Majority），他们相较于早期大众相对保守，通常对新技术保持怀疑、不信任态度，当其社会活动范围内开始有人采用新技术时，这类晚期大众也开始尝试和采用。其目标人群大概占总人数的 34%。第五类是落后者（Laggards），当创新发展成为时代潮流，融入生活时，他们也开始被动融入，并接受新技术，这类目标人群大概占总人数的 16%。

通过以上解读可以看出个人创新特征影响对新技术的采纳。不同类型的采纳者，因其立场、观点、方法、教育程度、社会背景、生活水平等不同，创新特点不同，对创新技术的使用意愿也存在着较为明显的差异。

2.12　感知风险理论

感知风险（Perceived Risk，PR）概念最初由哈佛大学的教授 Bauer（1960）提出。Cunningham（1967）将感知风险分为两个维度，首先是不确定性，代表消费者在购买商品前对产品功能上的相关信息感到不确定性；其次是结果不利性，即消费者选择错误时的严重性，一般表现为财务损失（张一涵等，2022）。

感知风险是一个可以从多角度考虑的概念。后续有学者（Jacoby 和 Kaplan，1972）对感知风险从不同层面对用户在产品体验过程中所感受到的风险进行了划分，主要有：从财务方面用户所能感受到的风险、在用户体验过程中所面临的功能风险、在用户使用中感受的身体风险、从心理层面带来的风险以及可能存在的社会风险。财务风险是在使用产品的过程中，消费者资本损失、回报低于预期或面临的经济不确定性；功能风险代表产品预期收益未被满足，或其他方面特性不符合消费者预期的可能；身体风险代表使用产品的过程中，自己或他人的人身安全受到迫害的危险；心理风险代表因决策失误而使消费者自我情感受到伤害的风险；而社会风险意味着消费者使用产品或服务在社会中没有被认同，或者体验不好，消费者深感不适的这种风险。除此之外，Tarpey（1975）增添了时间风险的维度，代表消费者了解产品而去搜寻信息可能花费的时间成本；Featherman 和 Pavlou（2003）还提出了隐私风险的概念，即在个人不知情的情况下，被别人使用其身份进行欺诈交易的潜在风险。

对于刚走出大学校园、初入社会的青年的感知风险有很多学者也在研究。例如，有学者对消费者在网络平台上进行购物所感受的感知风险进行了研究，夏永林和吴庭艳（2017）利用探索性因子构建了消费者人群在网络购物的感知风险评价体系，除了身心健康风险（包括心理层面的风险）、时间风险和经济风险这些所要考虑的因素外，另外又根据网购平台环境和交易过程，提出了核心风险因素和交付风险因素这两个变量。邢宝君等(2018)用同样的方法研究了感知风险下大学生网络团购的决策模型，总结的风险因素包含财务、产品绩效、信息安全、团购网站服务和来源风险五大类。除了上述两篇文献，再结合前人（杨晓菊，2017；陈鹏等，2018）的相关研究结果，财务风险、隐私风险、心理风险和购物网站风险是被提及最多的风险。对比消费金融这一虚拟金融服务与网络购物为实物交易的差异，本书在衡量感知风险这一变量时去掉了购物网站风险，主要从财务风险、隐私风险和心理风险三个维度对这一概念进行衡量。

3 消费金融机构与多归属用户之间的动态博弈分析

3.1 引言

消费金融作为现代金融服务方式，是普惠金融领域的新兴业态，也是普惠金融的核心信贷业务之一，研究消费金融供需机制有利于金融普惠目标的实现和普惠金融供给侧结构性改革的实现。消费金融具有单笔授信额度小、审批速度快、无须抵押担保、服务方式灵活等优势，对于促进消费场景创新、提高消费供需效率和加快消费结构升级发挥着重要作用。消费金融不仅可以推动消费市场的发展，还可助力普惠金融的实现。

但在实践中，普惠金融机构与多归属用户之间存在着信息不对称的情况，如用户信用信息、还款能力等。这种信息不对称会导致用户与金融机构之间的信任问题，影响金融服务的提供和使用。在消费金融业务中，用户对于自身的信用状况、收入水平等信息掌握得更充分，而消费金融机构则需要通过各种渠道收集这些信息。这种信息不对称可能导致消费金融机构在贷款决策中面临一定的风险，因此，消费金融机构需要通过各种手段来降低信息不对称，如要求用户提供担保、查询个人信用记录等。

普惠金融机构与多归属用户之间也存在利益冲突。金融机构会为了追求利润而提高贷款利率，而用户则希望获得更低利率的贷款。此种情况下，双方需要通过博弈来达成一个供需两侧都能接受的结果。因此，消费金融机构与用户之间的博弈关系呈现出一种复杂的相互作用和影响的关系，双方在合作过程中，在保护自己利益的同时，也会考虑对方的利益，实现双方的合作共赢。而在双方利益分配方面，消费金融机构与用户在贷款过程中需要就贷款金额、期限、利率等进行协商，以达成双方都能接受的条件。在这个过程中，双方都会试图争取更优惠的条件，从而实现己方利益最大化。

普惠金融机构与多归属用户之间需要进行策略选择。普惠金融机构需要选择合适的贷款产品和服务来吸引用户，而多归属用户则需要选择对自己最有利且成本最低的金融产品和服务，因此，双方的策略选择均会影响博弈的结果。由此也可以看出，普惠金融机构与多归属用户之间的博弈是一个动态过程。随着金融市场环境和多归属用户需求的不断变化，供需双方需要不断调整各自的策略，以实现各自最优的博弈结果。普惠金融机构与多归属用户之间既存在合作关系，也存在竞争关系。双方需要通过合作来实现共赢，同时也要通过竞争来促使对方提供更好的金融产品及服务。在社会实践中，消费金融机构与多归属用户双方都需要通过不断调整策略，实现动态博弈的最优结果，从而提高金融机构的产品和服务的质量与效率。

关于风险与收益，消费金融机构在提供贷款时需要承担一定的风险，如用户违约、信用恶化等。因此，消费金融机构需要通过设置适当的利率水平来补偿这些风险。而用户则需要在承担还款压力的同时，享受贷款带来的便利和收益。消费金融机构与用户在贷款过程中需要建立合作关系，共同确保贷款合同的顺利执行。同时，双方也需要监督对方的行为，以防止违约行为的发生。在这个过程中，双方需要在合作与竞争之间找到平衡，以实现双方的利益最大化。

通过研究消费金融市场中普惠金融机构与不定向多归属用户之间的博弈关系，可以发现金融服务供给的不足之处，从而优化普惠金融服务供给结构，有助于金融机构制定最优策略，满足不同消费者群体的多元化金融需求，提高金融服务的效率、覆盖面、质量以及包容性。同时，还可以为政策制定者提供依据，以促进消费金融市场的健康发展，实现金融服务供需平衡和普惠金融供给侧结构性改革的目标。

3.2 消费金融机构与多归属客户之间的博弈过程分析

从社会经济实践视角而言，普惠金融的融资贷款业务中的消费金融市场，消费金融机构提供金融产品与产品的客户群体之间的关系是以动态博弈方式呈现出来的。根据消费金融市场中普惠金融机构之间的竞争形态不同，消费金融市场可被分成两种类型：完全竞争的以及不完全竞争的消费金融市场（张维迎，

2005）。而现实中，完全竞争的消费金融市场存在的必要条件是：有相当多的普惠金融机构和消费群体、各家所推出的分期服务同质，并且消费金融市场信息是完整状态的。在不完全竞争的消费金融市场中，垄断和竞争因素都会有体现，有三种类型：完全垄断的消费金融市场、垄断竞争状态的消费金融市场以及寡头垄断的市场结构。而在社会经济实践中，由于不可能具备完全竞争的消费金融市场的必备条件，因此，完全竞争的消费金融市场仅可视作消费金融市场竞争的理想状态。

本书所研究的消费金融市场不具备完全竞争市场存在的基本条件。首先，在该市场中，不可能满足单个消费金融产品提供商或用户的进入、退出均不影响市场价格，而只作为价格的接受者；其次，消费金融产品提供商出于企业的创新能力和经营理念的不同，所提供的服务在一定程度上也存在差别；再次，消费金融产品提供商和用户均未完全掌握交易信息，如用户的信用情况难以保证、部分消费金融产品提供商存在利率不透明的情况；最后，该市场经过近几年的蓬勃发展，已趋于“红海市场”，此时若有新的消费金融产品提供商进入，必须接受一定程度的行业壁垒。根据以上几条，可以认为在消费金融市场中博弈主体的竞争是充分的。

如果竞争不充分，那么就会有垄断产生，因此会出现三种占有市场的情形：独占垄断形态、寡头垄断的形态以及联合垄断的形态（Katz M.，1984）。对于消费金融市场而言，独占垄断市场中只存在一个消费金融产品提供商为市场提供服务，而寡头垄断市场中存在多个消费金融产品提供商，用户可选择一个或多个消费金融产品提供商及其所提供的服务组合。联合垄断市场中存在多个消费金融产品提供商（许光耀，2016），它们通过竞争协议或采用共同一致的行为，联合控制消费金融这一领域，对市场有效竞争造成遏制和阻碍，进而造成一定程度的社会发展的止步不前。从长远来看，最后一种情形对社会发展是极其不利的，不过从博弈角度的另一个层面来看，其实此种垄断形态是不稳固、不会长久的，因为当某个普惠金融机构为获取更多的回报，而采取更低的分期利率或者延长免息期，并以这种方式进行服务组合的有力调整，从而该普惠金融机构就会获得更大的消费金融市场的回报，获得更多的消费者和市场份额。

那么此刻，联合垄断的市场模式势必遭到破坏，导致联盟失败，联合垄断消失，市场中多家提供商变强，成就了寡头垄断情形。

在经济理论和博弈理论中，合作博弈理论主要考虑的是团体理性（郑士源，2009；孟飞，2016；张维海，2023），这与现实消费金融行业实践并不相符，所以本书在此环节以非合作博弈来对消费金融市场中消费金融产品提供商与它们的消费者间的博弈关系展开研究。由于非合作博弈关注的是消费者的理性和消费者的最优策略，也就是考虑现实中消费金融产品各提供商之间一定是处于竞争状态的，那么它们之间是不可能达成强约束的相关协议。本书针对独占垄断的消费金融市场条件下动态博弈过程进行分析发现，此博弈过程属于讨价还价博弈，于是对消费金融产品提供商与多归属不定向用户之间的动态博弈过程进行了进一步分析。

本环节需要先对消费金融分期产品市场进行模型构建，在研究具体的消费金融提供商之间，以及其和多归属不定向用户所进行的博弈过程分析中，分别建立相关利益模型，然后针对消费金融用户的付费和消费金融产品提供商收益进行计算，最后分别对两种市场形态中用户和消费金融产品提供商的博弈关系进行分析。

3.3　消费金融分期产品市场模型构建

在消费金融分期产品或服务的市场格局中，从供给与需求关系的视角深入剖析，可以清晰地识别出两大类关键群体。首先，处于供给侧的是普惠金融机构，它们在消费金融分期服务领域扮演着核心的服务提供者角色。这些普惠金融机构致力于设计、推出并运营各类消费金融分期服务，以满足市场需求。它们通过整合资金、评估风险、制定条款等一系列复杂的业务流程，为消费者提供多样化的分期服务选择。例如，一些金融机构可能专注于提供大额消费分期，如家电、数码产品的分期付款，以满足消费者对于高品质耐用消费品的购买需求；而另一些机构则可能侧重于小额、短期的分期服务，包括日常生活消费的分期，如美容、健身课程的分期支付等。普惠金融机构的服务质量、利率水平、还款期限灵活性等因素，直接影响着其在市场中的竞争力和吸引力，进而决定了其在市场中的份额和业务发展的可持续性。其次，位于需求侧的是多归属不定向选择消费用户群体。这一群体具有显著的特点，他们在面对众多普惠金融机构提供的消费金融分期服务时，拥有多归属的特性，即他们并不局限于选择某一家金融机构的服务，而是可以根据自身的需求、偏好、经济状况以及对不同机构服务的综合评估，在多个普惠金融机构之间灵活切换和选择分期服务。这些消费者的需求呈现出多样化和不定向性。一方面，他们的消费需求涵盖了广泛的领域，从基本的生活消费到高端的享受型消费，如旅游、教育深造等；另一方面，他们在选择分期服务时，会综合考虑多个因素，包括利率高低、还款方式是否便捷、服务质量是否优质、机构信誉是否良好等。而且，消费者的决策过程还会受到市场环境变化、个人经济状况波动、消费观念转变等多种因素的动态影响，使得他们的选择具有较高的不确定性和灵活性。鉴于消费金融分期市场中供给侧和需求侧群体的这些特性，本书将重点聚焦于分别构建模型。对于供给侧的普惠金融机构，将构建消费金融分期服务产品提供商（Consumer Finance Installment Service Product Provider，CFI）的服务组合模型。该模型旨在深入分析普惠金融机构如何优化其服务组合，包括如何确定不同类型分期服务的比例、如何定价等，以实现自身利润最大化、资源配置最优化以及市场竞争力的持续提升。而对于需求侧的多归属不定向选择消费用户群体，将构建专门的模型来刻画他们的决策行为模式。这个模型将充分考虑消费者在多归属情境下如何权衡不同机构的服务优势和劣势，如何在不定向的需求驱动下作出理性或有限理性的选择，以及他们的选择行为如何对市场供需平衡和市场动态产生反馈影响。通过对供需两侧分别构建模型，可以更全面、深入地理解消费金融分期市场的运行机制。表 3-1 所列为本书下述所要提及的标记和变量的符号解释。

表 3-1　符号解释

符号	描述
User	消费金融多选择不定向消费用户
I	消费金融分期服务提供商的数量，i 为其索引
$plan_i$	第 i 个消费金融分期服务提供商所提供的服务组合

续表

符号	描述
λ	消费金融用户的需求对利率变化的敏感度
$eval$	第 i 个消费金融分期服务提供商的评价因子
φ_i	第 i 个消费金融分期服务提供商的服务收益
$Income_i$	第 i 个消费金融分期服务提供商的总收入
$Cost_i$	第 i 个消费金融分期服务提供商的总成本

3.3.1 消费金融分期产品提供商的服务组合模型

有些学者以交易成本为研究入口，对服务模块化知识展开研究。例如，Yang H.L.将服务模块化当作提高企业效率的一种手段，如在消费金融各平台间的合作以及知识传递方面。同时，服务模块化还能降低企业创新过程中出现的风险和不可控因素，在交易成本方面也体现出诸多成本优势（余长春等，2016）。对于消费金融企业而言，自然也需要考虑利用服务模块化这一途径使其交易成本降下来，从而为消费金融企业带来在创新方面的持续收益（陶颜等，2016）。消费金融平台还可以考虑利用在服务组合方面的创新或者考虑在增强企业所推出的产品或者服务的竞争性方面利用开放式创新来实现，如此可以为增强企业产品架构提供机会，并与社会上的合作单位共同为本企业带来一些支持服务，可以和自身所推出的一些关键消费金融业务形成良好的组合。现有的研究大多支持服务模块化可提高企业绩效的论点，本书借鉴了这些方法，从服务组合的视角出发，将用户群体特征考虑进去，讨论服务组合模型的构建。

通过实际调研现有几家主要的消费金融分期产品或服务的提供商，得出以下实际消费金融产品提供商所提供的消费金融服务信息。一是消费金融分期产品或服务的提供商一般可以提供 3 期、6 期、12 期、24 期、48 期等多种期数不等的服务；二是对于每一种消费金融分期产品或服务提供商会根据其所对应的不同的分期期数，来设定差异化的分期利率。每种分期服务的基本收费形式均包含两部分：一是消费用户为所接受的消费金融产品的分期服务所需要交付的手续费用；二是消费者接受服务或商品的购买所需要支付的实际分期金额。这就是价格歧视领域的两部定价法，通过这种方法可以扩大市场份额，增加消费金融产品及服务提供商的收益。

对上述信息进行抽象，首先需要假设前提条件，就是购买商品或接受金融服务的消费群体均按照所约定的期限进行还款，如此，就可得出消费金融产品或服务提供商 CFI_i 的服务组合模型，如式（3-1）所示。

$$plan_i = \begin{pmatrix} x_{11} & x_{12} & x_{13} \\ \vdots & \vdots & \vdots \\ x_{m_i 1} & x_{m_i 2} & x_{m_i 3} \end{pmatrix}, \ i=1, \ 2, \ \ldots, \ I \tag{3-1}$$

式（3-1）中，$plan_i$ 矩阵的第 1 列表示分期期数，第 2 列表示免息期数，第 3 列表示分期利率。

3.3.2 多归属不定向用户模型

通过调研目标消费群体可以了解到，从统计知识层面来看，他们在服务需求上体现出了服从一定的规律，依据具体调研数据统计能够体现出哪种分布。这里考虑将消费群体的消费金融产品需求量记作 $Demand$，将相对应的概率密度函数记作 $demand(x)$，这两个数据统计量可在后续的实验中依据前期的调查所得到的信息数据拟合后得出。针对不同企业所处的市场环境，下面分别针对消费金融消费用户群体的产品市场需求，利用各自适宜的产品市场需求模型来进行表现。

1. 固定弹性市场需求模型（CED）（Vytautas 等，2011）

在消费金融存在独占垄断的情况下，消费金融的消费群体只能选择垄断市场环境下唯一的消费金融提供商所提供的消费金融产品或服务。此时，消费金融消费群体对消费金融产品的平均需求量与其利率水平的状态是相关的。这种需求被称作固定弹性市场需求，它是以 Avinash K. Dixit 和 Joseph E. Stiglitz 两位学者于 1977 年在论文《垄断竞争和最优产品的多样性》中提出的效用模型为基础构建的。消费金融消费群体的平均需求量与消费金融企业提供的分期产品的利率水平浮动所体现出来的函数关系可以用公式（3-2）表示：

$$\overline{E}(rate) = (\frac{eval}{rate})^{\lambda} \tag{3-2}$$

式（3-2）中，*eval* 表示消费金融产品提供商的评价因子，*rate* 表示消费金融产品或服务提供商所设定的利率，λ表示消费金融消费群体的需求对分期利率变化的敏感程度。

2. 效用最优市场需求模型

在消费金融寡头垄断环境条件下，消费金融消费群体可同时选择不同的消费金融产品提供商。这里效用最优需求模型是指消费金融用户总是选择对自己效用最大的消费金融产品提供商和相应的服务组合。用户的效用评价函数为利率和分期期数的最优化。考虑采用张春燕等（2011）对于费用和服务的建模，选择最优化费用和服务的双目标函数表示为：

$$\min Z = Payment + \gamma Service, \quad \gamma \in [0, \infty) \tag{3-3}$$

式（3-3）中，γ是消费金融用户群体所选择的消费金融产品或服务的分期利率和还款期限（分期期数）的折中参数，根据消费金融用户群体的需求而定。γ取值如果越小，说明消费金融用户越关注或者是重视较低的利率；如果γ取值越大，说明消费金融用户越是关注或重视分期期数。

3.4 消费金融分期产品提供商的收益计算

消费金融分期产品提供商的收益与消费金融提供商所得到的总收入和消费金融产品提供商所付出的总成本是相关的，下面详细阐述有关消费金融产品提供商的总收入和总成本的计算方式，进而会获得消费金融产品提供商的总收益。

3.4.1 消费金融服务提供商的总收入计算

假设在 t 时刻用户总数量为 $u(t)$，消费金融产品提供商 CFI_i 所拥有的用户总数为 $u_i(t)$，选择 CFI_i 的还款期数为 k 的用户数目为 $u_{ik}(t)$，由于用户同时可以选择多个 CFI 和多种分期服务组合，则其关系如公式（3-4）所示：

$$\sum_{k=1}^{n} u_{ik}(t) \geqslant u_i(t)\ ,\sum_{k=1}^{n} u_i(t) \geqslant u(t)\ ,\ i=1,\ 2,\ \ldots,\ I \tag{3-4}$$

从消费金融消费群体的需求模型可以了解到，消费金融产品的消费群体对于产品的需求从统计学层面来讲存在一定规律。对于消费群体需要支付的消费金融产品费用采用分类别计算方法，可以将选择同种消费金融产品的消费群体划为同一个类别，利用这种分类方式对消费群体所需费用进行计算，将整体消费群体对消费金融产品的需求分成若干类别。此处需要计算出每个类别中消费群体的费用，然后将计算结果累加求和，相应的操作流程如下所示。

（1）将消费群体对消费金融产品的需求分为 s 类，然后计算出处于某一类别中的消费群体的数目。

$$users=u(t)\times \mathrm{P}[ks\leqslant X<(t+1)s]=u(t)\times\int_{ks}^{(k+1)s} demand(x)\,\mathrm{d}x\ ,\ k=0,1,\ldots, \tag{3-5}$$

式（3-5）中的约束条件为 $users<s$，而 s 为边界阈值常数。

（2）对于目标消费群体，每个消费群体会根据他们的效用最优原则函数选择某一消费金融提供商所推出的某一产品组合。假定某一消费金融产品消费群体的产品需求组合视为 q_j（$j=0$，1，…，$users$），消费金融用户群体选择 CFI_i 的产品组合为 $\{p_m \mid m=1,2,\cdots,\ i\}$。对于第 k 个类别 s、CFI_i 总收入（包含成本的毛收入）公式如下所示。

$$Income_i^k=\sum_{j=1}^{users}\sum_{m} Payment\ (q_j,\ i,\ p_m) \tag{3-6}$$

（3）CFI_i 的总收入为所有 k 类的累加求和：

$$Income_i=\sum_{k} Income_i^k \tag{3-7}$$

3.4.2 消费金融产品提供商的总成本计算

由于消费金融企业的成本与很多不确定因素相关，如资金成本、营销成本、风控成本、数据成本、运营成本、利润留存，以及可能涉及的商业机密，从而导致无法准确估算成本。

根据艾瑞咨询发布的《2017年中国互联网消费金融行业报告》，消费金融业务方面的成本包含两大部分：具有不确定性的变动成本以及保持不变的固定成本。其中，变动成本包括获取用户所需支出的成本、不可控风险因素导致的成本、贷款支付利息的成本以及资金收回所进行的支出成本；固定成本包括风险控制所需支出成本、运营过程中产生的支出成本以及平台运营系统的开发成本。在变动成本中，以电商为例，获取用户所需支出的成本事实上暂且可忽略不计，而其余变动成本与分期期数呈线性关系。由于固定成本具备规模效应，考虑到计算的便利性，取对数之后不会改变数据的性质和相关关系，可将平均每月开销成本视为与用户规模成对数关系。并且消费金融机构的成本主要和分期期数关q系较大，因此，假设CFI_i成本函数由变动成本和固定成本组成，相关计算如下。

变动成本为：

$$Ope\cos t_i(q)=\mu_1\log[u_i(t)\ q]+\varepsilon_1 \tag{3-8}$$

固定成本为：

$$Opp\cos t_i(q)=\mu_2\sum_k q_i^k+\varepsilon_2 \tag{3-9}$$

总成本为：

$$Cost_i(q)=Ope\cos t_i(q)+Opp\cos t_i(q)=\mu_1\log[u_i(t)q]+\mu_2\sum_k q_i^k+\varepsilon \tag{3-10}$$

式（3-8）至式（3-10）中，μ_1为成本与服务使用量和消费金融用户需求规模关系参数，μ_2为机会成本与分期期数模型关系参数，ε_1、ε_2、ε为CFI成本中与消费金融用户规模和分期期数无关的部分。

3.4.3 消费金融产品或服务提供商的总收益计算

消费金融产品提供商的收益为总收入减总成本，则CFI_i收益为：

$$\varphi(E)=Income_i-Cost_i(E) \tag{3-11}$$

在本书的后续博弈研究分析中，消费金融产品或服务提供商的支付函数就是本项收益函数式（3-11），也就是说，消费金融产品提供商的目标是努力将其收益达到最大化。

3.5 两种市场模式下的动态博弈过程分析

3.5.1 独占垄断市场

在消费金融的独占垄断市场中，虽然理论上消费金融产品或服务提供商可以控制和操纵市场的产品或服务的分期利率水平，以达到自己收益最大化的利率设置，但在实践中，用户可自主选择分期期数的多少。消费金融服务提供商希望自己的收益达到最大化，消费金融产品或服务用户则是希望自己减少成本，这与消费金融产品或服务提供商的利益是矛盾的。当消费金融服务提供商选择提高利率超过合理范围时，如果用户感觉超过自己预期，则会选择减少申请额度或者减少服务期数；由于用户额度以及分期期数的减少，致使消费金融服务提供商收益的减少，从而促使消费金融服务提供商选择将利率降到合理区间，随后用户则会选择增加申请额度或者服务期数。在此博弈过程中，当消费金融服务提供商对其收益满意，则此动态博弈过程结束。因此，消费金融服务提供商与用户之间的动态博弈属于讨价还价博弈（Binmore K.等，1986）。博弈双方分别为消费金融服务提供商和用户，消费金融服务提供商的战略集合是{提高利率，降低利率}，支付函数是消费金融服务提供商收益；用户的战略是{增加使用量，减少使用量}，支付函数是消费群体的开销。消费金融服务提供商与消费群体的讨价还价博弈过程如图 3-1 所示。

首先，消费金融产品或服务提供商提供产品 p_0，消费群体申请分期付款的期数为 q_0，则消费群体与消费金融产品或服务提供商的支付表述如下：

$$[Payment(q_0,1,p_0),\varphi(q_0)] \tag{3-12}$$

当消费金融产品或服务提供商进行提高利率推出产品 p_1 时，则消费群体会相应地减少使用分期产品量 Δq_1，此时消费群体和消费金融产品或服务提供商的支付表述如下：

$$[Payment(q_0-\Delta q_1,1,p_1),\varphi(q_0-\Delta q_1)] \tag{3-13}$$

当消费金融产品或服务提供商选择降低产品的分期利率时，消费群体会相应地增加分期产品使用量Δq_2，则消费群体与CFI的表述如式（3-14）表述。

$$[Payment(q_0+\Delta q_2,1,p_2),\varphi(q_0+\Delta q_2)] \quad (3\text{-}14)$$

此时如果消费金融产品或服务提供商对这个收益结果满意，则消费金融产品或服务提供商与消费群体间的讨价还价博弈过程结束，否则，此过程继续。

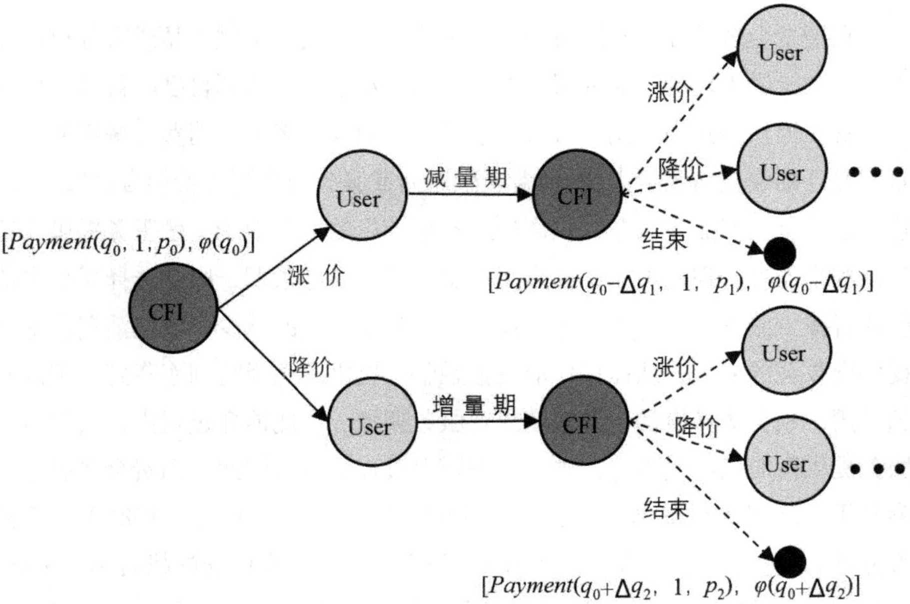

图3-1　消费金融产品或服务提供商与消费群体间的讨价还价博弈过程

3.5.2　寡头垄断市场

在寡头垄断市场中，用户可自主选择一个或多个CFI及其所提供的服务组合。博弈对象是市场中的各个CFI，其战略集合是{调整，不调整}，支付函数是CFI收益。举例说明，假设市场上存在两家分期产品提供商CFI_1与CFI_2，起点时刻，这两个CFI推出同质的分期产品，其各自的收益表述为（5，5）；如果，其中一家（比如CFI_1）为获得更高收益而调整所推出的分期产品，则此时其收益就会变为（6，2）的情形；那么如果两家CFI同时段对所推出的分期产品进行调整，则又达到新的一次均衡，此时两家的收益分别为（3，3）。需要说明的是，这里的收益取值关系符合有冲突的非合作博弈模型的一般性要求，具体的取值大小不影响本书的分析结论。

在 CFI 之间的动态博弈过程中，各家 CFI 所采取产品调整的动作是有先有后的，不同的 CFI 在不同时段进行消费金融产品调整，动作快的 CFI 所推出的分期产品会对后面动作慢的消费金融服务提供商金融产品推出产生影响，后面的消费金融服务提供商因为能够得知先行动的消费金融服务提供商推出的是哪些分期产品服务，所以它会跟着调整自身的分期产品服务。各家金融机构的这个博弈过程充分体现出了博弈的动态性，详见下述分析。

假设 CFI_1 先行选择推出某种分期产品，而 CFI_2 在关注到 CFI_1 的调整后的产品时，会决定进行推出已方相应的金融产品，那么此博弈对应的扩展表述示意图如图 3-2 所示，博弈的战略表达式见表 3-2。其中，Y 代表着策略调整，N 代表策略不调整。

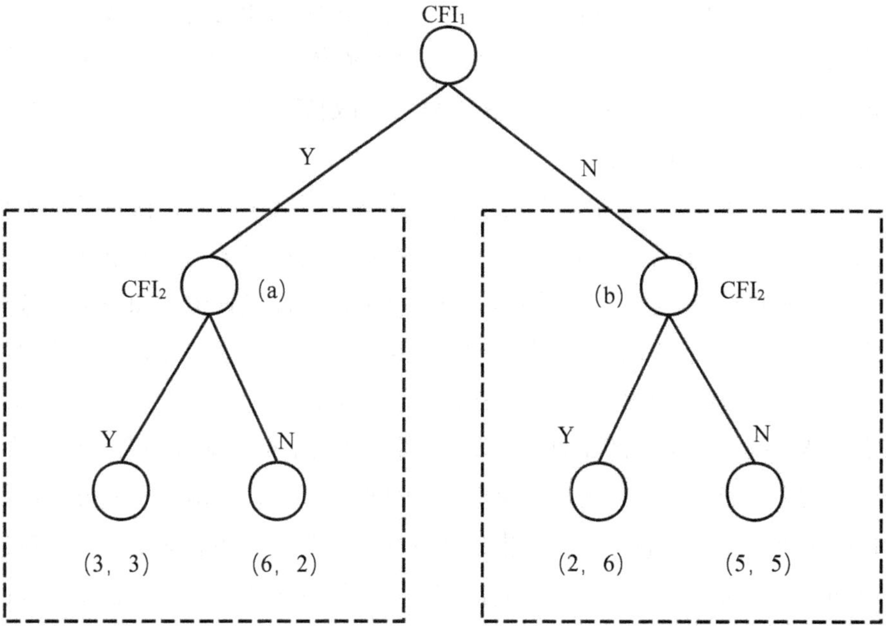

图 3-2　两个消费金融产品或服务提供商的博弈树

表 3-2　两个消费金融服务提供商博弈的战略集合表述

		CFI_2			
		{Y，Y}	{Y，N}	{N，Y}	{N，N}
CFI_1	Y	（3，3）	（3，3）	（6，2）	（6，2）
	N	（2，6）	（5，5）	（2，6）	（5，5）

此博弈过程可描述为：CFI_1的战略集合为{Y，N}，CFI_2存在四个纯战略，分别为：① 无论 CFI_1 调整与否，CFI_2都要进行调整，此战略集合记为{Y，Y}；② CFI_2总是采取与 CFI_1 同方向的决策，即若 CFI_1 调整，则 CFI_2 调整，若 CFI_1 不调整，则 CFI_2 不调整，此战略集合记为{Y，N}；③ CFI_2 总是采取与 CFI_1 反方向的决策，即若 CFI_1 调整，则 CFI_2 不调整，若 CFI_1 不调整，则 CFI_2 调整，此战略集合记为{N，Y}；④ 无论 CFI_1 调整与否，CFI_2 均不进行调整，此战略集合记为{N，N}。

由上述内容可知，此博弈仅存在唯一的纯战略纳什均衡，其战略集合这里记为{Y，{Y，Y}}，并且{Y，Y}在图 3-2 左侧体现的子博弈（a）以及图 3-2 右侧呈现的子博弈（b）中均属于最优状态，故{Y，{Y，Y}}为上述博弈所存在唯一的子对策完美纳什均衡。

事实上，此环节所关注的问题并非一次博弈能够完成的，在两家 CFI 都调整推出的金融分期产品而达到一次博弈平衡后，它们出于利益的争夺又会进行下一次的策略博弈，因此该问题属于重复博弈。在此过程中，如果重复博弈次数为有限次，那么 CFI 在每一次的博弈战略均选择{Y，{Y，Y}}，即该问题的唯一子对策完美纳什均衡。如果 CFI 间重复博弈次数为无限次，当两家 CFI 全部不调整所推出的金融产品时，两家收益将全部大于推出新金融产品时的收益。所以，其中一家 CFI 可采用冷酷策略：①开始选择不推出新的金融分期产品；②选择不推出新产品直到另一家推出新分期服务产品，随后就永远进行新的金融分期产品的推出。此处按照无名氏定理，有贴现因子 $\delta^* < 1$，会让所有情况下存在 $\delta \geqslant \delta^*$，CFI 一直不进行新金融分期产品推出，这符合特定的子对策完美纳什均衡，计算式如下：

$$6+3\delta+3\delta^2+\cdots\leqslant 5+5\delta+5\delta^2+\cdots$$

$$6+3\delta\div(1-\delta)\leqslant 5\div(1-\delta) \tag{3-15}$$

解上述条件，得 $\delta\geqslant 1/3$，即 $\delta^*=1/3$。此时，两家 CFI 全部不推出新金融分期产品会有不错的收益。

由上述分析可知，两家 CFI 的重复博弈过程有如下规律：①市场中两家 CFI 推出同质的金融产品，消费群体进行自由选择，两家 CFI 间平均分配市场份额和收益；②存在某家 CFI 为获取更大的市场份额和收益而推出更多创新性的产品或服务组合，用户为满足个人效用最大化而选择使用；③此时，另一家未进行策略调整的 CFI 将必然遭受损失，该 CFI 为追回损失，甚至为追求市场份额的扩大和提高收益也将推出更为细分、创新化的产品或服务组合。出于利益的纷争，第②步和第③步将会反复进行，直至消费金融市场出现暂时稳态。假设消费金融分期市场满足公平竞争的条件：两家 CFI 全部可提供各种金融分期产品，且面对同一消费金融消费群体。现假定 G 代表 I 家 CFI 之间的阶段博弈，那么 G（t）代表阶段博弈重复 T 次的博弈。下面对 G（t）有限次的重复博弈（$T<\infty$），以及无限次的重复博弈（$T=\infty$）的情况进行分析。

结论 1：在公平竞争市场中，某分期产品提供商 CFI 为追求更大的市场份额和收益推出多种细分、创新化的产品或服务组合，此时 CFI 与消费金融的消费群体之间的阶段博弈 G 存在唯一的纳什均衡解，即各家 CFI 在市场驱动下最终全部推出同质的金融产品时，各家 CFI 会平均分配市场份额和收益。

证明：假设当前市场中存在 I 个 CFI，所推出服务组合数记为 n（$n\geqslant 0$）。

（1）n=0 为初始状态，此时各家 CFI 均未推出任何服务组合（0，0，x_{03}）。此时用户选择任一 CFI 所付费用均相等，因此无论用户选择哪一家 CFI，所有 CFI 都将均分市场份额和收益。

当 $n=1$ 时，CFI_i（其中，$1\leqslant i\leqslant I$）推出服务组合 1（x_{11}，x_{12}，x_{13}），可知 $x_{12}\div x_{11}<x_{03}$。当选择服务组合 1 时，分期期数 $q\in[0,\ x_{12}]$ 区间时，费用为 $Payment(q,\ i,\ 1)=A$；而当分期期数 q 取值在 $[x_{12},+\infty]$ 区间范围时，费用则为 $Payment(q,\ i,\ 1)=A[(q-x_{12})x_{13}+x_{12}]\div q$。当不选择服务组合 1 时，费用则为 $Payment(q,\ i,\ 1)=Ax_{03}$。推导可知，当 $x_{13}<x_{03}$ 时，$q\in(x_{11}\div x_{03},+\infty)$，或

当 $x_{13}>x_{03}$ 时，$q\in(x_{11}\div x_{03}$，$(x_{12}x_{13}-x_{11})\div(x_{13}-x_{03})]$，用户会选择服务组合 1。此时 CFI_i 获得了更高的用户和利润份额，这时其他 CFI 会追随这个 CFI 也推出服务组合 1，均分市场利润。此时假设命题成立。

（2）当 $n=k$ 时，经过若干轮博弈后，I 个 CFI 均推出 k 种相同服务组合，假设命题成立。

（3）当 $n=k+1$ 时，若其中 CFI_i 推出了第 $k+1$ 种 t' 服务 $(x_{t'1},\ x_{t'2},\ x_{t'3})$，这个服务介于 t 服务和 $t+1$ 服务中间，因此有 $x_{t1}<x_{t'1}<x_{(t+1)1}$，$x_{t2}<x_{t'2}<x_{(t+1)2}$，$t\in\{1,2,\cdots,\ k\}$。由于 CFI 推出的服务组合要比直接进行分期便宜，于是有式（3-16）、式（3-17）和式（3-18）：

$$x_{(t+1)1}-x_{t1}<x_{t3}(x_{(t+1)2}-x_{t2}) \tag{3-16}$$

$$x_{t'1}-x_{t1}<x_{t3}(x_{t'2}-x_{t2}) \tag{3-17}$$

$$x_{(t+1)1}-x_{t'1}<x_{t'3}(x_{(t+1)2}-x_{t'2}) \tag{3-18}$$

对于分期期数为 $q\in[x_{t2},x_{(t+1)2}]$ 的用户，选择服务区间 t 时，付费为 $Payment\ (q,i,t)=A[(q-x_{t2})\ x_{t3}+x_{t2}]\div q$，选择服务区间 $(t+1)$ 时，付费为 $Payment\ (q,i,t+1)=A[(q-x_{(t+1)2})\ x_{(t+1)3}+x_{(t+1)2}]\div q$。计算可知，当分期期数 $q\in[x_{t2},x_{t2}+(x_{(t+1)1}-x_{t1})\div x_{t3}]$ 时，用户选择 t 服务区间；当分期期数 $q\in[x_{t2}+(x_{(t+1)1}-x_{t1})\div x_{t3},x_{(t+1)2}]$ 时，用户选择 $(t+1)$ 服务区间。

下面讨论加入服务区间 t' 后，用户的服务选择。

对于用户 $q\in[x_{t2},x_{t'2})$ 若选择 t' 服务区间，则 $Payment\ (q,\ i,\ t')=A$，可知当 $Payment\ (q,\ i,\ t')<Payment\ (q,\ i,\ t)$ 时，且 $Payment\ (q,\ i,\ t')<Payment\ (q,\ i,\ t+1)$ 时，用户选择 t'，联立公式如下：

$$\begin{cases} x_{t'2}<x_{t2}+(q-x_{t2})\ x_{t3} \\ x_{t'2}<x_{(t+1)2} \\ q\in[x_{t2},x_{t'2}) \end{cases} \tag{3-19}$$

由推导式（3-2）和（3-4）可知，分期期数为 $q\in[(x_{t'1}-x_{t1})\div x_{t3}+x_{t2},x_{t'2}]$ 的用户在这个区间选择 t' 服务区间付费最少。

对于分期期数为 $q\in[x_{t'2},\ x_{(t+1)2}]$ 的用户，若选择 t' 服务区间，则

$Payment\ (q,\ i,\ t')=A[(q-x_{t'2})\ x_{t'3}+x_{t'2}]\div q$。同理可得公式如下：

$$\begin{cases} x_{t'2}+(q-x_{t'2})\ x_{t'3}<x_{t2}+(q-x_{t2})\ x_{t3} \\ x_{t'2}+(q-x_{t'2})\ x_{t'3}<x_{(t+1)2} \\ q\in[x_{t'2},x_{(t+1)2}) \end{cases} \tag{3-20}$$

由推导式（3-20）可知，分期期数 q 满足以下条件时，选择 t' 付费最少。

$$q\ (x_{t'3}-x_{t3})+(x_{t'1}-x_{t1})-(x_{t'2}x_{t'3}-x_{t2}x_{t3})<0 \tag{3-21}$$

$$x_{t'2}\leqslant q<(x_{(t+1)1}-x_{t'1})\div x_{t'3}+x_{t'2}\text{（右边表达式记为 }M\text{）} \tag{3-22}$$

当 $x_{t'3}\leqslant x_{t3}$ 时，可证式（3-21）<0 恒成立，则 $x_{t'2}\leqslant q\leqslant M$。

当 $x_{t'3}>x_{t3}$ 时，$q<[(x_{t'2}x_{t'3}-x_{t2}x_{t3})-(x_{t'1}-x_{t1})]\div(x_{t'3}-x_{t3})$，令右边表达式为 N，且 $x_{t'2}\leqslant q<(x_{(t+1)1}-x_{t'1})\div x_{t'3}+x_{t'2}$，推理可知 $N>x_{t'2}$。

当 $x_{t3}<x_{t'3}<x_{t3}(x_{(t+1)1}-x_{t'1})\div[x_{(t+1)1}-x_{t1}-x_{t3}(x_{t'2}-x_{t2})]$，令右边表达式记为 T，可证得 $T>x_{t3}$ 时，$N>M$，此时，$x_{t'2}\leqslant q<M$；当 $x_{t'3}>T$ 时，$N>M$，$x_{t'2}\leqslant q<N$。

综上可知，当 $x_{t'3}<T$ 时，$q\in[(x_{t'1}-x_{t1})\div x_{t3}+x_{t2},M]$，当 $x_{t'3}>T$ 时 $q\in[(x_{t'1}-x_{t1})\div x_{t3}+x_{t2},N]$，用户群选择 t' 服务费用付费最少。因此，新推出的服务区间使得 CFI_i 获得了更多的消费群体和收益回报。其他 CFI 会追随 CFI_i 而推出相同的服务，市场利润又实现了平均分配。

（4）综上所述，此假设命题得证。证毕。

由结论 1 得，阶段博弈 G 存在唯一的纳什均衡。当重复次数为有限次（$T<\infty$）时刻，G（T）存在唯一的子对策完美纳什均衡，也就是说，每一子博弈 G 中全部能够得到唯一纳什均衡；当重复次数为无限次 $T=\infty$时，存在 $\delta^*<1$，使得对于所有 CFI 全部不推出新的金融分期产品是 G（T）的一个特定的子对策完美纳什均衡解。如果消费群体选择的分期期数为 q，A 为商品费用，选择服务提供商 CFI_i 的 p 服务（x_{p_i1}，x_{p_i2}，x_{p_i3}），则消费群体单位分期产品的利息可记为下式：

$$\overline{\omega}\ (q)=Payment\ (q,\ i,\ p)\div A \tag{3-23}$$

此单位分期产品的利息必须大于分期产品提供商 CFI 相应的单位产品成本，

否则 CFI 势必亏本。

结论 2：CFI 所提供的金融产品的单位成本在消费群体的金融分期产品利息需求等于免费时达到最低。

证明：当金融产品的分期期数 $q < x_{p_i 2}$ 时，$\overline{\varpi}(q) = A \div A = 1$；当分期期数 $q > x_{p_i 2}$ 时，由上可知：$\overline{\varpi}(q) = A[(q - x_{p_i 2})\ x_{p_i 3} + x_{p_i 2}] \div q \div A$。对其求导得：$\mathrm{d}\overline{\varpi}(q)/\mathrm{d}q = (x_{p_i 2} x_{p_i 3} - x_{p_i 2}) \div q^2 > 0$，最小值仍在 $q = x_{p_i 2}$ 时取到。所以综上可知：$\min \overline{\varpi}(q) = x_{p_i 2} \div q^2 \big|_{q = x_{p_i 2}} = 1$。证毕。

在产业实践中，重复博弈的次数一般是有限的，所以应优先考虑重复博弈次数为有限的情况。由结论 1 推出，市场中的各家 CFI 出于市场份额和收益的驱动会不断推出更细分、创新化的金融产品或服务组合，消费群体根据各自的需求选择 CFI 及其所提供的服务，此时这种博弈将会有限次地重复进行，直至达到市场的暂时稳态。由结论 2 可知，当每个用户均理性选定各自的服务组合时，会有 $q = x_{p_i 2}$。在此条件下，用户所承担的单位服务费用最低且极为接近相应 CFI 所承担的单位服务成本，CFI 收益将会下跌。综上，可得到下述结论。

（1）在寡头垄断的消费金融市场环境中，CFI 出于市场驱动，将不断推出新的消费金融产品，在经过重复博弈过程后，各 CFI 将平均分配消费金融市场份额以及全部收益，且消费金融市场总收益与各 CFI 博弈出现次数呈相反趋势。

（2）在理想的消费金融市场条件下，各家 CFI 重复博弈后，CFI 将为每一消费金融消费群体设定一套相应的消费金融分期产品。

（3）当消费群体全部理性选择消费金融分期产品时，消费群体所承担的单位分期产品利率最低，并且接近于 CFI 的单位产品成本。

3.6 消费金融机构与客户间博弈过程仿真与分析求解

3.6.1 数据说明及客户群体形态调研

1. 问卷与数据说明

本书问卷设计的目的在于能够客观可靠地了解所研究的问题，故本书所设计的问卷问题也是围绕研究主题而展开的。由于我国每年的大学毕业生存量大，那么预示着潜在的消费金融市场规模巨大；同时，待挖掘的需求潜力和较长的服务生命周期，导致这一细分市场成为消费金融机构的必争之地，研究此类客户更具有重要意义。所以本书以大学毕业5年以内的大学生为调研对象，以问卷星为工具进行网络收集调研数据，对所关注的消费金融用户群体的消费金融产品的选择影响因素和客户的消费行为进行调研。为保证所收集到的数据的有效性和真实性，调研问卷几经预调研以及易稿，最后定稿，以随机调查方式进行数据收集。

问卷共包含三个部分：第一是对本问卷调研的主题和保密工作进行说明；第二是对被调研者个人基本情况的调研，包括被调研者的所在地域、性别、年龄、毕业年限和收入等一些基本信息，以及对消费金融平台、分期产品和服务的了解与使用情况等；第三主要是为用户选择消费金融平台、分期产品和服务的影响因素方面所作的调研准备。

从2019年3月10日至4月10日历经一个月的调研，问卷共发放562份，除去无效问卷60份，最终存留有效问卷共502份，占总数的89.3%。从502份数据发现，被调研消费金融潜在用户对象地域分布广泛，调研数据样本遍布我国24个省、自治区、直辖市，说明数据来源比较全面，具有一定的代表性。被调研者中有460人表示使用过消费金融分期产品，其中，使用蚂蚁花呗的比例最高（46.26%），并且大多数使用者是在消费金融产品或服务提供商自身平台（如淘宝、京东等）接触到CFI相关分期产品或服务的。调研数据表明，被调研者的性别分布比较平衡，其中，女性被调研者占调研总人数的57.4%，稍多于男性被调研者人数。从被调研者的毕业年限来看，毕业2~3年的人居多，占比64.07%；毕业4年的人数次之，占比20.8%；而毕业5年的人数最少，占比2.6%。

2. 用户群体形态调研

总的来说，样本数据分布范围较为广泛，且体现出群体的多样性，符合数据调研的宗旨。此处对调研数据进行分析，目的在于分析所调研的消费金融用户群体形态，以便后续的研究分析。为了了解调研对象的消费特性，问卷内容包括调研对象的性别、年龄、消费习惯、每月可支配的收入、所选择使用的消费金融产品提供商 CFI，以及他们每年平均所进行的消费金融产品的分期消费额度等一些重要信息。

首先，对同类消费金融用户群体（60 名性别、年龄、消费习惯和每月可支配收入都相同或相近的消费群体）数据进行统计学意义上的拟合，结果如图 3-3 所示。

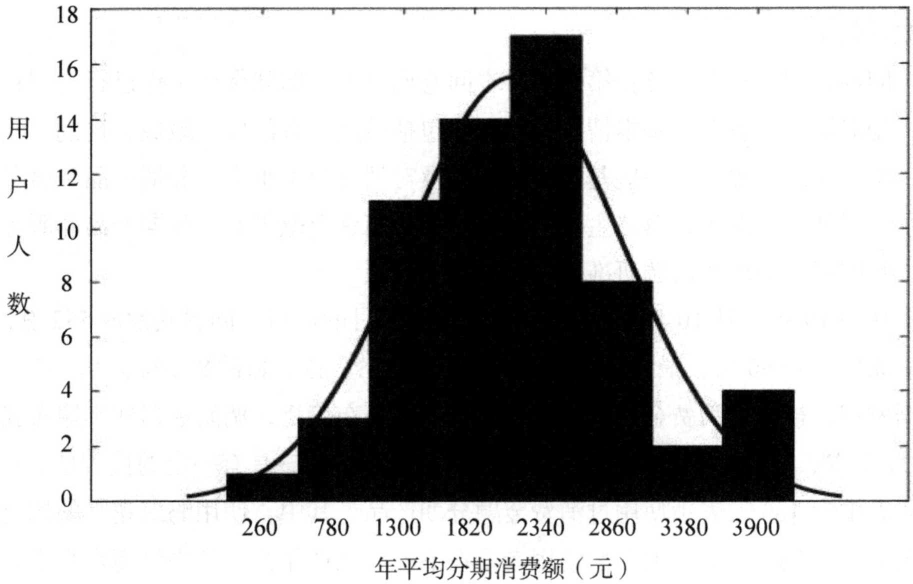

图 3-3　同类群体年平均分期消费统计规律

并且对消费金融用户群体信息结果利用 Lilliefors Test 检测（Lilliefors，1967），得到的结果为 0，所以可以表示为其服从正态分布。而对于总体消费金融用户群体调查得出的检测结果如图 3-4 所示。其中有多个峰值点，这就说明消费金融用户群体总体并没有正态分布规律呈现，但是可以容易得出，其局部呈现出正态分布规律。这可以解释为，不同消费金融用户群体的消费习惯、消费水平等方面的不同，对于分期消费的使用情况也有很大差异。

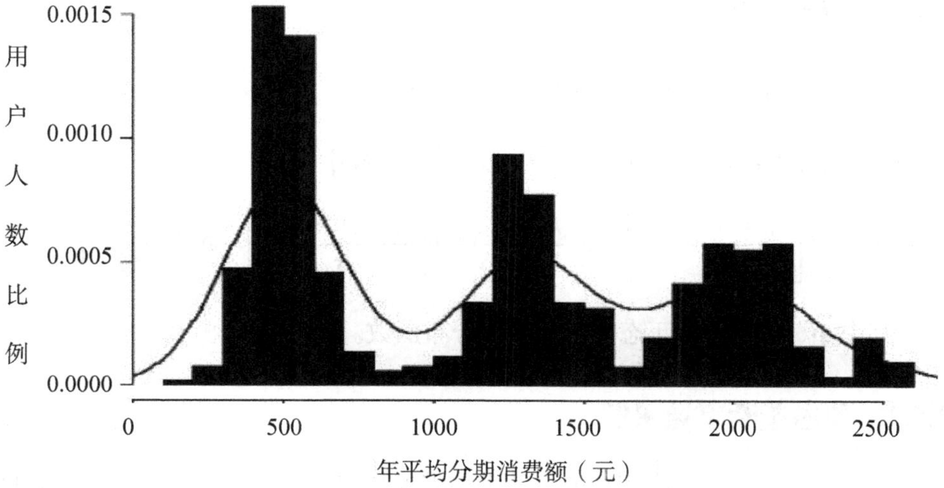

图 3-4　调研总体年均分期消费额统计规律

综上可知，不同消费金融用户群体对于分期产品的需求存在差别，但相同消费金融用户群体的需求在一定程度上具有趋同性。据此，CFI 为争夺更大的市场份额和更高的收益而针对不同的用户群体推出网格化的服务组合具有重要意义。

本书先对两类不同的消费金融用户群体所表现出来的统计意义的规律进行研究，也就是将在统计结果上表现出不同的均值及方差所对应的两个的正态分布密度函数进行叠加。并且将此方法利用到多个不同的消费金融用户群体上。

假定有两类消费金融用户群体，他们各自符合正态分布规律，相对应的概率密度函数此处记为 $f_1(x;\ \mu_1,\ \delta_1)$ 和 $f_2(x;\ \mu_2,\ \delta_2)$（实验中取 $eval_1=1$，$eval_2=2$，$\lambda_1=0.1$，$\lambda_2=0.2$）。假设这两类消费金融用户群体数量比例相同，则其累加和的概率密度如下：

$$demand\ (x) = [f_1(x;\mu_1,\delta_1) + f_2(x;\mu_2,\delta_2)] \div 2 \tag{3-24}$$

将式（3-24）代入式（3-11），如此就可计算得到第 k 类消费金融用户群体所分布的人数，如下：

$$
\begin{aligned}
users &= USER\int_{ks}^{(k+1)s} demand(x)\,\mathrm{d}x \\
&= \frac{1}{2}USER\left\{\int_{ks}^{(k+1)s} f_1(x;\mu_1,\delta_1)\,\mathrm{d}x + \int_{ks}^{(k+1)s} f_2(x;\mu_2,\delta_2)\,\mathrm{d}x\right\} \\
&= \frac{1}{2}USER\{F_1[(k+1)s] - F_1(ks) + F_2[(k+1)s] - F_2(ks)\} \\
&= \frac{1}{2}USER\left\{\Phi\left[\frac{(k+1)s-\mu_1}{\sigma_1}\right] - \Phi\left(\frac{ks-\mu_1}{\sigma_1}\right) + \Phi\left[\frac{(k+1)s-\mu_2}{\sigma_2}\right] - \Phi\left(\frac{ks-\mu_2}{\sigma_2}\right)\right\}
\end{aligned}
\tag{3-25}
$$

其中 $\Phi(x)$ 为标准正态分布的累积分布函数。

3.6.2 独占垄断市场求解

本节先探究消费金融用户群体的平均需求与利率的关系，后续验证利率的高低对 CFI 的收益和总分期消费额的影响。

1. 消费群体平均需求与利率的关系

在独占垄断的消费金融市场里，消费金融用户群体的总需求满足上一节第一部分中的统计学规律（其呈现正态分布规律），消费金融用户群体的平均需求是符合固定弹性的消费金融用户群体需求的模型的，即满足公式（3-26）所表述的模型。

$$\overline{E}(Rate) = (eval \div Rate)^{\lambda} \tag{3-26}$$

实验中取 $eval_1=1$，$eval_2=2$，$\lambda_1=0.1$，$\lambda_2=0.2$。消费金融用户群体平均需求随着价格的变化关系如图 3-5 所示。

从图 3-5 中可知：在 $eval$ 给定的情况下，λ越大，消费金融用户群体的平均需求对利率变化表现得就越敏感。

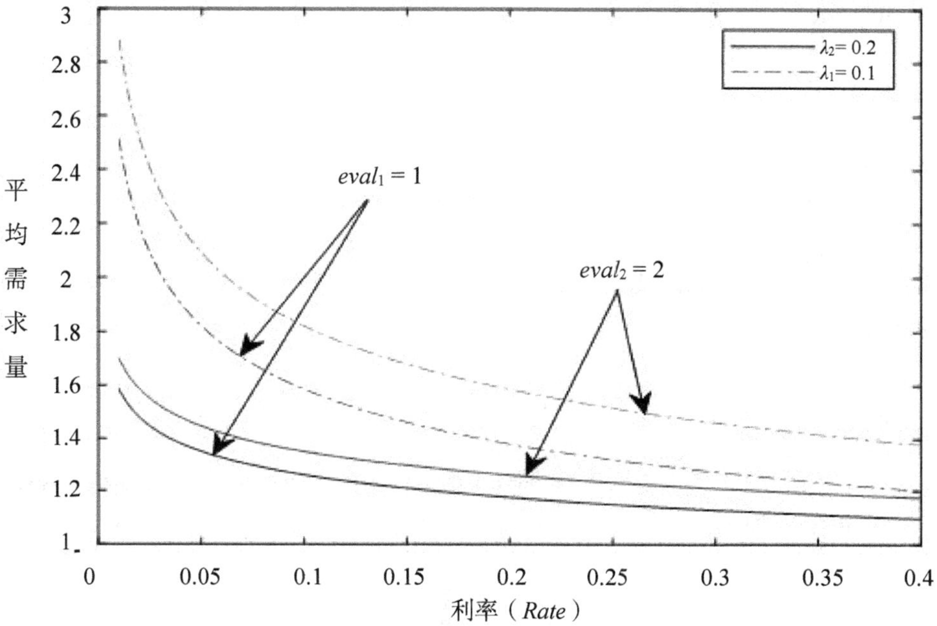

图 3-5 用户平均需求随价格的变化情况

2. 分期平台定价

实验仿真数据设定：有 1 个 CFI，它没有设计任何消费金融产品(0,0, x_{03})；消费金融用户群体总数是 *USER*，设定两类消费金融用户群体的 *eval* 分别为 1、2，λ分别为（0.1，0.1）、（0.2，0.2）和（0.4，0.4）。在实验给定数据下，得出 CFI 的收益和总分期消费额随利率的变化如图 3-6 和图 3-7 所示。

由图 3-6 可知：①当 $Rate < 0.025$ 时，分期产品对用户极具吸引力，使得总分期消费额非常高，但由于利率过低，CFI 所能获得的总收益并不高；②当 $0.025 \leqslant Rate < 0.08$ 时，较①相比利率调高，相应地总分期消费额降低，但 CFI 的总收益出现明显的小高峰；③当 $Rate \geqslant 0.08$ 时，部分用户群体将选择理性消费，总分期消费额呈现骤降，但由于利率过高，CFI 总收益仍呈增长趋势。综上所述，利率作为 CFI 的劳动报酬，若 CFI 同时追求市场份额和收益，那么将利率制定在 $0.025 \leqslant Rate < 0.08$ 区间内具有可鉴性。

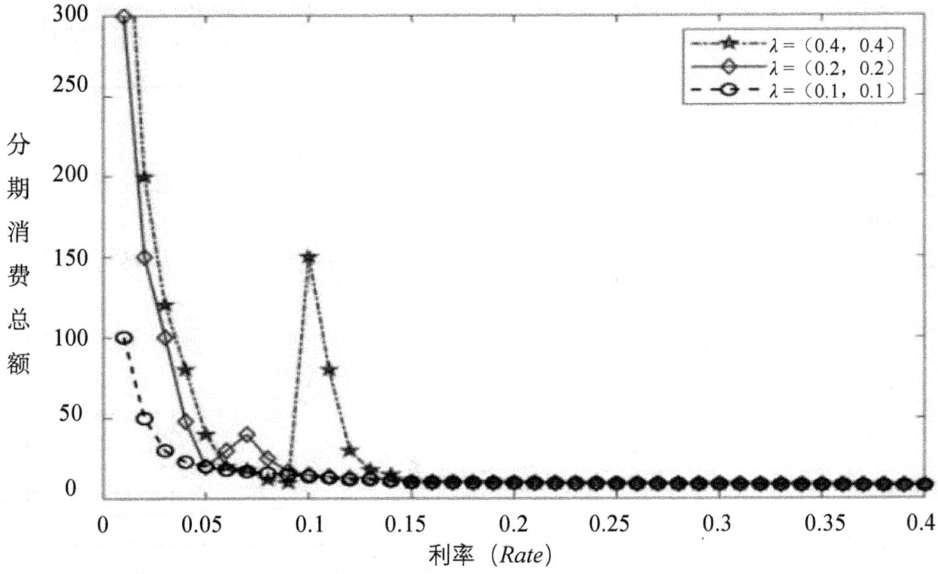

图 3-6　分期消费总额随利率变化情况

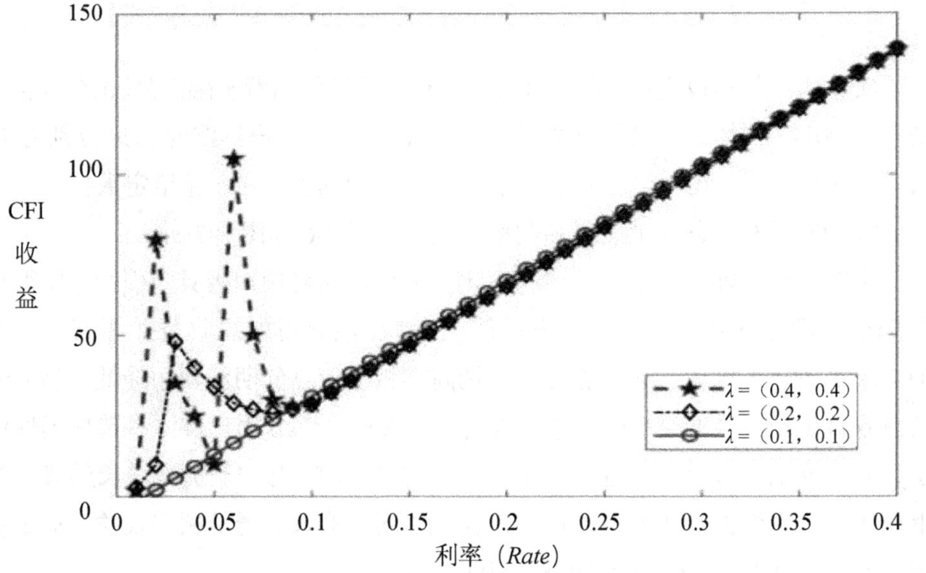

图 3-7　CFI 收益随利率变化情况

3. 独占垄断市场结论

在独占垄断市场下，CFI 可通过一味提高利率直至达到其效益最大化，但不可否认的是，此行为将伴随着其服务使用量的大幅减少。据此，基于普遍性，CFI 应当顺应用户需求，提供充分的产品和服务供给；同时基于差异性，CFI 应当尊重主体的特殊性。若其服务面向大众用户，则应设定较低的利率；若其主要用户群体具备高端消费特征，则应设定较高利率；若想兼顾市场份额和总收益，则应设定适中利率，并从实际情况出发适时调整，以此提供适当、审慎的金融服务。

3.6.3　寡头垄断市场求解

本环节将探究在寡头垄断市场条件下，各个 CFI 间动态博弈过程并进行验证和求解。

1. 寡头垄断消费金融市场中的动态博弈过程

实验仿真数据设定：假定市场中存在 3 家 CFI（CFI_1，CFI_2，CFI_3），它们的成本全部相同，于是各 CFI 可能推出相应的金融分期产品如下。

$$plan_i=\begin{pmatrix}3 & 1 & 0.025\\ 6 & 1 & 0.045\\ 12 & 1 & 0.088\end{pmatrix}，i=1，2，3 \tag{3-27}$$

这 3 家之间所展开的重复博弈过程可描述为：在第 1 阶段，每家 CFI 都只设计第一种分期产品 $plan_i$（1，：）=（3，10.025）；在第 2 阶段，某个 CFI（比如 CFI_1）又设计了新的金融分期产品推向消费金融市场 $plan_i$（2，：）=（6，10.045）；在第 3 阶段，其他家 CFI 也设计出新分期产品 $plan_i$（2，：）；在第 4 阶段，某 CFI（此处比如 CFI_1）又继续推向市场新产品 $plan_i$（3，：）=（12，10.088）；而在第 5 阶段，其他 CFI 求变，也相继设计新品 $plan_i$（3，：），具体见表 3-3。

表 3-3　重复博弈各阶段对应的统计数据（收益单位：1×10^6 元）

服务组合	市场	CFI_1 收益/（百分比）	CFI_2 收益/（百分比）	CFI_3 收益/（百分比）
第 1 阶段	12.6379	4.2134（33.3%）	4.2113（33.3%）	4.2133（33.3%）
第 2 阶段	10.5763	6.5334（61.8%）	2.0843（19.7%）	1.9586（18.5%）
第 3 阶段	10.5763	3.6213（34.2%）	3.4923（33.0%）	3.4627（32.7%）
第 4 阶段	9.5723	5.6573（59.1%）	1.9835（20.7%）	1.9315（20.2%）
第 5 阶段	9.5723	3.1908（33.3%）	3.1908（33.3%）	3.1908（33.3%）

从表 3-3 可知，CFI_1 在第 2、第 4 阶段设计的新金融分期产品，获得了较多的消费群体的欢迎和选择，自然 CFI_1 同时也得到了不错的收益。而在第 3、第 5 阶段，市场收益以及消费群体被所有家 CFI 均分了。从消费群体的百分比之和大于 1 能够得出，部分消费群体现时段选择了多家 CFI 分期产品。

由仿真可知：①对于单个 CFI 而言，推出更多网格化的服务组合对于争夺市场份额和收益具有重要意义；②对于整个消费分期市场而言，市场总收益将随着 CFI 间博弈次数的增多而减少。

2. CFI 制订服务组合方案

由于 4.5.2 寡头垄断市场的第二条结论是在理想情况下给出的，但在现实的经济实践中，CFI 针对每一消费群体均制定一套相应的分期产品，这种情况不可能出现。所以最佳分期产品的设计的探索具有重要意义。因此需要考虑免息期数临界值选取以及消费群体所呈现的特性（统计量，如平均值和方差）。并根据正态分布，对于区间（$\mu-\sigma$，$\mu+\sigma$）的区域占总体面积的 68.27%，而区间（$\mu-1.96\sigma$，$\mu+1.96\sigma$）的区域占总体面积的 95%。所以可以考虑利用消费群体的服务需求密度来对免息期数临界值进行相应的设定。

实验仿真数据设定：CFI_1 设定其分期产品 $plan_1$ 和上一节寡头垄断市场求解中寡头垄断市场中的动态博弈过程小节所设置相同，CFI_2 的 $plan_2$ 与 CFI_3 的

$plan_3$ 按如下设置。

$$plan_2 = \begin{pmatrix} 4 & 1 & 0.026 \\ 8 & 1 & 0.048 \\ 12 & 1 & 0.088 \\ 16 & 1 & 0.115 \\ 20 & 1 & 0.145 \\ 24 & 1 & 0.182 \end{pmatrix} \tag{3-28}$$

$$plan_3 = \begin{pmatrix} 3 & 1 & 0.025 \\ 6 & 1 & 0.045 \\ 9 & 1 & 0.065 \\ 12 & 1 & 0.088 \\ 18 & 1 & 0.125 \\ 24 & 1 & 0.182 \end{pmatrix} \tag{3-29}$$

其中，在 $plan_2$ 推出的分期产品中，CFI_2 的免息期数分别是两类消费群体的（$\mu-\sigma$，$\mu+\sigma$）的三等分，而 CFI_3 的分期产品的免息期数分别是两类消费群体的（$\mu-1.96\sigma$，$\mu+1.96\sigma$）的三等分。由实验仿真结果，得出 3 家 CFI 所设计的分期产品的收益见表 3-4，消费群体选择各家 CFI 的结果可以从图 3-8 得出。

表 3-4　不同分期产品下 CFI 收益对比（收益单位：1×10^6 元）

市场总收益	CFI_1 收益（百分比）	CFI_2 收益（百分比）	CFI_3 收益（百分比）
8.3463	1.2770（15.3%）	5.2916（63.4%）	1.7778（21.3%）

从表 3-4 数据可知，选择与消费群体统计上的特性参数相关并划分比较平均的消费金融提供商 CFI_2 的收益是最多的，并且其消费人群最庞大，表现次之的是 CFI_3，而表现最差的是 CFI_1。在图 3-8 中可以看到，选择 CFI_2 的消费群体其分布很广泛，然后是 CFI_3，以及 CFI_1 的消费人群量最少。

对比金融市场上的 3 家 CFI，其中 CFI_2 所得到的消费群体以及收益是市场上表现最好的，究其原因，它是按照消费群体的统计量（均值和方差）这种特征参数进行相应产品的设计的。所以 CFI 的设计金融分期产品的免息期数临界值是需要按照消费群体特性来选取的。

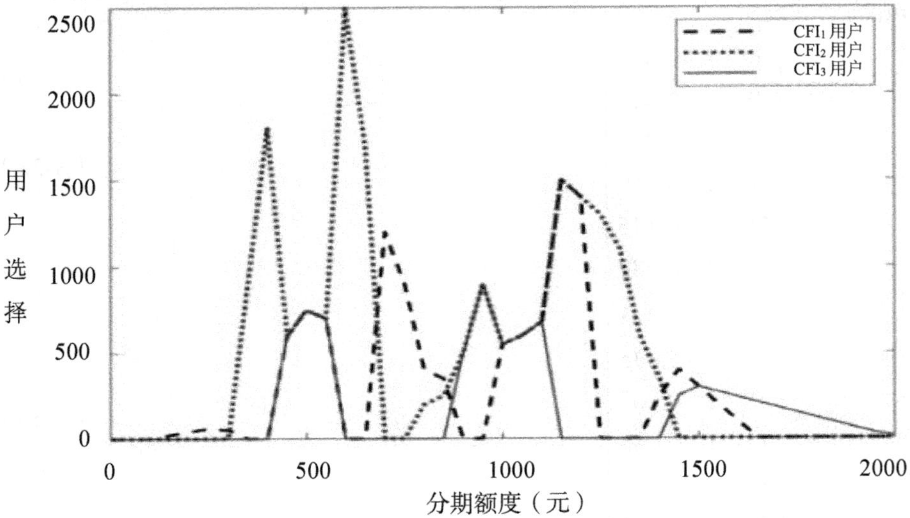

图 3-8　CFI 的用户选择分布

3. 寡头垄断市场结论

仿真 1 验证了针对寡头垄断条件下，消费金融市场中的各个消费金融分期产品提供商间所存在的动态博弈的过程：当某家 CFI 出于市场驱动在各阶段博弈过程中总是设计新金融分期产品，而各阶段过程中的纳什均衡是该市场的暂时稳态，即每家 CFI 全部调整到相同的策略，均分市场份额和收益，并且市场总利润会与 CFI 间动态博弈次数呈现相反趋势。在理想条件下，CFI 间博弈的最终状态是：CFI 针对每一消费群体均制定一套分期服务产品。

仿真 2 提出由消费群体的统计量特征进行设计消费金融分期产品的方法。在现实的消费金融市场中，CFI 应注重消费群体的统计量特征，并且据此将消费群体分布密集的区域进行合理划分，从而对各不相同的消费群体的需求予以相应的满足，从而使 CFI 获得更大市场份额和收益回报。

3.7　研究结论与建议

近些年来，我国正在经历从强调总量增长向经济结构调整的方向转变，扩大居民消费被摆在了国家重要战略的位置，经济发展进入新常态。无论是我国居民消费水平的提高，还是居民消费观念的转变，都导致了消费金融发展正当时。作为普惠金融的一个重要细分市场，消费金融市场出现满足了用户“超前消费”的需求，填补了传统金融服务针对此类用户群体的缺位。大量消费金融分期产品提供商涌入市场。本书通过对用户选择消费金融产品或服务的关系展开研究，分析和仿真验证了 CFI 间的动态博弈过程及 CFI 与用户的博弈过程，得出以下结论与建议。

1. 增加消费场景布设，完善产品组合，增强消费体验，实现长尾效应

在用户金融需求不断细化的前提下，同质化的金融服务已然丧失市场竞争能力。基于上述的寡头垄断市场的结论，可知消费金融产品提供商应当尊重用户群体的特殊性：一方面应注重权利的普遍享有性；另一方面也不可忽视权利的差异性尊重，即根据不同的用户群体，按照其差异化需求提供适当、审慎的金融服务。这便要求消费金融产品提供商所提供的产品体系足够完善，产品迭代速度足够迅速。而同样从上述的研究结论中也印证此观点：初入社会的大学生最看重的是消费金融的有用性，即消费金融能够增加其消费绩效的程度。从调研的实际结果也可看出，消费金融不仅满足了用户日常消费，更挖掘了潜在的用于满足更高层次需求的消费。因此，金融产品设计需紧跟潮流，扩展消费场景以满足用户群体的多元化需求，增强其消费体验，满足消费金融用户的长尾需求。消费金融产品的有效创新能够吸引用户积极参与。

（1）CFI 可通过创新“低额高频”服务来实现用户需求的深度挖掘，要针对用户群体不断细化的需求特性，结合其营销活动，推出适宜的优质服务组合。

（2）资产业务和理财业务协同发展是可预见的重要趋势，服务产品从消费端扩展至理财端，可设计“以理财养分期”形式的消费信贷，CFI 获得资金回流，并有效满足用户除消费以外的理财需求和差异化流动性需求。

2. 审慎设定分期费率及额度，尊重风险保障持续盈利

基于上述关于独占垄断市场的结论，分期费率及授信额度的确定需审慎且差异化设定具有现实意义。利用大数据搭建分级风控模型来提高风控能力。当用户大额消费时，有更多动机分期。因此 CFI 在同外平台开展合作时，应优先考虑额度大且有分期需求的场景。

（1）CFI 根据用户实时多维度消费信息，对用户信用进行动态风险评级，

设置差异化费率及额度：面向大众用户，考虑设定较低的利率；面向高端消费群体，可设定较高利率；兼顾市场份额和收益，应设定适中利率，并可适时调整，提供适当、审慎的金融服务。

（2）可利用互联网金融的特殊优势创新定价机制。根据用户的消费和还款能力，在风险可控范围内让用户自定义借款期限与利率，达到借贷双方有效匹配。CFI 可通过产品设定将部分利息和费用转嫁给渠道商家，有效减轻用户的还款负担，提高产品感知有用性。且逾期费率的区间段可根据用户数据人性化设置还款利率，不同逾期阶段，利率设定不同，以防止坏账率过高。但要注意，坏账的降低要以提升消费人群覆盖比例和交易规模为核心。

3. 不同客户群体的管理和数据及话语权的掌握成为关键

由寡头垄断市场结论得出，须针对不同需求特征的用户群体进行合理划分，并引导其需求。

（1）电商比其他消费金融平台更具终端用户优势，可随时跟踪用户信息，对用户行为和消费习惯等数据进行深度挖掘及动态用户画像，预测用户未来消费趋势，对带来不同价值的用户进行差异化营销，打造与其生活状况吻合的多层次、多元化消费场景，注重延续消费，增强用户黏性，延长用户生命周期，实现差异化竞争。

（2）消费金融业务能否获利，核心在于是否有足够的话语权去制定产品规则。唯有垄断数据的源头具备数据优势。掌握了场景入口和用户数据，便是掌握了话语权。因此，通过运营端抓住重点用户人群，对消费场景数据实现全面掌控，根据用户的金融需求，对消费金融服务产品的规则实现全面定制。

4 消费金融用户选择意愿实证分析

4.1 引言

随着社会和经济的发展，消费者的消费结构和消费观念悄然发生了变化。消费作为拉动经济增长的重要动力，与经济发展之间存在着相互促进的关系。因此，要想刺激消费，拉动内需，为经济增长注入新动力，便要充分发挥消费金融的作用。消费金融作为一种新兴的金融业态，是为满足消费者购买产品和服务的需求而产生的金融服务，起到了连接消费者和生产者的重要作用。消费金融通过提供贷款、信用卡等服务，使得消费者在资金不足的情况下仍能购买到心仪的产品和服务，从而提高消费能力，进一步刺激经济增长，推动消费升级，提高生活质量。同时，消费升级也会带动相关产业的发展，促进经济增长，帮助消费者将大额消费分解为小额分期付款，缓解消费者的财务压力，有助于消费者更好地进行财务规划和风险管理。消费金融还可以刺激消费者的购买欲望，扩大内需，有助于缓解经济过度依赖出口和投资的状况，实现经济可持续增长；为更多的消费者提供金融服务，提高金融服务的可得性和覆盖面，有助于普惠金融的发展；助力企业扩大销售、降低库存，提高企业资金周转速度，从而促进企业的发展。

本章主要关注消费金融服务的提供者和消费金融服务需求者之间的互动关系，以及如何通过优化供需机制来提高金融服务的可得性、可负担性和质量。从消费金融产品用户选择意愿实证视角，研究消费金融用户选择消费金融产品的意愿，有助于金融机构深入了解消费金融用户的需求和偏好，从而设计出更符合市场需求的产品，帮助金融机构优化服务模式，提高服务质量，为消费金融用户提供更有针对性的符合市场的金融产品和服务，以吸引更多用户群体，提高金融机构推出的产品和服务的市场竞争力；研究用户选择消费金融产品的意愿，可以帮助金融机构更好地评估用户的信用风险，降低信贷风险，可以为政策制定者提供有益的参考，促进普惠金融的发展。

2013年可谓消费金融的“启动元年”，2014—2016年，国务院结合诸多居民消费领域频频出台相关政策，以促进行业改革发展，适应人民群众消费升级和产业结构调整的必然要求（马海敏，2016），见表4-1。

表4-1 国务院促进消费的部分政策

领域	国务院促进消费部分政策	内容
旅游消费	2014年8月《关于促进旅游业改革发展的若干意见》，2015年8月《关于进一步促进旅游投资和消费的若干意见》	增强旅游发展动力、扩展旅游发展空间、优化旅游发展环境；实施旅游基础设施提升计划、投资促进计划、消费促进计划等，开拓旅游消费空间
体育消费	2014年10月《关于加快发展体育产业促进体育消费的若干意见》	大力引进社会资本、完善健身消费政策、完善税费价格政策等，推动体育产业成为经济转型升级的重要力量
农村消费	2015年10月《国务院办公厅关于促进农村电子商务加快发展的指导意见》	部署加快发展农村电商，扩大电商在农业农村的应用，改善农村电商发展环境，营造良好网络消费环境，加大农村电商政策扶持
养老消费	2016年4月《关于印发促进消费带动转型升级行动方案的通知》	聚焦于挖掘消费潜力较大领域的消费市场，以消费升级引领产业升级，为经济持续健康发展提供动力

除此之外，随着“80后”“90后”“00后”消费能力的不断提升，整个社会的消费观念悄然发生变化，如图4-1所示。首先，以淘宝、京东为代表的互联网电商的兴起，使得年轻人的消费更加主动，更加愿意接受产品在品牌、服务、性能方面的溢价，这一点与老一辈的消费习惯形成强烈对比；其次，年轻人的消费欲望也强于储蓄欲望，对消费信贷的支持程度也更高，为消费金融的发展奠定了强大的基础（尹振涛等，2019）。

图4-1 居民消费观念发生变化

在诸多消费金融平台的目标客户中，初入社会的大学生是一群不容忽视的群体。随着移动互联网和移动支付等信息技术的普及，大学毕业生由潜在增长点成为消费金融市场的现实增长点，他们的消费习惯和偏好会影响未来的市场趋势。他们通常对新技术和新服务有较高的接受度，更愿意尝试与采纳新的金融工具和服务，如消费金融产品和服务。另外，大学毕业生正处于人生的一个新阶段，他们需要消费金融产品和服务来满足租房、购买家具、旅行或其他工作及生活需求，这些都是消费金融产品和服务的潜在应用场景。作为新一代的劳动力，他们正处于形成长期消费习惯的关键时期，研究这一群体可以为消费金融机构提供关于如何塑造用户长期忠诚度和行为模式的见解。他们的消费行为和金融选择对社会经济有重要影响，研究这一群体有助于理解和预测经济发展的某些方面。根据国家统计局的数据，近些年我国高校大学生数量持续稳步增长。截至 2022 年，我国受过高等教育人数约 2.4 亿人（占总人口比例 17%），其中在校生约 4400 万人，毕业生约 1.96 亿人（约占总人口比例 13.9%）。拥有高校 3665 所，其中普通高等学校 2560 所。如果按照每人每年平均 5000 元的消费估算，大学生消费金融潜在市场规模在 12000 亿元。随着大学生数量的不断增多，未来的消费金融市场规模将会更大，有望成为我国经济结构调整贡献中不可小觑的力量（唐嘉悦，2017；荆奥棋，2018）。从我国针对传统金融机构推出的诸多监管政策《关于进一步做好互联网消费金融工作的通知》《银行卡业务风险控制与安全管理指引》等可以判断，面对初入社会的大学生或者大学生等人群的多种消费金融服务，传统金融机构产品和服务有待丰富与加强。2013 年，互联网技术的快速发展为征信系统的建立和完善提供了技术保障，面向大学生的消费金融市场迎来了曙光，不同类型的消费金融主体提出了针对这类用户群体的多种消费金融产品。例如，针对在校大学生校园借贷的平台、大学生在线分期平台、传统电商平台的消费金融业务等。短短几年时间内，消费金融市场开始放量增长，呈现了异彩纷呈的局面。根据艾瑞咨询发布的《2021 年中国大学生消费金融市场研究报告》，到 2021 年，大学生消费市场已突破 7600 亿元交易规模。从需求端来看，越来越多的初入社会的大学生将接受这种新型的消费模式；从供给端来看，越来越多的平台将加入这片蓝海市场（王洪亮，2019；张丽平等，2022）。2020 年，在以国内大循环为主体、国内国际双循环相互促进的新发展格局下，加之政策利好（蒲清平，2020；黄群慧，2020；黄群慧，2021），成就了消费金融行业扩容的“黄金时代”（米稻，2016；廖理，2018）。通过表 4-2 足以看出政策的助力维护之意。

表 4-2　2015 — 2020 年政府促进消费及消费金融政策

相关政策名称	颁发年份	颁发部门	内容
中国银保监会非银行金融机构行政许可事项实施办法	2020	中国银保监会	消费金融公司可以发行经监管许可的其他债务和资本补充工具
关于促进消费金融公司和汽车金融公司增强可持续发展能力、提升金融服务质效的通知	2020	中国银保监会	适度降低相关公司拨备监管要求，拓宽市场化融资渠道，增加资本补充
网络小额贷款业务管理暂行办法（征求意见稿）	2020	中国银保监会	网络小额贷款公司联合放贷的最低出资比例限定在了 30%，小额贷款公司不得跨省级行政区域；网络小额贷款公司注册资本有 10 亿元、50 亿元的限制
中国人民银行金融消费者权益保护实施办法	2020	中国人民银行	在延续原有的金融信息保护专章模式的基础上，以实现保护金融消费者信息安全权为目的，从信息收集、披露和告知、使用、管理、存储和保密等方面进行了优化
关于以新业态新模式引领新型消费加快发展的意见	2020	国务院办公厅	提出加快新型消费基础设施建设，创新发展模式，优化消费金融等服务，推动新型消费扩容提质
关于金融服务乡村振兴的指导意见	2019	中国人民银行等八部委	提出扩大农村消费金融服务供给，支持农村消费市场发展，助力乡村振兴战略
关于进一步激发居民消费潜力的若干意见	2018	国务院办公厅	提出培育消费新热点，优化消费环境，加强消费金融产品和服务创新，满足居民消费升级需求
关于进一步做好互联网消费金融工作的通知	2017	中国人民银行等七部委	规范互联网消费金融市场秩序，防范和化解风险，推动消费金融更好地服务实体经济和消费者
消费品标准和质量提升规划（2016—2020 年）	2016	国务院办公厅	提出提高消费品质量，增强消费者信心，扩大消费需求，以消费金融等多种方式支持消费升级
关于促进互联网金融健康发展的指导意见	2015	中国人民银行等十部委	明确了互联网金融监管的基本原则，鼓励金融机构与互联网企业依法合规开展业务合作，为消费金融创新提供了政策支持

2021 年年初，中国银保监会办公厅发布《消费金融公司监管评级办法（试

行）》，行业迎来了消费金融行业的首次监管评级（黄益平等，2018；陈荣达，2020；阎岳，2021），监管框架日益完善，行业门槛和行业壁垒已然提高，行业的马太效应得到强化（刘睿等，2020）。与此同时，消费场景快速增多，涵盖了日常消费的各个领域——教育/培训、3C产品、家电、医美、家装、旅游、租房等，包括线上、线下以及线上线下各消费模式相结合的渠道。随着市场主体的扩容，未来行业规模有望扩大，头部机构纷纷入局，市场竞争日趋激烈（谢惠茜，2021）。因此，有必要研究当前我国消费金融用户使用消费金融平台的情况，以及选择消费金融平台的原因，为促进初入社会大学生的消费金融的进一步发展提供合理的管理建议。面对监管、牌照、资源以及同业竞争等多重因素，电商平台类的消费金融公司优势凸显，这主要源于其自带庞大的用户流量、拥有丰富的消费场景、高度的日活量、海量的优质用户数据（崔金栋等，2024），辅以科技力量，拥有强大的风控能力，最终形成了消费金融生态闭环。而电商平台类的消费金融公司的数量屈指可数，从长期来看，消费金融行业“马太效应”加剧，强者的市场地位在竞争中不断稳固和增强，弱者的市场规模在竞争中不断萎缩，甚至被挤出市场（程雪军，2022）。拼多多、阿里巴巴、腾讯、抖音、京东、美团、快手等掌握流量的互联网机构，已成为消费金融场景和流量控制方的典型代表（李佳，2020）。

从消费金融平台发展的角度来看，我国消费金融起步较晚，但近年来发展迅速，目前平台正逐步形成产业系、银行系和电商系分庭抗礼的竞争格局（张作友，2020）。随着行业的不断演进，消费金融行业主体呈现多元化趋势，其中消费金融分期产品提供商（CFI）主要展现出三种典型的发展模式：①传统消费金融互联网化模式，如招联消费金融、工行“融e购”；②电商支付系消费金融模式，如京东金融；③持牌照消费金融公司，如马上消费金融、苏宁消费金融。这三种发展模式在我国消费金融市场中相互竞争又彼此补充，共同构建起当前多元化的市场格局，并为消费者带来更加丰富多样且灵活便捷的消费金融服务选择，满足不同消费者在各类消费场景下的资金需求。

4.2 理论分析与研究假设

4.2.1 理论分析

Ajzen 认为现实中用户的行为是会受到感知因素控制影响的，因此 Ajzen 在由 Fishbein 与其所提出的理性行为理论的基础之上提出了计划行为理论（Theory of Planning Behavior，TPB）。该理论强调行为用户的态度、主观规范以及感知的行为控制，相比理性行为理论，其模型相对增强了行为的可预测性。而技术接受模型（Technology Acceptance Model，TAM）是 Davis 等学者在借鉴了 TPB 模型中“感知”理念，运用理性行为理论研究影响用户对信息系统的接受时所提出的一个模型，此模型提出目的是对计算机广泛接受的决定性因素做一个解释说明。技术接受模型提出了两个主要的决定因素：感知有用性（Perceived Usefulness，PU），反映一个人认为使用一个具体的系统对他工作业绩提高的有用程度；感知易用性（Perceived Ease of Use，PE），反映一个人认为使用一个具体的系统的容易程度。同时，提出三项观点：①行为意识可以有效地预测用户的计算机使用行为;②感知有用性是行为意识的主要决定变量;③感知易用性对意图的影响，相较于可知有用性是第二位的，即感知易用性与系统的使用相关度要显著低于感知有用性。

TAM 和 TPB 模型在预测能力方面各有优势，为此 Taylor 和 Todd 摒弃了两者在个体情感以及动机表现不足，将 TAM 与 TPB 相结合，优势互补，提出 C-TAM-TPB（Combined-TAM-TPB）整合模型，进而强化了个体行为的解释预测能力。

本章节研究所关注的消费金融分期产品是互联网信息技术结合金融和消费的创新应用，鉴于上述对信息技术接受意愿的经典研究理论分析，发现 C-TAM-TPB 模型可以作为解释或预测信息技术使用的普适模型，且与所研究的行为意识对消费金融产品接受的影响因素分析方向一致，因此可借鉴 C-TAM-TPB 模型作为此环节研究的基本参考模型。

4.2.2 研究假设

根据理性行为理论，推得使用行为意向（Behavioral Intention to Use，BI）对实际行为有十分显著的影响。因此，在广泛的实证研究中，对现实所发生的行为的估量，一般用使用行为意向这个因变量来代替。在理性行为理论、计划行为理论和技术接受模型中，都把行为态度（Consumer Attitude，CA）归入对使用行为意向起主要影响作用的因素，且在多数的实证研究中，关于各个影响因素会通过对行为态度的影响来间接影响使用行为意向这一现象，得到了证实。所以，本书的中介变量将设置为行为态度，这是在经典理论和实证研究的基础上所得出的判断。

1. 行为态度对用户使用消费金融分期产品的影响

本书中的行为态度是指消费金融分期产品的用户对于自己所选择的产品的主观感受及判断。消费金融分期产品用户的行为态度越积极，他越可能认为该产品能满足自己的需求，提供便捷、灵活的金融服务。这种积极的评价会进一步促使他产生使用该产品的意向，他选择使用该消费金融分期产品的使用行为意向也就越强（陈明红等，2015）。因此，可以有如下假设。

H_1：行为态度与使用行为意向呈正相关。

2. 感知有用性对用户使用消费金融分期产品的影响

大量研究表明，使用意向很大程度上会受到感知有用性的影响，它会对行为态度造成影响，从而间接对使用行为意向造成影响。不仅如此，在一些特定的情况下它又可以直接影响使用行为意向。当消费金融用户意识到消费金融分期产品的感知有用性增强时，用户的行为态度会趋于积极，并且感知有用性越强，用户的行为态度就越积极，从而又会导致选择使用的使用行为意向越强（方提等，2023）。因此，有如下假设。

H_2：感知有用性与使用行为意向呈正相关。

H_3：感知有用性与行为态度呈正相关。

3. 感知易用性对用户使用消费金融分期产品的影响

大量研究表明，感知易用性对行为态度有着正面影响，并且会通过影响感知有用性进而对行为态度也造成影响。而且在实证研究中，这种影响也被证实，有着明显的正相关关系。消费金融用户对消费金融分期产品的感知易用性越强，也就有着越积极的行为态度，能感受到的有用程度就越高（周彩霞，2016）。因此，有如下假设。

H_4：感知易用性与使用行为意向呈正相关。

H_5：感知易用性与行为态度呈正相关。

4. 兼容性（Compatibility，CP）对用户使用消费金融分期产品的影响

本书中的兼容性是指消费金融用户对于使用消费金融分期产品这一创新的消费金融形式的感受，再将这种感受与自身原来的价值观、消费需求和消费模式及方式的兼容程度。大量的实证研究都证明了它可以解释行为决策，且力度很大。消费金融用户对消费金融分期产品感受到的兼容性越强，也就有着越积极的行为态度，所带来的结果便是选择使用的使用行为意向随之增强。因此，有如下假设。

H_6：兼容性与使用行为意向呈正相关。

H_7：兼容性与行为态度呈正相关。

5. 可观察性（Observability，OS）对用户使用消费金融分期产品的影响

可观察性是指可被观察到的程度。当结果能够被人们观察到时，就能够在群体中得到讨论，人们会将这个结果与使用原先的方式所产生的结果进行对比，并将这种创新方式传播出去，从而引发人们对于使用该产品的欲望。通过实证研究发现，可观察性对于行为决策有着明显的影响。消费金融用户对消费金融分期产品感受到的可观察性越强，也就有着越积极的行为态度，所带来的结果便是选择使用的使用行为意向随之增强。因此，有如下假设。

H_8：可观察性与使用行为意向呈正相关。

H_9：可观察性与行为态度呈正相关。

6. 感知风险（Perceived Risk，PR）对用户使用消费金融分期产品的影响

感知风险是指用户在使用消费金融分期产品时，主观预测到的自己在购买该产品过程中可能遭受的风险和损失。本书认为，感知风险主要有信用、隐私、财务方面的风险，在实证研究中也证实了感知风险对用户使用消费金融分期产

品的使用意向有着负向的影响。消费金融用户对消费金融分期产品的感知风险越强，也就有着越消极的行为态度，所带来的结果便是选择使用的使用行为意向随之降低。因此，有如下假设。

H_{10}：感知风险与使用行为意向呈负相关。

H_{11}：感知风险与行为态度呈负相关。

7. 主观规范（Subjective Norm，SN）对用户使用消费金融分期产品影响

消费金融用户个人及其所在群体会对消费金融分期产品的选择产生影响（潘露等，2024）。消费金融用户对消费金融分期产品感受到的主观规范越强，也就有着越积极的行为态度，所带来的结果，还有选择使用的使用行为意向随之增强。因此，有如下假设。

H_{12}：主观规范与使用行为意向呈正相关。

H_{13}：主观规范与行为态度呈正相关。

8. 消费者创新性（Personal Innovativeness，PI）对用户使用消费金融分期产品的影响

本书中的消费者创新性是指消费金融用户倾向于购买和使用新产品的程度。研究表明，消费者创新性对于消费者的行为态度和使用行为意向都有着显著的正向影响。消费金融用户对消费金融分期产品感受到的消费者创新性越强，也就有着越积极的行为态度，所带来的结果便是选择使用的使用行为意向随之增强（杜鑫，2020）。因此，有如下假设。

H_{14}：消费者创新性与使用行为意向呈正相关。

H_{15}：消费者创新性与行为态度呈正相关。

4.3 模型构建与数据来源

4.3.1 模型构建

TPB、TAM 以及 C-TAM-TPB 理论均适用于用户对信息科技领域选择影响因素的研究，且在后来的实践中得到了大量补充和修正，在提高解释力度方面

有各种形式的整合研究。本书根据上述分析，决定把主框架设置为解释力度更强的整合模型 C-TAM-TPB。在这个主框架的基础上，进一步对创新扩散理论和消费者创新性理论进行整合。很多学者在消费者电商购物行为的研究中都应用了这一理论，并且通过实证研究，证实消费者创新性水平与电商购物行为具有明显的相关关系。考虑到消费金融分期平台在电商购物领域中的广泛应用，本书将消费者创新性视为一个重要的影响因素。这是因电商购物这种形式的产品数量众多，消费者的创新性行为对消费金融产品的影响不容忽视。技术接受模型的背景也为创新扩散理论的提出打下了基础，目前认可度较高的实证结果是由 Tornatzky 于 1984 年研究了 75 个创新特性后发现，对创新选择的使用行为意向产生显著的正向影响的只有三个因素，即相对优势、复杂性、兼容性，而相对优势、复杂性分别等同于技术接受模型中的感知有用性和感知易用性。因此，兼容性这个因素可以加入其中。同时，用户在群体中生活，必定会受到群体的影响，且从众效应会愈加明显，由于用户群体的选择行为是本书所研究的主要现象，因此将可观察性这个因素纳入进来是很有必要的。此外，学者在对创新扩散理论进行研究时，发现感知风险会对科技创新类产品具有显著的影响，消费金融分期平台是互联网应用创新的一个体现，也应将此因素一并纳入进来。

综上针对分期消费的特点和前期定性研究的结果，提出了八个主要变量，分别为感知易用性、感知有用性、行为态度、兼容性、可观察性、感知风险、消费者创新性和主观规范，基于此建立消费金融分期产品用户选择影响因素研究模型。在此模型中，感知易用性、感知有用性、兼容性、可观察性和感知风险这五个变量可合理归类为“创新感知特性”类别。使用行为意向作为因变量，其受到多个因素的共同作用，包括感知有用性、兼容性、可观察性、感知风险、主观规范、消费者创新性以及行为态度。其中，感知有用性会受到时感知易用性的影响，而这种影响又会传导至行为态度。行为态度在整个模型中扮演着中介角色，它受到一系列相关预测变量的影响，并进一步对使用行为意向产生作用，从而形成一个复杂而有序的影响关系网络，为深入探究消费金融分期产品用户选择行为提供了理论框架。如图 4-2 所示。

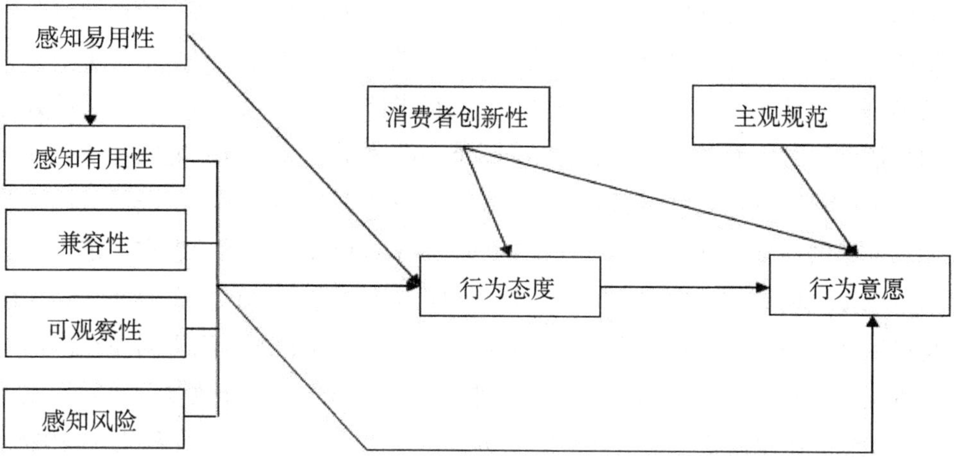

图 4-2 消费金融分期产品用户选择影响因素研究模型

4.3.2 数据来源

在前述章节中所提及的数据调研问题内容中，关于行为态度、使用行为意向以及一些关键的外部变量（感知易用性、感知有用性、兼容性、可观察性、感知风险、消费者创新性和主观规范）的调查问项，是基于前述章节中构建的图 2-5 模型中所提到的影响因素，此处将其细化为具体的关于消费金融分期产品用户选择的明确问题。问题呈现的方式是以成熟量表问题形式提供给参与调研的答题者，并且结合李克特五级评分法给答题者以五种不同的选择，分别为"非常不愿意"、"不愿意"、"一般"、"愿意"和"非常愿意"等类似的表述，各选项对应的分数依次为 1 分至 5 分，答题者可以在这些选项中选择自己适配的程度。在所设计的调研问卷中，第一部分为说明部分，第二部分涉及 8 个问题（为第 3、第 8 章所用），第三部分共涉及 20 个问题（为本章所用）。

4.4 问卷信度与效度分析

1. 问卷信度分析

问卷信度主要指调研问卷文件所具有的可靠性程度，即指调查结果所体现的内部的一致性的程度。一般而言，在开始一个调研问卷之前，应该通过对有限的已知数据的分析研究，确认其可信度，避免其对最终检测结果产生不必要的影响。通常而言，一般采用的主要有"折半信度"和"Cronbach's α"系数这两种信度系数。本书通过利用"Cronbach's α"系数法对调查研究问卷所表现出的内部所具有的一致性进行测验。在大多数情况下，若$\alpha > 0.9$，表示所设计的调查问卷的信度非常好；若$0.8 < \alpha \leqslant 0.9$，预示该调查问卷的信度在一定程度上是可以接受的；若$0.7 < \alpha \leqslant 0.8$，可以得出此调研问卷具有较高的参考价值，但是可能在调研问卷的设计方面存在一些问题；如果$\alpha \leqslant 0.7$，则表明现在使用的调查问卷存在较大的问题，若不及时进行调整，可能将会导致该调研问卷成为无效问卷。所以需要考虑对调查问卷进行重新修订或增删。本书利用 SPSS26.0 进行所设计的调查问卷的信度检测，所得到的参数值见表 4-3，α参数值是 0.901。由此可以推断出，本书所设计的调研问卷具有较高的信度，后面的调研活动可以使用此问卷。

表 4-3　信度分析

Cronbach's α	基于标准化项的 Cronbach's α	项数
0.882	0.901	28

2. 问卷效度分析

效度分析是指针对研究所设计的问卷所要进行衡量的问题的正确性程度，主要包括实证效度、内容效度和构想效度。实证效度的主要用途是对特定的条件限制下个体行为所表现出的有效性程度进行检测测量。内容效度则是主要检测所设计的调查问卷中所设定的所有问题题目对研究要进行的调查内容、行为，以及跟所得到的样本数据的适用程度，基于此来判断所选取的样本在测验领域的普遍性与否。构想效度则是对实际所达到的结果的理想构想进行检测，即检测结果是否可以合理地证实研究中所列假设，可以说就是对结果的一种猜想效果与真实情况的接近程度。本书在对指标的选取上，主要是在以往的学者所进行的研究基础之上，经过全面的文献梳理与调查之后，再对所设计的调研问卷作出一定程度上的调整和修改，为了使内容效度增加，可以在调查的同时对相关的量化指标给予一定的修改。此外，本书还将采用验证性因子分析方法对量表结构效度进行测试，并且在进行因子分析前，借助 KMO（Kaiser-Meyer-Olkin）检验以及 Bartlett's 球形检验进行样本数据的可行性检验，以此来判断因子分析的可行性。

KMO 检验的最终计算结果一般为一个大于 0 小于 1 的数，当这个数越靠近 1，表明因子分析结果的相关性越强。一般而言，如果最终值落在了 0.6 到 1 的范围之内，则表示最终值能够进行因子分析；反之，如果最终值落在了 0 到 0.5 的范围之内，则表明该最终值不能用于因子分析。

Bartlett's 球形检验参数则用于检验某一矩阵是不是单位阵，若 Bartlett's 球形检验参数介于 0 到 0.05，其显著性地指出此矩阵不是单位阵，此时可考虑因子分析这一方法，本环节的测试结果见表 4-4。从表 4-4 中能够得知，对应的 KMO 检验的检验值为 0.873。显然，此检测数值落在了 0.6 到 1 的范围之内，可以看出所有量变的相关性差别较小，也就是说该测试数据能够进行后续的因子分析环节。并且此时量表显著性为 0，表明此矩阵不是单位阵，因此能够继续进行后续的因子分析研究。

表 4-4　KMO 和 Bartlett's 的球形检验结果

Kaiser-Meryer-Olkin 度量	0.873
Bartlett's 球形检验近似卡方	5348.107
自由度	11
显著性	0.000

4.5　回归分析

4.5.1　BI 回归分析

首先，将 *BI* 作为因变量，把 *CA*、*PU*、*CP*、*PE*、*PR*、*OS*、*SN*、*PI* 这 8 种影响因素作为自变量逐步回归分析，从而得到相关系数矩阵和检验结果。从

表 4-5 的相关系数矩阵中可以清晰地了解到，*BI* 与 *CA*、*PU*、*PE*、*CP*、*OS*、*SN*、*PI* 呈正相关，与 *PR* 成负相关，在这里 *CA*、*PI*、*PU*、*CP*、*SN*、*OS* 相关性较好。

表 4-5　相关系数矩阵

三变量项	***CA***	***BI***	***PR***	***PE***	***OS***	***PI***	***PU***	***SN***	***CP***
CA	1	0.670**	－0.017	0.168**	0.375**	0.501**	0.542**	0.610**	0.320**
BI	0.670**	1	0.085	0.205**	0.402**	0.567**	0.594**	0.568**	0.472**
PR	－0.017	0.085	1	0.087	0.086	0.086	－0.029	－0.069	0.140**
PE	0.168**	0.205**	0.087	1	0.107*	0.157**	0.193**	0.069	0.140**
OS	0.375**	0.402**	0.086	0.107*	1	0.224**	0.353**	0.294**	0.356**
PI	0.501**	0.567**	0.086	0.157**	0.224**	1	0.453**	0.416**	0.329**
PU	0.542**	0.594**	－0.029	0.193**	0.353**	0.453**	1	0.596**	0.430**
SN	0.610**	0.568**	－0.069	0.069	0.294**	0.416**	0.596**	1	0.341**
CP	0.320**	0.472**	0.140**	0.140**	0.356**	0.329**	0.430**	0.341**	1

注：** 表示在 0.01 水平（双侧）上显著相关，*表示在 0.05 水平（双侧）上显著相关。

在逐步回归分析当中，本书采取的方法是前进法，通过前进法得到了 6 种逐步回归分析模型，见表 4-6。设置回归分析方程的自变量，依次为 *CA*、*PU*、*PI*、*CP*、*OS* 以及 *SN*，统计量 *F* 为 406.395、274.417、216.490、181.732、148.720、126.595，其中 *VIF* 全部小于 10，*P* 全部为 0，由此也反映出了最后得出的方程都极为显著，在统计学中可以理解为具有很强的意义。而影响 *BI* 的程度由标准回归系数绝对值反映，当绝对值越大时，就会产生越大的控制力。

表 4-6　BI 回归分析系数

模型		非标准化系数		标准系数	*t*	*Sig.*	调整 R^2	*F*	共线性统计量	
		B	标准误差	试用版					容差	*VIF*
1	（常量）	0.222	0.139		1.596	0.111	0.447	406.395		
	CA	0.834	0.041	0.670	20.159	0.000			10.000	10.000

续表

模型		非标准化系数		标准系数	t	Sig.	调整 R^2	F	共线性统计量	
		B	标准误差	试用版					容差	VIF
2	（常量）	－0.183	0.137		－1.333	0.183	0.522	274.417		
	CA	0.613	0.046	0.493	13.400	0.000			0.706	1.416
	PU	0.335	0.038	0.327	8.889	0.000			0.706	1.416
3	（常量）	－0.524	0.140		－3.737	0.000	0.563	216.490		
	CA	0.502	0.047	0.404	10.798	0.000			0.624	1.603
	PU	0.271	0.037	0.264	7.278	0.000			0.663	1.509
	PI	0.303	0.044	0.245	6.960	0.000			0.702	1.424
4	（常量）	－0.580	0.136		－4.263	0.000	0.591	181.732		
	CA	0.486	0.045	0.390	10.765	0.000			0.621	1.609
	PU	0.208	0.038	0.203	5.531	0.000			0.608	1.643
	PI	0.269	0.043	0.218	6.321	0.000			0.689	1.451
	CP	0.166	0.028	0.188	5.847	0.000			0.789	1.267
5	（常量）	－0.624	0.136		－4.580	0.000	0.596	148.720		
	CA	0.459	0.046	0.369	100.010	0.000			0.593	1.685
	PU	0.196	0.038	0.191	5.198	0.000			0.600	1.668
	PI	0.273	0.042	0.221	6.452	0.000			0.688	1.453
	CP	0.148	0.029	0.168	5.120	0.000			0.749	1.335
	OS	0.085	0.031	0.087	2.714	0.007			0.786	1.273
6	（常量）	－0.688	0.137		－50.002	0.000	0.601	126.595		
	CA	0.411	0.049	0.330	8.340	0.000			0.510	1.962
	PU	0.159	0.040	0.155	3.996	0.000			0.528	1.893
	PI	0.266	0.042	0.216	6.322	0.000			0.686	1.458
	CP	0.143	0.029	0.162	4.967	0.000			0.746	1.341
	OS	0.085	0.031	0.087	2.734	0.006			0.786	1.273
	SN	0.106	0.040	0.103	2.644	0.008			0.523	1.911
D-W 值		1.935								

注：*BI* 为因变量。

所以在这 6 种逐步回归分析模型中，能够发现其中的模型 6 效果尤其显著，统计学意义更明显，并且具有最高的拟合优度，因此可以对此得出结论：自变量中含有 *CA*、*PI*、*PU*、*CP*、*SN*、*OS* 这 6 种变量的回归方程是最优的回归方程。通过 4-6 表可以得知，这些影响因素的影响程度由小到大依次为 *OS*、*SN*、*CP*、*PU*、*PI*、*CA*，并且从表 4-6 的 BI 回归分析系数中得到最优回归方程：

$$BI=-0.688+0.411\times CA+0.266\times PI+0.159\times PU+0.143\times CP+0.106\times SN+0.085\times OS \quad (4\text{-}1)$$

因此，通过上述总结可以知道，*CA*、*PI*、*PU*、*CP*、*SN* 和 *OS* 这些影响因素对 *BI* 存在十分显著的正向影响力量，而且解释力度同回归系数之间成正相关，说明假设 H_1、H_2、H_6、H_8、H_{12}、H_{14} 是成立的。此外，*PE* 和 *PR* 没有被纳入回归模型当中，但这并不代表它们对回归模型没有影响，只能说明它们的影响程度并不够显著，在模型中仅放置了起到影响显著作用的因素。

4.5.2 CA 回归分析

此环节把 *CA* 当作因变量，*BI*、*PU*、*PR*、*PE*、*CP*、*OS*、*SN*、*PI* 这几种影响因素当作自变量逐步回归分析，进而得到相关系数矩阵和检验结果。在表 4-7 这个相关系数矩阵表中可以了解到 *CA* 与 *PU*、*PE*、*CP*、*OS*、*SN*、*PI* 表现为正相关，而与 *PR* 表现为负相关，其中通过系数呈现，*CA* 与 *PI*、*PU*、*SN*、*OS* 相关性表现较好。

在逐步回归分析中，本书采取的方法是前进法，通过此方法，能够得到 4 种逐步回归分析模型，回归分析方程的自变量依次为 *SN*、*PU*、*PI*、*OS* 这 4 种因素，相对应的 *F* 统计量分别为 295.996、200.937、150.979、119.496，其中 *VIF* 全部小于 10，*P* 全部为 0，由此也反映出了最后得出的方程都极为显著，在统计学中具有很明显的意义，拟合的效果最优，能够得知，含有这 4 种因素的方程是最优的回归方程，从所分析系数中能够看到，影响 *BI* 的程度是由标准回归系数绝对值反映出来的，其绝对值越大，结果就会产生越大的控制力。所以在表 4-7 中所体现的第 4 种逐步回归分析系数，所构模型更显著，统计学意义更明显，拟合优度表现得最高。对此可以推出，自变量中含有 *SN*、*PU*、*PI*、

OS 这 4 种因素的回归方程就是最优的回归方程。通过表中系数呈现，这些因素的影响程度由小到大分别是 *OS*、*PU*、*PI*、*SN*，又可以依据表 4-7 的 *CA* 回归分析系数得到最优回归方程：

$$CA = 0.739+0.304\times SN+0.240\times PI+0.129\times PU+0.123\times OS \tag{4-2}$$

表 4-7 CA 回归分析系数α

模型		非标准化系数		标准系数	t	*Sig.*	调整 R^2	F	共线性统计量	
		B	标准误差	试用版					容差	*VIF*
1	(常量)	1.493	0.108		13.841	0.000	0.371	295.996		
	SN	0.502	0.029	0.610	17.205	0.000			1.000	1.000
2	(常量)	0.956	0.121		7.914	0.000	0.444	200.937		
	SN	0.399	0.030	0.485	13.240	0.000			0.827	1.209
	PI	0.297	0.036	0.300	8.178	0.000			0.827	1.209
3	(常量)	0.808	0.121		6.686	0.000	0.473	150.979		
	SN	0.363	0.030	0.441	12.037	0.000			0.784	1.275
	PI	0.275	0.036	0.277	7.718	0.000			0.816	1.226
	OS	0.144	0.027	0.183	5.360	0.000			0.901	1.110
4	(常量)	0.739	0.121		6.123	0.000	0.486	119.496		
	SN	0.304	0.034	0.370	9.032	0.000			0.612	1.635
	PI	0.240	0.036	0.242	6.576	0.000			0.760	1.317
	OS	0.123	0.027	0.157	4.538	0.000			0.862	1.160
	PU	0.129	0.035	0.157	3.687	0.000			0.568	1.761
D-W 值		2.025								

注：*CA* 为因变量。

因此，通过总结可以推出论断，*SN*、*PI*、*PU* 和 *OS* 这 4 种因素对 *CA* 产生了非常显著的正向影响，解释力度与回归系数表现为正相关，说明假设 H_3、H_9、H_{13}、H_{15} 是成立的。除此以外，*PE*、*CP* 和 *PR* 这 3 种因素没有被纳入上述的回归模型当中，从事实上来讲，这也并不能够说明它们对 *CA* 没有什么影响，只能说明它们对 *CA* 的影响程度并未表现得足够显著而已。

4.6 路径分析

本书建立了非饱和递归路径分析模型，具体如图 4-3 所示。

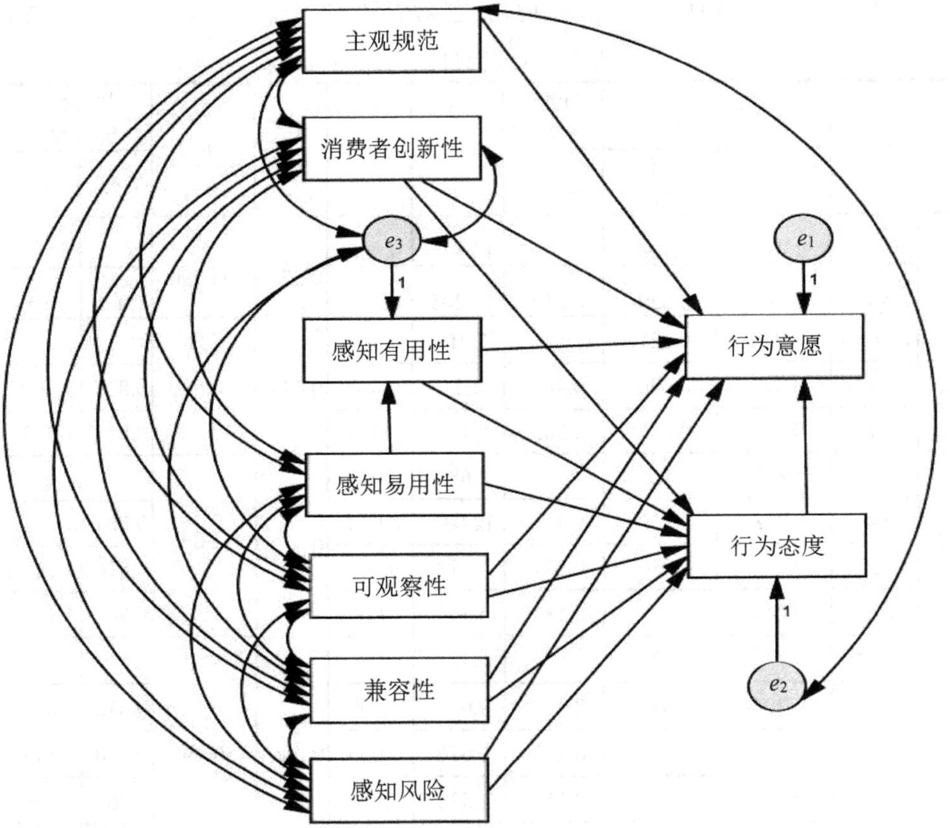

图 4-3　非饱和递归路径分析模型

在此路径分析模型中，e_1、e_2、e_3 代表的是误差项，代表未被模型解释的变异。e_1 表示除模型内因素外，其他影响“行为意愿”的因素；e_2 代表未纳入模型却影响“行为态度”的因素；e_3 指未包含在模型中，却对“感知有用性”有作用的因素。路径分析模型用来分析 BI 变量与各个影响因素变量的因果关系。把 BI 作为内因变量，把 CP、OS、PR、PI、PU、PE、PI、SN 这些影响因素作为外因变量，将 CA 视作中介变量。此环节使用 AMOS 21.0 辅助运算分析，在每一次的运算过程中，需要逐个删除路径中个别系数影响力不显著的路径，删掉一条就需要用相应的算法程序再“跑”一次，直到最终得到非饱和递归模型。对应模型中每条路径的回归系数和统计学意义上的显著性检验结果见表 4-8。

表 4-8　路径系数估计值及显著性检验结果

内因变量	路径假设	外因变量	标准化估计系数负荷	非标准化估计系数负荷	标准误	临界比	*P* 值
PU	<-	*PE*	0.193	0.178	0.040	4.411	***
CA	<-	*PE*	0.040	0.031	0.027	1.142	0.254
CA	<-	*OS*	0.188	0.147	0.030	4.951	***
CA	<-	*CP*	0.016	0.011	0.028	0.394	0.694
CA	<-	*PR*	− 0.056	− 0.044	0.028	− 1.595	0.111
CA	<-	*PU*	0.320	0.264	0.035	7.560	***
CA	<-	*PI*	0.309	0.306	0.039	7.847	***
BI	<-	*PI*	0.208	0.258	0.042	6.139	***
BI	<-	*PU*	0.160	0.164	0.040	4.158	***
BI	<-	*OS*	0.082	0.081	0.031	2.607	0.009
BI	<-	*CA*	0.331	0.413	0.049	8.475	***
BI	<-	*SN*	0.110	0.113	0.040	2.838	0.005
BI	<-	*CP*	0.153	0.135	0.029	4.684	***
BI	<-	*PR*	0.056	0.055	0.028	1.964	0.050

注：***表示 *P* 值小于 0.001。

路径分析模型的拟合度见表 4-9。

表 4-9　路径分析模型的拟合度

绝对适配度指标	RMR	CMIN/DF	AGFI	GFI	RESEA	*P*
参数值	0.009	21.603	0.968	0.999	0.035	0.201
增值适配度指标	NFI	RFI	IFI	TLI	CFI	
参数值	0.998	0.960	0.999	0.985	0.999	

路径分析模型的复合效度检验参数见表 4-10。

表 4-10　复合效度检验参数

Model	ECVI	LO 90	HI 90	MECVI
预设模型	0.178	0.176	0.196	0.182
饱和模型	0.180	0.180	0.180	0.183
独立模型	2.929	2.688	3.185	2.930

通过表 4-8 能够得知，所有路径系数的估计值均已经达到了显著性水平，这表明各变量间的路径关系在统计层面具有显著意义，为后续深入分析奠定基础。通过表 4-9 的参数能够得知，由于显著性概率值 P 大于 0.05，按照统计检验规则，所以需要接受虚无假设。说明调研得到的样本数据与假设模型能够契合，并且由于卡方自由度比值，参数处在 1 到 2 区间，反映出模型适配度处于良好标准范围。并且，参数 RESEA < 0.05 和 RMR < 0.05，都小于 0.05，以及 AGFI > 0.90 和 GFI > 0.90，均大于 0.9，增值适配度指标内参数也同样全部大于 0.9，且接近于 1。从适配度指标综合判断，可推得模型同数据的拟合程度良好，模型整体适配度良好。通过表 4-10 可知，预先设定的模型的 ECVI 值不仅小于饱和模型的 ECVI 值，而且还小于独立模型的 ECVI 值，由此推论出所设定模型的 ECVI 值处在 90%的置信区间。因此，所设定模型具有良好的预测效度，可较为精准地对相关现象进行预测。基于当前研究中模型所展现出的良好特性，包括适配度指标优良、预测效度较高等，有充分理由认为可以将此研究

的设定模型应用到各种不同的样本中去。这种跨样本的适用性意味着模型具备较强的普适性与稳定性，能够在多样化的情境下对相关变量关系进行有效阐释。以上的参数表现以及相应的结果推论全都表明，所设定的各条路径和整体模型最终是被接受认可的。进而得出路径分析结果如图 4-4 所示。

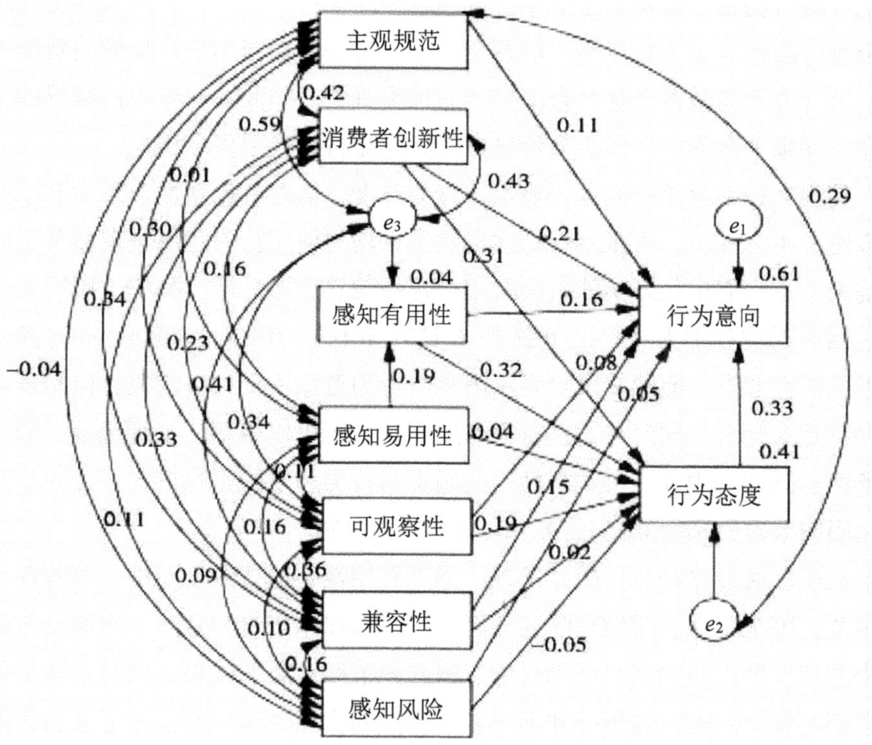

图 4-4 路径分析结果

通过对上述用户选择消费金融分期产品的影响因素的实证研究，能够得出如下结论。

首先，从当前用户使用消费金融产品的行为来看。本次调研，从用户使用消费金融的平台来看，京东白条和蚂蚁花呗作为 2014 年之后才兴起的，在用户群体中已建立了很高的知名度。产业系和银行系在学生群体中的扩展程度与上述类别的消费金融产品相比，存在一定差距。调研结果还显示，随着消费观念的改变，用户使用消费金融更多的是满足非必需需求，诸如社交、美容等，充分说明消费金融在挖掘用户消费需求上扮演的重要角色，验证了消费金融当前在我国快速发展的逻辑。除此之外，用户选择消费金融产品一个更重要的原因就是平滑消费周期。由于初入社会的大学生月均可支配收入处于较低水平，消费金融的存在使得用户购买价格较高的数码产品成为可能，很好地填补了我国传统金融机构银行信贷对于大学生群体服务的空白。初入社会的大学生使用消费金融产品还有一个特点——消费金额少。这一方面与用户自身的消费能力有关，另一方面与消费金融平台消费产品种类有关。因此，对于价格敏感的用户群体，如果平台能够提供更多价格低廉的产品将会吸引更多用户。

其次，行为意愿回归分析显示，行为态度、消费者创新性、感知有用性、兼容性、主观规范、可观察性这些影响因素均与使用行为意愿呈现显著正向的影响关系，它们也是影响消费金融用户选择消费金融分期产品的主要因素，标准化回归系数分别为 0.411、0.266、0.159、0.143、0.106、0.085，同时验证了本书的研究假设。而感知风险影响因素与行为意愿表现为负相关，但是影响效果并不是太显著。同时，通过行为态度回归分析可以得知，主观规范、消费者创新性、感知有用性、可观察性这些因素对行为态度的影响方向显著为正，标准化回归系数分别为 0.304、0.240、0.129、0.123。

最后，通过路径分析研究发现，感知有用性、消费者创新性、兼容性、主观规范、可观察性、感知风险这些因素均直接作用于行为意向，或通过作用于行为态度这个中介因素对使用行为意赂起到了间接影响效果，同时也验证了本书的研究假设。而主观规范和消费者创新性的作用则很好地证明了创新扩散理论中的观点，在消费金融扩散的初期，用户对于是否使用消费金融产品的态度存在很多不确定性，因此可能会寻求周围人群的意见，相较于产品的广告宣传，周围人的意见更能够对用户的使用行为产生影响。同时，具有创新特质的用户往往更容易接受消费金融，这一现象与图 2-10 中创新扩散过程所呈现的 S 曲线趋势相吻合。实证的结果还显示，这一点是由消费者的创新特质决定的，而非是具有创新特质的人认为消费金融的实用性更强所导致的。

4.7 研究结论与建议

4.7.1 开辟新型业务场景，保证产品需求的可持续性

通过前述实证分析，在消费金融产品的选择影响因子中，*PU* 的影响作用效果最为显著，而消费金融产品同质化竞争较为严重，所以消费金融分期产品需结合时代潮流，开辟新型业务场景，不仅限于提现、分期购物的同质化服务场景，更要针对不同消费群体的个性化需求，创新多元化的产品和服务。例如，针对年轻人、中年人、老年人等不同年龄段的消费者，推出定制化的金融分期产品，以满足他们在教育、旅游、养老等领域的消费需求。同时，紧跟科技发展趋势，利用大数据、人工智能等技术手段，优化消费金融服务流程，提升用户体验。

在营销策略上，消费金融机构可以与各类场景紧密结合，开展跨界合作，提升品牌知名度和市场影响力。例如，与电商平台、线下商户等合作，推出专属分期优惠活动，吸引消费者使用金融分期产品。此外，通过社交媒体、内容营销等手段，提升消费者对消费金融分期产品的认知度和接受程度。

在风险管理方面，金融机构应建立健全的风险控制体系，确保资金安全。这包括对借款人的信用评估、债务催收、风险分散等方面的严格把控。同时，加强对消费金融市场的监管，规范市场秩序，防范系统性风险。

因此，消费金融分期产品在新时代应不断创新业务场景，满足消费者多元化需求，紧跟科技发展趋势，优化金融服务，加强风险管理，以实现可持续发展。在此基础上，消费金融行业将与各类场景深度融合，为我国经济发展注入新活力。

4.7.2 加快产品迭代速度，提升客户个性化使用体验

消费金融分期产品要想在市场竞争激烈的背景下脱颖而出，获得客户的青睐，就必须关注客户的需求，加快产品迭代速度，不断提升客户个性化使用体验。可以从以下几个方面来实现这一目标。

1. 深入挖掘客户需求

在当今数字化时代,深入挖掘客户需求成为消费金融分期产品成功的关键。金融机构可借助大数据技术，广泛收集客户在多个平台上的行为数据，如电商平台的购物记录、支付习惯，社交媒体的互动轨迹等。同时，运用人工智能算法对这些海量数据进行深度分析，精准洞察客户的消费偏好，明确其是对时尚美妆、潮流服饰等时尚消费领域展现出浓厚兴趣，还是在智能手机、笔记本电脑、智能家电等电子产品方面表现出明显倾向。基于此，构建详细的客户画像，进而设计出更具针对性和差异化的分期产品，无论是为年轻潮流群体打造的时尚消费分期方案，还是为职场人士定制的数码产品分期计划，都能精准满足不同客户群体的消费需求。

2. 优化产品设计

在产品设计进程中，用户体验至关重要。通过界面布局的精心调整，确保各操作按钮位置醒目、易于点击，同时简化繁琐的注册、申请步骤，如减少不必要的信息填写项，采用一键授权获取必要信息等方式，显著提升产品易用性。并且，充分运用先进的信用评估模型，综合分析客户的收入流水、负债情况以及过往信用记录，精准考量客户信用状况与还款能力。依此为不同客户量身定制专属分期方案，像为收入稳定但资金暂时周转困难的客户，提供期限较长、还款压力较小的分期计划，切实降低客户负担。

3. 创新产品功能

在科技飞速发展的当下，消费金融分期产品拥有广阔的创新空间。线上线下融合成为潮流，借助大数据与智能定位技术，客户线上选定心仪商品或服务后，系统自动匹配附近线下门店，到店即可快速办理分期，实现从线上种草到线下体验的无缝衔接。跨界合作也不断突破边界，除电商、旅游、教育外，与医疗美容行业合作，为微整形项目提供分期，帮助客户实现变美心愿；和家居家装行业联手，针对全屋定制推出长期低息分期，助力打造理想家园。这些创新功能极大拓展了产品应用场景，让客户在多元消费场景中尽享分期服务的便捷与实惠。

4. 强化风险控制

在消费金融分期业务中，于加速产品迭代进程与积极拓展创新功能之际，风险控制强化始终占据核心地位。依托先进的人工智能算法，对海量客户数据实施实时监测与深度剖析，持续优化风控体系。通过构建智能化审核模型，引入多维度数据交叉验证机制，显著提升审核效率，使客户得以在较短时间内获取精准反馈。与此同时，借助大数据风险预警机制，预先识别潜在风险客户，及时调整授信策略，有效降低不良率。由此构建起一个稳固可靠的安全保障体系，确保每位客户均能享有安全、可靠且高效的消费分期体验。

5. 提升售后服务

优质的售后服务是提升客户满意度的重要途径。金融机构应建立健全售后服务体系，提供专业的咨询、还款提醒等服务，确保客户在分期消费过程中遇到问题时能得到及时解决。

6. 加强品牌建设

在市场竞争中，品牌形象和知名度至关重要。金融机构应加大宣传力度，通过广告、线上线下活动等方式，提升品牌知名度。同时，要注重品牌美誉度的塑造，传递正能量，赢得客户的信任和支持。

7. 深化产业链布局

消费金融分期产品要实现客户个性化使用体验，就需要深入产业链上下游，与各类合作伙伴建立紧密合作关系。通过合作共享、优势互补，实现产业链资源的优化配置，为客户提供更加丰富、实惠的分期产品。

因此，加快产品迭代速度，提升消费金融分期产品的客户个性化使用体验，是金融机构在市场竞争中脱颖而出的关键。只有不断创新，关注客户需求，才能在激烈的市场竞争中立于不败之地。

4.7.3 确立合理的营销策略，开展多元化的营销方式

在金融市场中，消费金融分期产品日益受到消费者的青睐。为了更好地满足消费者需求并提高市场竞争力，商业银行需确立合理的消费金融分期产品营销策略，开展多元化的营销方式。因此给出如下几点建议可供参考。

1. 客户细分

根据消费者的年龄、收入、职业、地域等因素，对市场进行细分，针对不同细分市场制定差异化的产品和服务。例如，针对年轻人群体，推出个性化、灵活的消费金融分期产品；针对中老年人群体，推出安全性更高、收益更稳定的产品。

2. 创新产品设计

消费金融分期产品要在创新上发力，以满足市场和消费者的需求。例如，结合互联网技术和大数据，推出定制化、场景化的分期产品，让消费者在购物、旅游、教育等场景中更便捷地享受到金融服务。

3. 优化分期还款方式

设计简单、灵活的分期还款方式，让消费者可以根据自己的收入和支出状况选择合适的还款计划。同时，提供多种还款方式供消费者选择，如等额本息、等额本金、按期付息等。

4. 强化风险管理

在推广消费金融分期产品时，要加强风险管理，确保资金安全。这包括完善客户信用评级体系、严格执行贷款审批流程、实时关注市场动态，以及建立健全风险预警和应急处置机制。

5. 加强合作与渠道拓展

与各类商户、电商平台、金融机构等建立合作关系，拓展消费金融分期产品的应用场景。同时，利用线上线下渠道开展多元化的营销活动，提高产品的知名度，拓展覆盖范围。

6. 提升客户体验

重视客户需求和体验，提供高效、便捷的金融服务。例如，简化贷款申请流程、提升客服质量、推出个性化服务等，以提升客户满意度和忠诚度。

7. 营销宣传策略

通过多种媒体渠道进行品牌宣传和产品推广，如电视、报纸、网络、社交媒体等。同时，借助明星代言、热点事件、口碑传播等手段，提高消费金融分期产品的品牌知名度和影响力。

8. 培训与激励营销团队

加强营销团队的培训和激励，提高其专业素质和服务水平。通过设置销售目标、实施绩效考核、提供丰厚奖励等方式，激发营销团队的积极性和创造力。

通过以上策略，金融机构可以提高消费金融分期产品在市场中的竞争力，进一步拓展个人消费信贷市场，促进消费金融机构业务的可持续发展。

4.7.4 完善消费金融信用管理体系，实行O2O交互风控模式

这有助于提高消费金融行业的健康性和可持续发展能力。在实际操作中，可以从以下几个方面入手。

1. 建立健全信用评价体系

细化信用评价指标，充分考虑借款人的信用状况、还款能力、消费行为等多方面因素，确保评价结果的客观性和准确性。引入大数据、人工智能等技术手段，实现对借款人信用状况的快速识别和评估，提高信用审核效率。建立信用黑名单制度，对存在恶意逾期、骗贷等行为的借款人进行联合惩戒，降低信用风险。

2. 加强风险防范与控制

实施O2O交互风控模式，线上线下相结合，全面了解借款人的真实情况，提高风险识别能力。加强对借款用途的监控，防止资金被挪用或用于高风险项目，确保资金安全。建立完善的风险预警机制，对风险进行早期识别、预防和化解，降低不良资产率。

3. 优化消费金融服务模式

根据借款人的消费需求和信用状况，提供差异化、个性化的消费金融服务，提高金融服务质量。创新金融产品，如分期付款、消费信贷等，满足消费者多样化的金融需求。加强与各类消费场景的合作，拓展消费金融市场，促进消费升级。

4. 加强监管与法律法规建设

完善消费金融法律法规体系，规范市场秩序，保护消费者权益。加强对消费金融行业的监管，防范金融风险，维护金融稳定。加大对违法违规行为的处

罚力度，营造公平竞争的市场环境。

通过以上措施，有望推动我国消费金融行业实现健康、可持续的发展，为区域经济增长和民生改善提供有力支持。

5　普惠金融供给侧结构性改革——数字普惠金融相关利益者的博弈分析

5.1　引言

数字普惠金融旨在为社会各阶层提供有效的金融服务，其中包括为小微企业提供资金支持。小微企业在我国经济体系中占据着举足轻重的地位，它们在促进就业、增加税收、推动创新等方面发挥着重要作用。近年来，我国政府高度重视小微企业的发展，通过实施一系列政策措施，特别是推进普惠金融供给侧结构性改革，已经在一定程度上缓解了小微企业的融资难题。然而，在当下经济环境中，小微企业群体仍旧面临着诸多挑战，如融资难、融资贵等问题（王馨，2015；朱武祥等，2020；白燕飞等，2020；李志辉等，2024）。如何助力小微企业走出融资困境，已经成为当下亟须解决的问题。

首先，作为数字普惠金融服务的关键需求方，小微企业对金融服务的需求旺盛。由于小微企业的规模较小，资金需求相对较低，且抗风险能力较弱，因此，它们需要通过普惠金融获得资金支持，以解决运营和发展过程中的资金问题。尽管我国金融体系已经做出了很多努力，但小微企业融资需求与实际获得的融资规模之间仍存在较大差距。这主要是因为小微企业信贷风险相对较高，金融机构在审慎经营原则下，对其发放贷款较为谨慎。此外，融资渠道不畅、融资成本高、信用体系不完善等因素也制约了小微企业融资规模的扩大。

其次，融资供给结构失衡。在我国现有的金融体系下，大型企业和国有企业往往能够获得更多的融资支持，而小微企业却难以享受到同样的待遇。这导致小微企业融资供给结构的失衡，一方面，小微企业融资需求无法得到有效满足；另一方面，大量闲置资金却在市场上找不到合适的投资渠道。

最后，供需机制在普惠金融的发展中发挥着重要作用。政府在普惠金融供需机制中起到关键协调作用。政府通过出台一系列政策措施，引导数字普惠金融机构（Digital Financial Inclusion Institutions，DFIIs）加大对小微企业的支持力度，降低金融服务成本，提高金融服务效率。同时，政府还需要加强监管，防范金融风险，保障供需双方的合法权益，促进金融资源的有效配置，以及推动金融市场的可持续发展（唐松等，2020；钟凯等，2022；赵文举等，2024），促进深化普惠金融的供给侧结构性改革。

在普惠金融供给机制中，作为普惠金融服务供给方，政策性金融机构、商业银行、小额贷款公司、担保公司等各类金融机构通过创新金融产品和服务，为小微企业提供融资、担保、保险等金融服务。一方面，DFIIs 通过加大信贷投放、降低融资成本、创新金融产品和服务、提高服务质量和效率、完善信用信息共享机制以及政策支持等措施，有力地推动了小微企业融资，促进了小微企业的经济发展。另一方面，政府通过立法、监管、政策引导等方式，推动普惠金融市场规范运作，保障各类金融服务的安全性和可得性，将小微企业作为普惠金融政策的重要服务对象。政府通过出台一系列政策措施，为小微企业创造良好的营商环境，支持其发展。通过财政、税收优惠、补贴等政策措施，引导 DFIIs 提升对小微企业金融服务的覆盖率和满意度。在推动经济发展过程中，政府需要充分发挥作用，引导 DFIIs 为小微企业提供更好的服务，支持小微企业健康发展，实现金融与实体经济的良性互动。此外，政府的监管部门也加强对普惠金融市场的监管，保障市场秩序，防范金融风险。

因此，针对小微企业融资困难的研究发现，政府、DFIIs 和小微企业三方构成了一个利益相关者群体（邢乐成，2021；陆岷峰，2022）。政府通过政策支持和引导，促进普惠金融机构发展，进而为小微企业提供更多、更好的融资服务；DFIIs 则需要积极响应政府政策，加强与小微企业的合作，实现业务拓展和利润最大化；小微企业在这个过程中，可以获得必要的融资支持、降低融资成本、提高发展速度。政府、DFIIs 和小微企业三方在小微企业融资过程中存在着紧密的联系，只有三方共同努力，形成良好的供需互动机制，才能有效解决小微企业融资难题，促进我国经济持续健康发展（陆岷峰，2020；李昊然等，2023）。为此，需要将政府、DFIIs 和小微企业三方主体纳入同一分析框架进行分析。

综合分析可知，政府、DFIIs 和小微企业在资源分配、利益分配上存在竞争和博弈。政府需要在税收、金融监管和经济发展之间寻求平衡，DFIIs 需要在利润、风险和社会责任之间权衡，小微企业则需要在融资成本、还款压力和经营效益之间作出选择。政府在制定和执行普惠金融政策时，需要在满足小微企业融资需求、防范金融风险和维护市场秩序之间寻找平衡。在这个过程中，政府需要与 DFIIs 和小微企业进行沟通和博弈。DFIIs 和小微企业之间存在信息不对称，这可能导致道德风险和逆向选择。DFIIs 需要通过各种手段收集小微企业的真实信息，以降低信贷风险；小微企业则需要在保护自身隐私和提供真实信息之间作出选择。DFIIs 在为小微企业提供融资服务时，需要在风险与收益之间进行权衡。政府在监管普惠金融市场时，也需要在防范系统性风险和促进市场发展之间寻求平衡。政府、DFIIs 和小微企业在市场竞争中，各自寻求优势和利益。同时，三方也需要通过合作推动普惠金融市场的健康发展，共同应对市场风险和挑战。

小微企业是我国市场经济繁荣和社会创新精神的“主力军”，占市场主体的比例达九成以上，截至 2021 年年底已达 97%。从经济贡献上看，小微企业贡献的产品服务价值占 GDP 的 60%左右、技术创新占比达 70%以上，但其平均存活时间仅为 4.13 年，不足 3 年者近一半（朱锐等，2022；林超等，2024）。中小微企业是我国经济韧性、就业韧性的重要支撑，因此培育中小微企业的生存韧性尤为关键，也是成为解决中小微企业生存和发展危机的关键，能够指导中小微企业因时而进、因势而新，助力其提升生存能力成为政府一大工作重心内容。但培育其生存韧性的过程往往伴随着高投资、长周期、高失败率，中小微企业同样需要承受巨大风险，也会引发其在一定时期内生存困难，致使其运营稳定性下降（王维等，2023）。比如《2023 年小微融资发展与展望研究报告》指出，生物医药的研发成功率只有 7.9%，研发周期长达 10~15 年。现实中，超过 96%的企业面临现金流压力（朱武祥等，2020），资金流断裂是导致小微企业破产倒闭的主要原因，目前运营资金不足已经成为小微企业发展面临的紧迫问题和严峻挑战。数字普惠金融发挥融资支持作用，能够降低金融供给成本，提高金融深度、广度和效率，故我国在 2013 年将发展普惠金融纳入国家战略，积极将“金融活水”引入小微企业集聚领域，将“敢贷、愿贷、能贷、会贷”机制落到实处（叶韶，2020；陈彦彤等，2022），有效提高我国广大中小微企业的融资可得性，更好地助力小微企业经营发展需要。

数字普惠金融机构响应国家政策，结合自身服务优势，通过数字化手段，利用以云计算、大数据、人工智能为代表的数字技术，积极挖掘小微企业合理融资需求，进行金融服务创新，开发专属性金融产品和服务，如深入挖掘经营数据，提供经营信用贷，批量开发“一次授信、随贷随还”的纯线上贷款产品及结合经营场景开展定制化金融服务等，持续推动数字普惠金融贷款增量、降价，惠及更广泛小微企业主体。

防范化解金融风险，事关国家安全、发展全局、人民财产安全。有效的政府监管能在一定程度上降低金融风险，促进 DFIIs 依法合规经营，维持正常合理的金融秩序，防止系统性风险（乔晓楠等，2022）。政府监管既要在环境变化中努力做到维持金融的创新与稳定，又要保持市场活力。党中央、国务院发布了系列文件，强调深化普惠金融供给侧结构性改革，提高信贷资源配置效能，运用科技手段，将数字普惠金融全面纳入监管，健全差异化监管激励体系，打造健康的数字普惠金融生态，持续改善小微企业融资环境。2023 年中央金融工作会议中强调，政府监管要“长牙齿”、监管姓“监”，要切实提高政府监管有效性，依法将所有金融活动全部纳入监管，全面强化机构监管、行为监管，严厉打击非法金融活动。《关于 2023 年加力提升小微企业金融服务质量的通知》释放出信号，单方面侧重规模增长的行业阶段已经过去，监管下一步的目标是引导行业走向追求规模、质量、效益平衡的高质量发展阶段。

在政府监管下，DFIIs 创新金融服务实现小微企业可持续性发展是一个动态博弈的过程，需要各方共同努力。完全理性假设要求博弈的参与主体决策信息是完全透明的，但现实中各参与主体通常只具有有限理性：政府会因为高估数字普惠金融市场的调节能力而减少监管投入，DFIIs 会因为对政府监管存有侥幸心理开展违规创新，小微企业会因为对自身市场定位的分析和把握不准确，无法支撑持续的韧性培育投入，导致其陷入运营危机，故而，政府、DFIIs 和小微企业都是有限理性的博弈主体，而其行为都是为了争取最大限度地满足各自利益。博弈主体由于信息有限，在其既得利益边际上调整为当前最优策略，经过多次博弈，三方最终达到动态平衡状态，此时的策略为演化稳定策略。演化博弈所追求的最优稳定策略是政府监管下 DFIIs 合规创新，小微企业合理融资需求得到满足，企业韧性增强，形成有效市场。

本书根据实际案例，从演化博弈视角将政府、DFIIs、小微企业三大数字普惠金融市场参与主体纳入统一的研究框架，探讨政府、DFIIs 与小微企业三方主体的动态博弈过程，构建博弈模型表述各自的利益诉求、策略演化以及收益分配机制，寻求使各方达到均衡状态的利益最优化策略，探索小微企业增强韧性、实现可持续性发展的途径。通过仿真模拟，分析政府、DFIIs 和小微企业三方策略调整关系，探索影响三方主体各自决策的因素变化阈值，为各主体合理配置要素提供依据，对政府打造监管协同的数字普惠金融市场，引导 DFIIs 合规优质服务，提高小微企业生存能力具有重要实践和战略意义。

5.2 文献综述

小微企业因其数量大、体量小、资源与信息不对称等，抗风险能力普遍较弱，极易受国内外环境变化冲击（李明等，2023），处于成长期的小微企业亟须借助外部融资提高企业韧性。而企业韧性是在动态发展过程中逐渐培养和积累的（钱悦，2023），韧性培育过程符合“S”形生长曲线，其中 sigmoid 函数是描述这类曲线的典型函数（张冕和俞立平，2022）。

在经济发展层面，小微企业是经济发展的重点领域，政府与小微企业属于利益相关者，政府通过经济手段与行政手段相互配合的方式对小微企业进行扶持（郑世林，2023），加强金融监管力度，能够营造更高效的外部环境，实现数字金融行业的规范发展（马连福和杜善重，2021）。当银行与企业信贷良性合作时，政府应积极维护两者合作基础条件，持续营造银行与企业共赢生态（姜春，2023），并利用数字普惠金融提高小微企业创新研发及成果转化效率（齐红倩，2023），同时，借由政府补助等形式提升成长期小微企业创新绩效（盛明泉，2023），正向激励小微企业提高韧性。

在金融监管层面，金融监管与金融创新之间存在相互演进关系（彭红枫等，

2016），政府通过调整奖惩力度能使金融创新进入良性轨道并规避金融风险（马草原和张昭，2020），金融产品和服务供给方趋向多元化，促进 DFIIs 创新小微信贷服务方式（杜倩，2023），促使市场化错位竞争的局面出现。DFIIs 发力场景金融，设计相应增信机制，提供更加便捷、有效的创新解决方案（陈游，2022），有助于提高小微企业信贷融资能力。但金融创新具有高风险和过程性特征，在 DFIIs 创新过程中不规范的数字普惠金融创新业务会提高小微企业经济损失风险，带来不良的社会经济影响（王永仓，2021），引发政府监管关注。金融创新过程不断与金融监管博弈，治理风险并非金融监管的唯一目的，鼓励金融创新、促进金融发展才是金融监管的终极目标（杨强强，2023）。政府应把握金融创新与安全的平衡，提高监管及时性、有效性，应对金融市场乱象（胡关夫，2022）。当政府监管与金融创新的动态平衡被外部环境变化打破，政府监管将采取措施进行应激性调整（Aurelio 等，2020），并最终使政府、DFIIs 和小微企业达成新的稳态均衡。这也要求政府做好金融市场风险监测，采用适当监管手段和力度，保证金融创新合规性（姜勇和杨源源，2023），并通过监管对金融创新的调节作用来引导 DFIIs、小微企业最优的决策行为，提升小微企业生存能力，从而维护经济稳定良性运行。

现有研究多以政府和金融机构博弈视角开展，但针对小微企业生存影响分析中发现：政府、DFIIs 和小微企业是利益相关者，有必要纳入同一博弈框架内进行分析，因此本书运用演化博弈理论，围绕政府、DFIIs 和小微企业三方参与主体的行为演化，构建主体行为演化博弈模型，识别并确定影响其行为策略选择的关键因素，探索实现博弈均衡状态的条件，并结合现实情况，采用 Matlab 软件仿真主体行为的动态演化过程，凭借博弈主体策略选择。

对比已有研究，本书的创新点在于：第一，在政府和金融机构博弈范式中考虑小微企业融资策略，构建三方演化博弈模型，探讨政府和 DFIIs 不同决策对小微企业生存的影响，有助于提高数字普惠金融赋能小微企业生存能力的有效性和科学性；第二，根据企业实践，利用“S”形生长曲线拟合企业韧性培育过程，提升数字普惠金融博弈模型的精度；第三，利用 Matlab 仿真实现数值仿真，考查主体策略关键影响因素变化对演化博弈策略稳定性的影响，推演数字普惠金融领域发展趋势，厘清政府、DFIIs 和小微企业策略演化关系，丰富和拓展数字普惠金融创新发展的研究成果，为政府制定政策提供明确方向，促进数字普惠金融市场良性发展。

5.3 演化博弈模型的构建

5.3.1 主体分析

在数字普惠金融市场中，参与主体各自地位和目标之间的差异，决定了其对数字普惠金融市场的定位、态度的不同，进而对数字普惠金融的考虑角度和利益诉求也不同，既有共同诉求，也充满矛盾，所以各主体均需要在不断博弈中调整各自策略（陆岷峰等，2017）。博弈的理想结果是政府积极监管，DFIIs 进行合规创新，小微企业融资提高韧性、增强生存能力。

政府作为金融发展的利益相关者，其利益诉求包括社会效益和经济效益，体现在数字普惠金融政策从规划制定到实施监管的全过程。政府希望构建创新、有活力的数字普惠金融市场环境，并主动承担社会责任，通过调控监管力度来保障数字普惠金融市场的安全、稳定运行，但也需遵循市场经济规律，适度干预。同时，出于经济回报的政治诉求，政府需要综合考虑监管收益和监管成本，也会影响其监管策略选择（赵峰等，2023）。

DFIIs 参与投资创造环节，主要通过落实政府信贷政策，拓宽小微企业覆盖范围，创新数字普惠金融的服务模式，实现服务差异化、个性化、定制化，完善要素合理配置，达到在各需求层次数字普惠金融成本、效益和风险的多维平衡。在保证经济可持续性条件下，政府实施补贴政策时，DFIIs 参与数字普惠金融的积极性提高，推进数字普惠金融市场发展，市场竞争加剧（宋敏等，2021；张波，2024），DFIIs 会主动进行金融服务创新，推动数字普惠金融服务多元化发展。但也必须注意到，有少数 DFIIs 存在短视行为，为获取短期超额利润，对违规创新造成的危害选择性忽视，采取服务收费质价不符、欺诈等行为，必然对数字普惠金融发展产生负面影响。

针对小微企业成长期进行分析，小微企业在初始阶段的典型特征是产品服务种类单一固定、市场进入门槛较低、同质化程度较高、生存能力较差。在资本趋利本性以及竞争规律的作用下，小微企业需要不断扩大再生产规模，由此产生资金需求。有相当数量的小微企业采用简单商品生产方式，始终维持原有的生产规模，但当生产过程出现中断时，为了维持原有的生产规模也会产生融资需求（韩保庆，2023）。还有部分小微企业为有效规避价值链低端的生产陷阱，提高企业生存能力，考虑投入资金培育企业韧性，但由于其可获得的融资支持非常有限，为寻求多方资源，会主动关注政府政策和 DFIIs 产品，积极采取融资策略，其中，政府对 DFIIs 的奖惩举措是小微企业融资选择的重要参考。

5.3.2 模型假设与说明

本书基于演化博弈理论，深入探讨数字普惠金融创新发展过程中及小微企业成长期内政府、DFIIs 和小微企业三方主体之间的策略互动及动态演化过程，进而提出如下假设。

作为博弈的参与主体，政府、DFIIs、小微企业能够对前期策略收益进行理性判断，根据不同策略选择获得的收益来考量自身的最优策略，从而影响其后一时期策略选择，但是缺乏事前预见能力，不具备完全理性。博弈策略体现群体合力的策略结果，博弈参与主体认知能力存在差异，须经过多次策略调整才能使博弈达到进化稳定点（ESS 均衡）。

基本假设 H_1：博弈主体为政府（S）、DFIIs（F）和小微企业（X），三方博弈主体均满足有限理性假设。

政府虽然暂时未对新涌现的细分业态出台相对成熟的法律法规，但对金融服务的监管一直存在，因此政府可选择积极监管和消极监管两种策略；对于 DFIIs 来讲，在不断追求自身发展和实现普惠金融目标的过程中，DFIIs 可选择合规创新和违规创新两种策略；小微企业通过 DFIIs 选择金融服务时，存在融资和不融资两种策略结果，根据韧性培育状态，表现为韧性的提升和保持。

基本假设 H_2：政府、DFIIs 和小微企业都只有两种策略。政府的策略空间为{积极监管S_P，消极监管S_N}，DFIIs 的策略空间为{合规创新F_P，违规创新F_N}，小微企业的策略空间为{融资X_P，不融资X_N}。

基本假设 H3：设定政府选择积极监管策略的概率为p_1（$0\leqslant p_1\leqslant 1$），消极监管的概率为$1-p_1$；DFIIs 选择合规创新的概率为$p_2$（$0\leqslant p_2\leqslant 1$），违规创新的概率为$1-p_2$；小微企业选择融资的概率为$p_3$（$0\leqslant p_3\leqslant 1$），不融资的概率为$1-p_3$。

5.3.3 参数选取与博弈收益矩阵

1. 政府的相关参数

政府对数字普惠金融进行监管要考虑监管成本、罚金（刘伟等，2017）、社会收益、补贴、奖励（朱立龙等，2021）等因素，并将补贴纳入奖励中进行研究。政府积极监管时，监管成本记为c_1，需要通过健全监督管理制度、规范金融业务模式、优化网络监管技术，搭建起科学、有效的数字普惠金融监管体系；DFIIs 合规创新、小微企业有序融资共同营造出良好的金融服务环境时，社会公民对政府的信任度和美誉度提高，政府获得社会收益（朱立龙等，2021），定义为监管形象收益z_1。为引导 DFIIs 和小微企业回归理性，向理想状态演进，政府会发布奖惩制度加以干预，对 DFIIs 合规创新行为给予奖励m（财政奖补、信贷贴息、税收优惠、市场优先准入、荣誉表彰、现金等），对其破坏金融秩序的行为施以行政处罚 ff（警告、罚款等）。但 DFIIs 在违规创新时，由于政府和 DFIIs 之间存在信息不对称，部分 DFIIs 为躲避政府监管，会刻意对金融服务进行伪装，同时鉴于执法资源的有限性，即使政府积极监管，治理结果未必完全彻底，政府监管存在识别效率（朱立龙和张思意，2023），假设政府监管效率为$w(0<w<1)$，即行政处罚的收益应为wf。政府消极监管时，仍需监管成本c_2，包括监管技术员、监管设备等，即当政府采取消极监管策略时，收益为$-c_2(c_1>c_2)$。

2. DFIIs 的相关参数

DFIIs 合规创新和违规创新要考虑成本、福利损失（刘伟等，2017）、收益、投机成本（朱立龙等，2021）、声誉损失（彭红枫，2016）、贷款利率（闫莹等，2018）和转移因子（魏明侠，2021）。提供金融服务是 DFIIs 的基本职能，小微企业融资时，DFIIs 提供贷款额度记为b，贷款利率记为r_1，不考虑融资的信用风险。当 DFIIs 合规创新时，需要支付监督和管理成本，包括金融环境治理细则制定、合规监管技术投入、服务产品研发投入、专业人员聘任、账号权限管理等，相应的经营成本记为c_3。若政府积极监管，DFIIs 合规创新将获得额外的奖励m。当 DFIIs 违规创新时，滥用获取的信息与资金，存在转移因子（魏明侠，2021），转移给小微企业额外金融风险v，仅需支付最基本运营成本 c_4（平台运行成本、维护成本等）且 $c_3 > c_4$。当政府积极监管时，企业将面临行政处罚f，同时政府积极监管或小微企业融资都可以发现其违规行为，DFIIs 将面临包括客户流失、企业形象危机等不良后果，造成声誉损失（彭红枫，2016），即产生综合损失z_2。当政府消极监管时，由于监管缺位，金融市场秩序疏于维护，存在投机成本（朱立龙等，2021），将增加 DFIIs 和小微企业间额外交易成本 c_5，其中 DFIIs 承担的额外交易成本比例为 k_1（$0< k_1 <1$）。

3. 小微企业的相关参数

小微企业融资要考虑融资收益、成本、融资后的投资收益率、贷款利率等（周雷，2021），为简化计算，将融资后的投资收益率纳入融资收益中进行研究。小微企业不融资时，即保持现有的韧性水平 l_1（$0< l_1 <1$）。小微企业融资时，需要付出包括信息收集、甄别和处理在内的融资决策成本 c_6，获得贷款额度中投入培育韧性的比例为 k_2（$0< k_2 <1$），通过优化产品结构，迭代开发，提高产品附加值，以增强竞争优势，获得韧性水平的增量 l_2（$l_1+l_2 \leqslant 1$）。但竞争优势的建立需要经过投入量的积累才会发生，符合“S”形生长曲线，选择 *sigmoid* 函数进行拟合，即存在作用累积期d，使$l_2=(1-l_1)\div(1+e^{-c_7+d})$，其中已投入韧性成本 $c_7=c_7+k_2bp_3$，c_7 的初始值为 0。参考卢正文（2023）使用净资产收益率作为企业韧性的替代指标，故韧性将增强企业收益为$b\ (1-l_1)\div(1+e^{-c_7+d})$。

根据以上假设和参数设定，为清晰呈现各方决策及收益关系，将政府选择积极监管、DFIIs 选择合规创新及小微企业选择融资的支付设为 1。反之，政府选择消极监管、DFIIs 选择违规创新以及小微企业选择不融资的支付则设为 0。如此，则可以构建出政府、DFIIs 和小微企业的三方博弈树，如图 5-1 所示，进而得出政府、DFIIs 和小微企业间的博弈收益矩阵，见表 5-1，为后续深入分析三方策略互动与利益权衡提供基础框架。

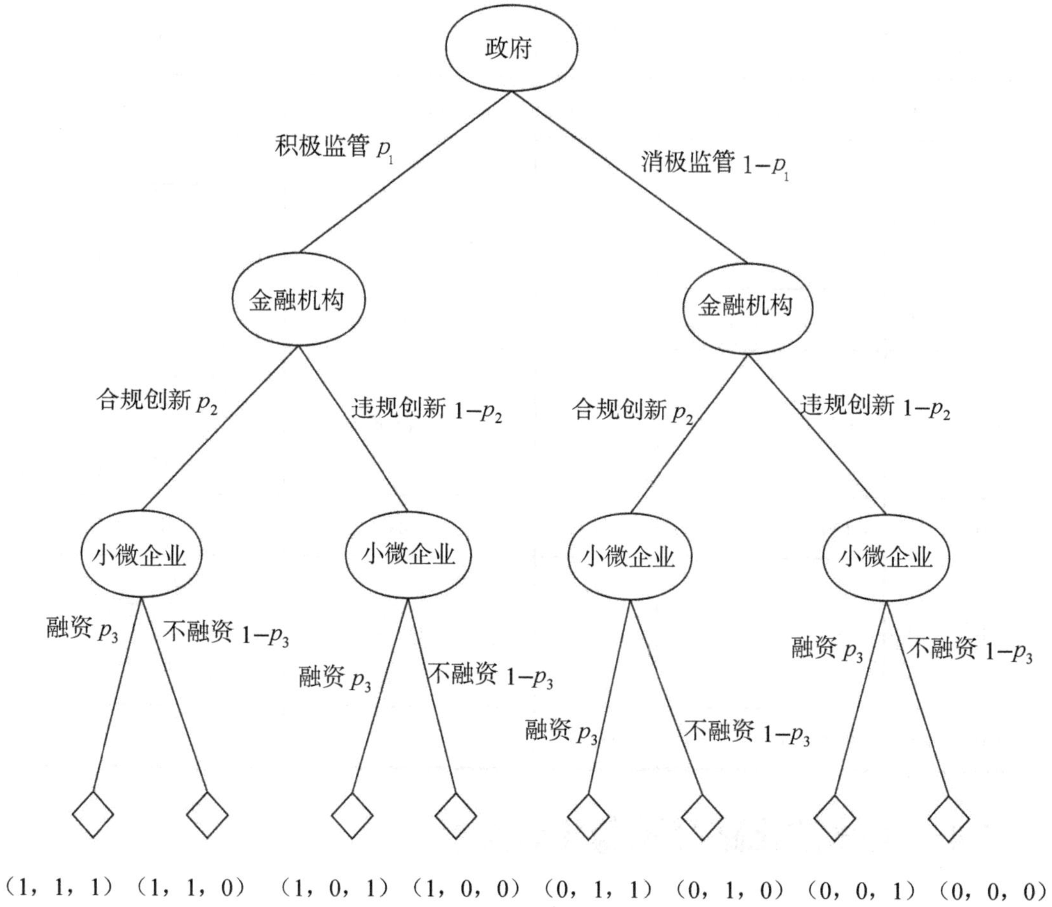

图 5-1　政府、DFIIs 和小微企业的三方博弈树

表 5-1　政府、DFIIs 和小微企业间的博弈收益矩阵

博弈状态	概率	政府	*DFIIs*	小微企业
（1，1，1）	（p_1，p_2，p_3）	$z_1 - m - c_1$	$m + br_1 - c_3$	$\frac{b(1-l_1)}{1+e^{-c_7+d}} - c_6 - br_1$

续表

博弈状态	概率	政府	DFIIs	小微企业
（1，1，0）	$(p_1, p_2, 1-p_3)$	$-m-c_1$	$m-c_3$	0
（1，0，1）	$(p_1, 1-p_2, p_3)$	$wf-c_1$	$br_1-wf-c_4-z_2+(1-w)v$	$\frac{b(1-l_1)}{1+e^{-c_7+d}}-(1-w)v-c_6-br_1$
（1，0，0）	$(p_1, 1-p_2, 1-p_3)$	$wf-c_1$	$-wf-c_4-z_2$	0
（0，1，1）	$(1-p_1, p_2, p_3)$	$-c_2$	$br_1-c_3-k_1c_5$	$\frac{b(1-l_1)}{1+e^{-c_7+d}}-br_1-c_6-(1-k_1)c_5$
（0，1，0）	$(1-p_1, p_2, 1-p_3)$	$-c_2$	$-c_3$	0
（0，0，1）	$(1-p_1, 1-p_2, p_3)$	$-c_2$	$br_1-c_4-z_2-k_1c_5+v$	$\frac{b(1-l_1)}{1+e^{-c_7+d}}-c_6-(-k_1)c_5-v-br_1$
（0，0，0）	$(1-p_1, 1-p_2, 1-p_3)$	$-c_2$	$-c_4$	0

5.4 主体演化路径及稳定性分析

5.4.1 主体的演化博弈路径

1. 政府的演化路径

由表 5-1 三方博弈收益矩阵计算得到政府选择积极监管和消极监管策略时的期望收益，分别为 U_S^P 和 U_S^N：

$$U_S^P=-c_1-mp_2+(1-p_2)\ wf+p_2p_3 \quad (5\text{-}1)$$

$$U_S^N=-c_2 \quad (5\text{-}2)$$

由式（5-1）和式（5-2）计算得出政府的期望均值收益 $\overline{U_S}$：

$$\begin{aligned}\overline{U_S} &= p_1 U_S^P + (1-p_1)U_S^P \\ &= p_1[c_1 - mp_2 + (1-p_2)wf + p_2 p_3 z_1] - (1-p_1)c_2\end{aligned} \tag{5-3}$$

根据马尔萨斯复制动态方程（Daniel，1991），政府选择积极监管策略数量的增长率为 $U_S^P - \overline{U_S}$，随着时间推移，政府的复制动态方程为：

$$\begin{aligned}H(S) &= \frac{\mathrm{d}p_1}{\mathrm{d}t} = p_1(U_S^P - \overline{U_S}) \\ &= p_1(1-p_1)[-mp_2 + (1-p_2)wf + p_2 p_3 z_1 - c_1 + c_2]\end{aligned} \tag{5-4}$$

对式（5-4）求关于概率 p_1 的一阶偏导：

$$\frac{\partial H(S)}{\partial p_1} = (1-2p_1)[-mp_2 + (1-p_2)wf + p_2 p_3 z_1 - c_1 + c_2] \tag{5-5}$$

基于微分方程的稳定性定理，稳定状态处复制动态方程的一阶导数必须小于 0。设定如下。

$$K(S) = -mp_2 + (1-p_2)wf + p_2 p_3 z_1 - c_1 + c_2 \tag{5-6}$$

当 $K(S)=0$ 时，即 $p_3 = \dfrac{mp_2 - (1-p_2)wf + c_1 - c_2}{p_2 z_1}$，则 $\dfrac{\partial H(S)}{\partial p_1} = 0$，此时 p_1 水平保持稳定状态。

当 $K(S)<0$ 时，即 $p_3 < \dfrac{mp_2 - (1-p_2)wf + c_1 - c_2}{p_2 z_1}$，若使 $\dfrac{\partial H(S)}{\partial p_1} = 0 < 0$，则 $p_1^* = 0$ 为演化稳定策略。

当 $K(S)>0$ 时，即 $p_3 > \dfrac{mp_2 - (1-p_2)wf + c_1 - c_2}{p_2 z_1}$，若使 $\dfrac{\partial H(S)}{\partial p_1} = 0 < 0$，则 $p_1^* = 1$ 为演化稳定策略。

由上述分析可得政府策略的复制动态相位图，如图 5-2 所示，其中阴影面表示决策临界状态 $K(S)=0$，其下方区域 $K(S)<0$，其上方区域 $K(S)>0$。政府以 $p_1^* = 1$ 为演化稳定策略的概率可通过上方区域体积表示为式（5-7）。

$$\begin{aligned}V_{SP} &= 1 \times \{1 - [1 + (c_1 - c_2 - wf) \div (m + wf)] \div 2 \times (m + c_1 - c_2) \div z_1\} \\ &= 1 - (m + c_1 - c_2)^2 \div 2z_1(m + wf)\end{aligned} \tag{5-7}$$

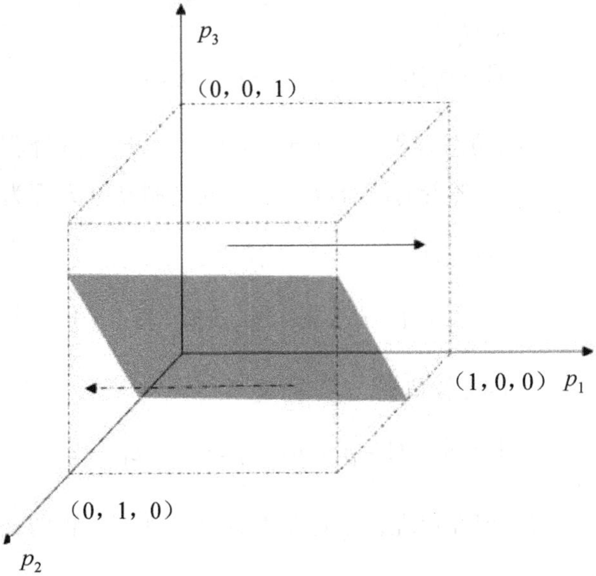

图 5-2 政府策略的复制动态相位图

由式（5-7）可知，V_{SP} 随着 (c_1-c_2) 的增加而减小，随着 z_1 和 wf 的增加而增大，如图 5-3 所示。说明如果选择积极监管策略多，付出的监管成本越少，监管形象收益越大，处罚力度越大，政府越趋向于选择积极监管策略，即提高政府监管形象收益与加大处罚力度能促进政府选择积极监管策略。

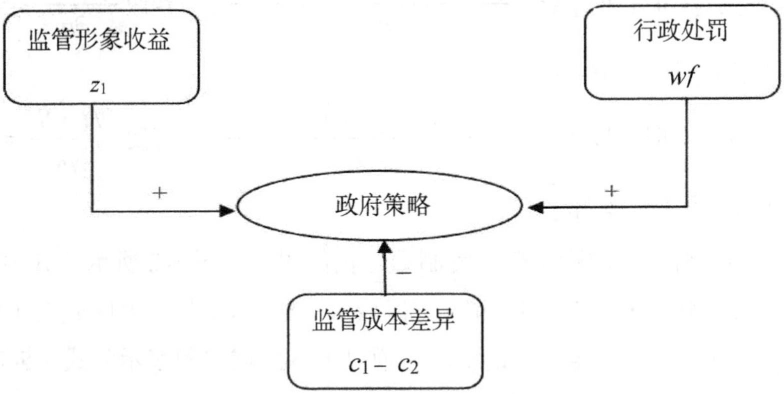

图 5-3 政府策略演化稳定策略影响因素

注：图中正负号表示影响因素与策略的相关关系，“+”表示正相关，“−”表示负相关。

2. DFIIs 的演化路径

DFIIs 选择合规创新策略和违规创新策略时的期望收益分别为 U_F^P 和 U_F^N。

$$U_F^P = p_1 m - c_3 + p_3 b r_1 - p_3(1-p_1)k_1 c_5 \tag{5-8}$$

$$U_F^N = -c_4 - z_2(p_1 + p_3 - p_1 p_3) - p_1 wf + p_3 b r_1 - p_3(1-p_1)k_1 c_5 + p_3 v - p_1 p_3 wv \tag{5-9}$$

由式（5-8）和式（5-9）可得 DFIIs 的期望均值收益 $\overline{U_F}$：

$$\begin{aligned}\overline{U_F} &= p_2 U_F^P + (1-p_2)U_F^N = p_2(-c_3 + p_1 m) + \\ &(1-p_2)[-c_4 - p_1 wf + p_3 v - p_1 p_3 wv - z_2(p_1 + p_3 - p_1 p_3)] \\ &-(1-p_1)p_3 k_1 c_5 + p_3 b r_1\end{aligned} \tag{5-10}$$

由式（5-8）和式（5-10）可得 DFIIs 的复制动态方程为：

$$\begin{aligned}H(F) &= \frac{\mathrm{d}p_2}{\mathrm{d}t} = p_2(U_F^P - \overline{U_F}) \\ &= p_2(1-p_2)[-c_3 + p_1 m + c_4 + (p_1 + p_3 - p_1 p_3)\ z_2 + p_1 wf - p_3 v + p_1 p_3 wv]\end{aligned} \tag{5-11}$$

对式（5-11）求关于概率 p_2 的一阶偏导：

$$\frac{\partial H(F)}{\partial p_2} = (1-2p_2)[-c_3 + p_1 m + c_4 + (p_1 + p_3 - p_1 p_3)z_2 + p_1 wf - p_3 v + p_1 p_3 wv] \tag{5-12}$$

DFIIs 实现演化博弈稳定策略的条件如下，令：

$$K(F) = c_4 - c_3 + p_1(m + wf + z_2) - p_3(v - z_2) + p_1 p_3(wv - z_2) \tag{5-13}$$

当 $K(F)=0$ 时，即 $p_1 < \dfrac{c_3 - c_4 + p_3(v - z_2)}{m + wf + z_2 + p_3(wv - z_2)}$，则 $\dfrac{\partial H(F)}{\partial p_2} = 0$，此时 p_2 水平保持稳定状态。

当 $K(F) < 0$ 时，即 $p_1 < \dfrac{c_3 - c_4 + p_3(v - z_2)}{m + wf + z_2 + p_3(wv - z_2)}$，若使 $\dfrac{\partial H(F)}{\partial p_2} < 0$，则 $p_2^* = 0$ 为演化稳定策略。

当 $K(F) > 0$ 时，即 $p_1 > \dfrac{c_3 - c_4 + p_3(v - z_2)}{m + wf + z_2 + p_3(wv - z_2)}$，若使 $\dfrac{\partial H(F)}{\partial p_2} < 0$，则

$p_2^* = 1$为演化稳定策略。

由上述分析可得 DFIIs 策略的复制动态相位图，如图 5-4 所示，其中阴影面表示决策临界状态 $K(F)=0$，其左方区域表示 $K(F)<0$，其右方区域表示 $K(F)>0$。DFIIs 以 $p_2^* = 1$为演化稳定策略的概率可通过右方区域体积表示。

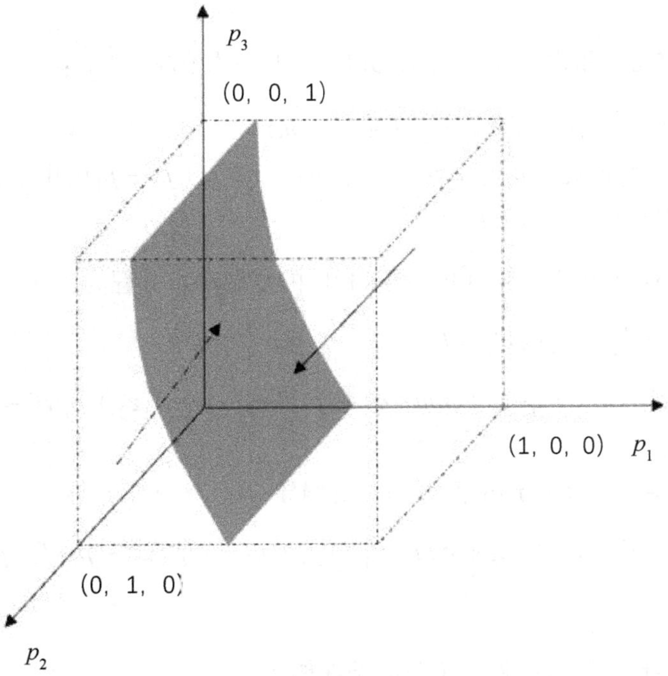

图 5-4 DFIIs 策略的复制动态相位图

$$V_{FP} = 1 - \int_0^1\int_0^1 \frac{c_3 - c_4 + p_3(v - z_2)}{m + wf + z_2 + p_3(wv - z_2)} \mathrm{d}p_3 \mathrm{d}p_2 = 1 - \frac{c_3 - c_4}{wv - z_2} \ln\left|\frac{m + wf + wv}{m + wf + z_2}\right| + \frac{v - z_2}{(wv - z_2)^2}[wv - z_2 - (m + wf + z_2)]\ln\left|\frac{m + wf + wv}{m + wf + z_2}\right| \tag{5-14}$$

由式（5-14）可知，V_{FP}随着$(c_3 - c_4)$增加而减小，随着 m、wf 和 z_2 的增加而增大，这一关系如图 5-5 所示。说明当选择合规创新策略与违规创新策略所需付出的成本差距不断缩小，且奖励力度、行政处罚力度以及综合损失程度均增大时，DFIIs 会更倾向于选择合规创新策略。因此，通过加大奖惩力度以及提高用户感知敏感度，能够有效推动 DFIIs 开展合规创新，这对于规范市场行为、促进金融健康发展具有重要意义。

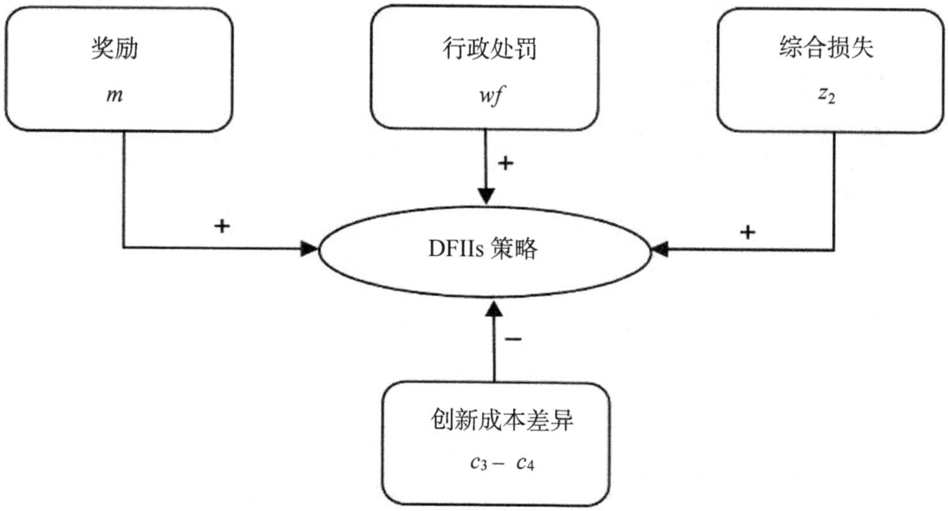

图 5-5　DFIIs 策略演化稳定策略影响因素

注：图中正负号表示影响因素与策略的相关关系，“+”表示正相关，“−”表示负相关。

3. 小微企业的演化路径

小微企业选择融资策略和不融资策略时的期望收益分别为 U_X^P 和 U_X^N。

$$U_X^P=\frac{b\ (1-l_1)}{1+e^{d-c_7}}-br_1-c_6+p_1wv\ (1-p_2)-v\ (1-p_2)-(1-p_1)\ c_5(1-k_1) \tag{5-15}$$

$$U_X^N=0 \tag{5-16}$$

由式（5-15）（5-16）可得小微企业的期望均值收益 $\overline{U_X}$：

$$\begin{aligned}\overline{U_X}&=p_3U_X^P+(1-p_3)\ U_X^N\\&=p_3[b\ (1-l_1)\div(1+e^{d-c_7})-br_1-c_6+p_1(1-p_2)\ wv-(1-p_2)\ v-(1-p_1)\ c_5(1-k_1)]\end{aligned} \tag{5-17}$$

由式（5-15）和式（5-17）可得小微企业的复制动态方程：

$$H(X)=\frac{\mathrm{d}p_3}{\mathrm{d}t}=p_3(U_X^P-\overline{U_X})$$
$$=p_3(1-p_3)[\frac{(1-l_1)\ b}{1+e^{d-c_7}}-br_1-c_6+(1-p_2)\ v\ (p_1w-1)-(1-p_1)\ c_5(1-k_1)]$$

（5-18）

对式（5-18）求关于概率 p_3 的一阶偏导：

$$\frac{\partial H(X)}{\partial p_3}=(1-2p_3)[\frac{b(1-l_1)}{1+e^{-c_7+d}}-br_1-c_6+(1-p_2)(p_1w-1)v-(1-p_1)(1-k_1)c_5]$$

（5-19）

设定：

$$K\ (X)=\frac{b\ (1-l_1)}{1-e^{d-c_7}}-br_1-c_6+(1-p_2)\ v\ (p_1w-1)-(1-p_1)\ c_5(1-k_1)$$

（5-20）

当 $K\ (X)=0$ 时，即 $p_2=1+\dfrac{\dfrac{b\ (1-l_1)}{1+e^{d-c_7}}-br_1-c_6-(1-p_1)\ c_5(1-k_1)}{p_1wv-v}$，则 $\dfrac{\partial H(X)}{\partial p_3}=0$，此时 p_3 保持稳定状态。

当 $K\ (X)<0$ 时，即 $p_2<1+\dfrac{\dfrac{b\ (1-l_1)}{1+e^{d-c_7}}-br_1-c_6-(1-p_1)\ c_5(1-k_1)}{p_1wv-v}$，若使 $\dfrac{\partial H(X)}{\partial p_3}<0$，则 $p_3^*=0$ 为演化稳定策略。

当 $K\ (X)>0$ 时，即 $p_2>1+\dfrac{\dfrac{b\ (1-l_1)}{1+e^{d-c_7}}-br_1-c_6-(1-p_1)\ c_5(1-k_1)}{p_1wv-v}$，若使 $\dfrac{\partial H\ (X)}{\partial p_3}<0$，则 $p_3^*=1$ 为演化稳定策略。

通过上述深入分析，可以获得小微企业策略的复制动态相位图，如图 5-6 所示，其中阴影面具有特殊意义，它代表着决策临界状态 $K\ (X)=0$。

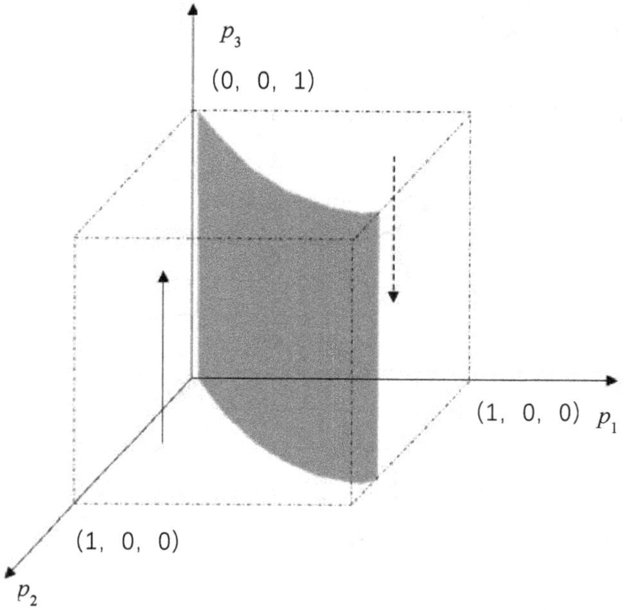

图 5-6 小微企业策略的复制动态相位图

具体而言，阴影面左方区域象征着 $K(X)<0$ 的一种决策情形，阴影面右方区域象征着 $K(X)>0$ 的一种决策情形。小微企业以 $p_3^*=1$ 为演化稳定策略的概率可借助右方区域体积予以直观表示。

$$V_{XP}=1-\int_0^1\int_0^1 1+\frac{\frac{b(1-l_1)}{1+e^{d-c_7}}-br_1-c_6-(1-p_1)c_5(1-k_1)}{p_1wv-v}\mathrm{d}p_1\mathrm{d}p_3$$
$$=\frac{\frac{wb(1-l_1)}{1+e^{d-c_7}}-wbr_1-wc_6-(1-w)c_5(1-k_1)}{w^2v}\ln|1-w|-\frac{(1-k_1)c_5}{wv} \quad (5\text{-}21)$$

由式(5-21)可知，V_{XP} 随着 $b(1-l_1)\div(1+e^{d-c_7})$ 增加而增大，随着 v、$(1-k_1)c_5$、c_6、br_1 的增加而减小，如图 5-7 所示。说明选择融资策略培育的韧性越强，额外损失、额外交易成本、融资成本越低，小微企业越趋向选择融资策略，小微企业融资约束越能得到缓解，下文通过数值仿真进行分析。

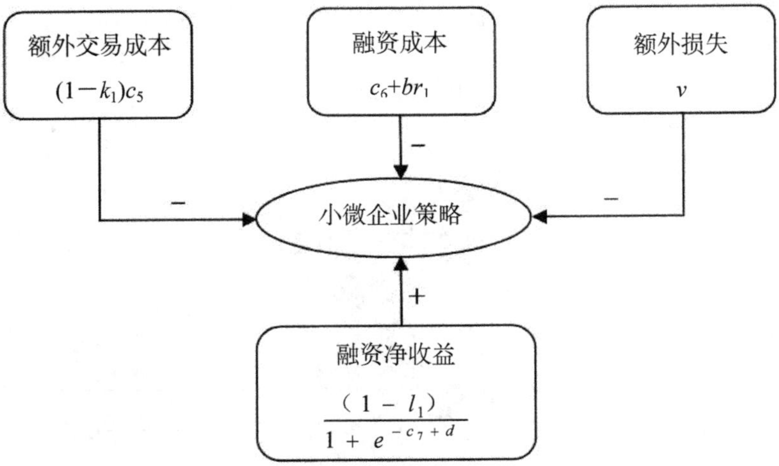

图 5-7　小微企业策略演化稳定策略影响因素

注：图中正负号表示影响因素与策略的相关关系，"+"表示正相关，"−"表示负相关。

5.4.2　演化策略稳定性分析

通过对政府、DFIIs 和小微企业三个复制动态方程的分析，可以得到三方博弈主体各自的策略演化路径，但无法直接判断出演化博弈系统最终的均衡点，因此需要探讨各策略纳什均衡点的渐进稳定性，来呈现各博弈主体的策略选择过程、数字普惠金融创新的政府监管效果以及小微企业融资培育韧性状况。根据 Friedman 等（1991）提出的方法，进一步构建 Jacobian 矩阵加以判断，由式（5-4）、式（5-11）、式（5-18）可计算出政府、DFIIs 和小微企业构成的演化博弈系统的 Jacobian 矩阵为：

$$J=\begin{vmatrix}\frac{\partial H(S)}{\partial p_1} & \frac{\partial H(S)}{\partial p_2} & \frac{\partial H(S)}{\partial p_3}\\ \frac{\partial H(F)}{\partial p_1} & \frac{\partial H(F)}{\partial p_2} & \frac{\partial H(F)}{\partial p_3}\\ \frac{\partial H(X)}{\partial p_1} & \frac{\partial H(X)}{\partial p_2} & \frac{\partial H(X)}{\partial p_3}\end{vmatrix}=\begin{vmatrix}J_{11} & J_{12} & J_{13}\\ J_{21} & J_{22} & J_{23}\\ J_{31} & J_{32} & J_{33}\end{vmatrix} \tag{5-22}$$

式（5-22）中，$J_{11}=(-2p_1+1)[-mp_2+(-p_2+1)\ wf+p_2p_3z_1-c_1+c_2]$，

$J_{12}=(1-p_1)\ p_1(p_3z_1-m-wf)$， $J_{21}=(1-p_2)\ p_2(m+wf+z_2+p_3wv-p_3z_2)$，
$J_{23}=p_2(1-p_2)[p_1wv-v+(1-p_1)\ z_2]$，$J_{31}=p_3(1-p_3)[(1-p_2)\ wv+(1-k_1)\ c_5]$，
$J_{22}=(-2p_2+1)[-c_3-mp_1+c_4+(-p_1p_3+p_1+p_3)\ z_2+p_1wf-p_3v+p_1p_3wv]$，
$J_{33}=(1-2p_3)[b(1-l_1)\div(1+e^{d-c_7})-br_1-c_6+(1-p_2)(p_1w-1)v-(1-p_1)(1-k_1)c_5]$，
$J_{13}=p_1(1-p_1)\ p_2z_1$， $J_{32}=-p_3(1-p_3)\ v\ (p_1w-1)$。

鉴于三方博弈主体演化博弈复制动态系统的渐进的稳定解一定是严格的纳什均衡（Klaus 和 Jörgen，1995），因此只需考虑纯策略均衡点的渐进稳定性。根据李雅普诺夫第一法，当均衡点对应的 Jacobian 矩阵的特征值都小于 0 时，该均衡点为演化稳定策略，否则，该均衡点不是稳定点。由此可以得到各均衡点 Jacobian 矩阵的特征值，具体见表 5-2。

表 5-2 各均衡点 Jacobian 矩阵的特征值及稳定性

均衡点	λ_1	λ_2	λ_3	稳定性
E_1（0，0，0）	$c_4-c_3<0$	$-c_6-v-c_5(1-k_1)-br_1+[b(1-l_1)]\div(1+e^{d-c_7})$	c_2-c_1+wf	待定
E_2（1，0，0）	$-c_6-(1-w)v-br_1+[b(1-l_1)]\div(1+e^{d-c_7})$	c_1-c_2-wf	$c_4-c_3+z_2+wf+m$	待定
E_3（0，1，0）	$c_3-c_4>0$	$c_2-c_1-m<0$	$-c_6-br_1+[b(1-l_1)]\div(1+e^{d-c_7})$	非稳定点
E_4（0，0，1）	$c_6+v+c_5(1-k_1)br_1-[b(1-l_1)]\div(1+e^{d-c_7})$	$-c_1+c_2+wf$	$c_4-c_3+z_2-v$	待定
E_5（1，1，0）	$-c_6-br_1+[b(1-l_1)]\div(1+e^{d-c_7})$	$c_1-c_2+m>0$	$c_3-c_4-z_2-wf-m$	非稳定点
E_6（1，0，1）	$c_6+(1-w)v+br_1-[b(1-l_1)]\div(1+e^{d-c_7})$	c_1-c_2-wf	$c_4-c_3+z_2-v+wf+m+wv$	待定

续表

均衡点	λ_1	λ_2	λ_3	稳定性
$E_7(0, 1, 1)$	$c_6+br_1-[b(1-l_1)]\div(1+e^{d-c_7})$	$c_2-c_1+z_1-m$	$c_3-c_4-z_2+v$	待定
$E_8(1, 1, 1)$	$c_6+br_1-[b(1-l_1)]\div(1+e^{d-c_7})$	$c_1-c_2+m-z_1$	$c_3-c_4-z_2+v-wf-m-wv$	待定
$E_9(0, p_{21}, p_{31})$	λ_{11}	λ_{21}	$-\lambda_{21}$	非稳定点
$E_{10}(p_{11}, p_{22}, 1)$	λ_{12}	λ_{22}	$-\lambda_{12}$	非稳定点
$E_{11}(p_{12}, p_{23}, 0)$	λ_{13}	λ_{23}	$-\lambda_{13}$	非稳定点
$E_{12}(p_{13}, 1, p_{32})$	λ_{14}	λ_{24}	$-\lambda_{24}$	非稳定点
$E_{13}(1, p_{24}, p_{33})$	λ_{15}	λ_{25}	$-\lambda_{25}$	非稳定点

其中，$p_{13}=1+(c_6+br_1)\div[c_5(1-k_1)]-[b(1-l_1)]\div[(1-k_1)c_5(1+e^{d-c_7})]$，$p_{11}=(c_3-c_4-z_2+v)\div(wf+m+wv)$，$p_{22}=(-c_1+wf+c_2)\div(wf+m-z_1)$，$p_{12}=(c_3-c_4)\div(wf+m+z_2)$，$p_{31}=(c_4-c_3)\div(v-z_2)$，$p_{32}=(c_1+m-c_2)\div z_1$，$p_{23}=(-c_1+wf+c_2)\div(wf+m)$，$p_{33}=(-c_3+c_4+m+z_2+wf)\div(-wv+v)$，$p_{24}=1+\{(c_6+br_1)\div[v(-w+1)]\}-\{[b(-l_1+1)]\div[(-w+1)v(1+e^{-c_7+d})]\}$，$p_{21}=1+[c_6+br_1+(1-k_1)c_5]\div v-b(1-l_1)\div(1+e^{d-c_7})$。

表 5-2 中 E_3、E_5、E_9、E_{10}、E_{11}、E_{12} 以及 E_{13} 这几个均衡点不会是演化稳定策略。当策略选择为 E_2{政府积极监管，DFIIs 违规创新，小微企业不融资}时，数字普惠金融市场供需关系并没有建立，政府不会积极介入采取积极监管策略，故舍去该均衡点。下面针对其他 5 个均衡点依次进行讨论。

1. 初始阶段 E_1（0，0，0）

普惠金融概念的引入，加之数字技术的快速发展，使国内涌现出一批数字普惠金融产品，一种新的融资方式进入小微企业视野。在这一阶段，数字普惠金融处于萌芽期，小微企业逐渐去关注、了解和使用这一新产品。政府起初持鼓励发展的态度，未建立完善的监管制度，对 DFIIs 和小微企业的不当行为鲜有惩罚，使得 $-c_1 + wf + c_2 < 0$，即政府监管成本大于处罚收益，政府选择消极监管策略。小微企业为了提高生存能力，付出大量融资成本去提高韧性，而 DFIIs 提供的数字普惠金融产品良莠不齐，小微企业融资的成本较高，超过其承受能力，小微企业将采取不融资策略，即 $b\ (1-l_1) \div (1+e^{d-c_7}) - c_6 - v - br_1 - (1-k_1)\ c_5 < 0$。

2. 小微企业融资阶段 E_4（0，0，1）

当小微企业培育韧性获得总收益增长时，小微企业将采取融资策略，即 $c_6 + v + br_1 + (1-k_1)\ c_5 - b\ (1-l_1) \div (1+e^{d-c_7}) < 0$ 时，政府消极监管，任由 DFIIs 探索市场规律自由发展，此时 DFIIs 进行违规创新的收益更高，即 $c_4 - c_3 + z_2 - v < 0$，基于有限理性假设，DFIIs 会采取违规创新策略。

3. 小微企业融资下政府积极监管策略转变 E_6（1，0，1）

随着小微企业融资的持续活跃，政府运用奖惩手段来引导 DFIIs 和小微企业的行为选择，此时政府满足 $c_1 - wf - c_2 < 0$，将保持积极监管策略。小微企业融资总成本降低，培育韧性获得正向收益，小微企业选择融资策略，即 $c_6 + (1-w)\ v + br_1 - b\ (1-l_1) \div (1+e^{d-c_7}) < 0$。但 DFIIs 的违规创新收益大于政府的奖惩力度施加的压力，$c_4 - c_3 + z_2 + wf + m - v + wv < 0$ 仍然成立，DFIIs 将继续选择违规创新策略。

4. 小微企业融资下 DFIIs 合规创新策略转变 E_7（0，1，1）

随着政府监管工作的持续推进，监管制度和技术趋于完善，DFIIs 违规创新收益低于其综合损失，即 $c_4 - c_3 - z_2 + v < 0$，DFIIs 将稳定选择合规创新策略。此时政府积极监管成本高于其监管收益，表现为 $-c_1 + c_2 - m + z_1 < 0$，超过政府承受能力。但由于数字普惠金融市场平稳有序运行，政府可以降低其干预力度，选择消极监管策略，同时，市场有序能够降低小微企业融资成本，

$c_6 + br_1 - b\ (1 - l_1) \div (1 + e^{d - c_7}) < 0$ 仍成立，小微企业将继续选择融资策略。

5. 理想状态 E_8（1，1，1）

政府监管成为常态化，监管形象收益提升，使得 $c_1 - c_2 + m - z_1 < 0$，政府保持积极监管策略，促使 DFIIs 违规成本加大，$c_3 - c_4 - z_2 - wf - m + v - wv < 0$，DFIIs 通过优化创新，巡查处理违规内容，加快数字普惠金融市场合规化演变，营造良好的数字普惠金融生态。此时，政府、DFIIs 和小微企业三方将形成{积极监管，合规创新，融资}的良性互动，有助于数字普惠金融发挥作用，助力小微企业生存发展。

5.5 案例仿真分析

5.5.1 案例背景

全球创新药浪潮掀起，由于政策导向和经营环境的变化，原料药企开始寻找下一个业务增长点来缓解业绩压力。它们普遍有两条路可以选择：一是提高原料药领域优势，扩大产品规模，实现降本增效；二是提升新药研发能力，应用生产端的规模化生产经验，进一步压缩成本，加大研发投入。

1. 参与主体

（1）DFIIs。SXYL 作为业内知名的金融科技平台，响应政策号召，依托集团的专业风控体系、技术研发实力以及自身完善成熟的服务团队和自有资金优势，积极开展金融科技创新。SXYL 在大数据分析、区块链、人工智能、云计算等技术上不断迭代，加强对优质底层资产的甄别能力，为小微企业提供管家式服务。

（2）小微企业。以创新为驱动力的生物医药产业高度依赖资金支持。BD 药业理智对待创新药投资。医药创新本身是高风险行业，进行创新药的投资必须找到一个未被满足的医疗需求，此前创新药企为提高自身估值而做的低效投入，在当前的资本环境下将难以为继。

（3）政府。DL 市地方金融监管部门将全面贯彻党的二十大精神，认真落实国家金融监管部门会议精神，坚持审慎从严，强化合规监管，坚守“规制建设、回归本源、合规经营、减量增质”原则，在严守风险底线的基础上，继续稳妥推进行业“减量增质”进程，推动 SXYL 依法合规经营创新，切实有效服务 BD 药业在内的小微企业。

2. 金融创新

DFIIs 以 SXYL 现实业务为研究框架，鉴于案例实际，借鉴彭红枫（2016）和马草原（2020）提出的参数设定规则，令 DFIIs 付出基本经营成本 $c_4 = 3$，DFIIs 提供合规创新金融服务付出的经营成本 $c_3 = 5$，若政府选择积极监管策略，假设政府监管效率 $w = 0.5$，即能够排除一半的违规创新，付出监管成本 $c_1 = 10$，对 DFIIs 合规创新行为给予奖励 $m = 4$。鉴于小微企业韧性水平较低，令 $l_1 = 0.1$，根据 *sigmoid* 函数图像，将初始值设置接近原点，故 $d = 6$，小微企业选择融资时，需要付出融资决策成本 $c_6 = 3$，贷款额度 $b = 20$，根据符颖莹（2019）研究结论融资成本率为 6%左右，可得 $r_1 = 0.06$。小微企业有限的资源限制其风险承担能力，会在一定程度上制约其风险承担行为，小微企业投入培育韧性的比例 $k_2 = 0.3$，同时政府获得监管形象收益 $z_1 = 10$。若政府选择消极监管策略，此时监管成本 $c_2 = 5$，将增加 DFIIs 和小微企业间的额外交易成本 $c_5=3$，且这部分交易成本中 30%由 DFIIs 承担，即 $k_1 = 0.3$，若 DFIIs 选择违规创新策略，其受到政府行政处罚 $f = 12$，小微企业需要承担额外金融风险 $v = 8$，同时造成 DFIIs 综合损失 $z_2 = 8$。

5.5.2 博弈策略关键影响要素分析

利用 Matlab 仿真，在改变系统初始变量的情况下，模拟数字普惠金融市场主体从自身利益诉求考虑，调整策略直至帕累托最优的动态博弈过程。假设初始政府积极监管p_1与消极监管（$1 - p_1$）概率相同，DFIIs 合规创新 p_2 与违规创新（$1 - p_2$）概率相同，小微企业融资p_3与不融资（$1 - p_3$）概率相同，均为 0.5，代入式（5-4）、式（5-11）、式（5-18）的复制动态方程式中。由演化稳定策略分析已知：政府策略受监管成本差异、监管形象收益和行政处罚的影响，DFIIs 策略受创新成本差异、行政处罚、奖励和综合损失的影响，小微企业策略受融资净收益、融资成本、额外损失和额外交易成本影响。基于现实中成本非可控要素，选取监管形象收益、行政处罚、贷款额度与韧性水平四个关键影响要素探究其对三方主体的博弈稳定性策略选择具体影响。在二维仿真图中，横轴表示仿真时间（t），纵轴表示相应主体中选择积极策略的意愿程度。

5.5.3 监管形象收益对博弈主体的影响仿真

考虑到初始设定值为正，为保证覆盖范围适当且趋势清晰，调整并选取监管形象收益 $z_1 = 8$、9、10。监管形象收益对三方综合策略的影响，如图 5-8 所示。前期主体各自变化趋势基本一致，但随着监管形象收益的增加，政府和 DFIIs 决策周期变长，而小微企业决策周期变短。

在初始阶段，DFIIs 有较强意愿进行合规创新，对数字普惠金融市场看好，但小微企业、政府则趋向于消极策略。随着时间的推移，小微企业融资培育韧性产生正向收益，小微企业为获得竞争优势、占领市场，快速调整融资策略，并保持积极融资态度。而为防范系统性金融风险，面对活跃的融资市场大量集聚违规创新，政府提高监管力度，存在积极监管意愿临界值，按照衡量意愿程度的五级指标（非常愿意、愿意、一般、不太愿意、完全不愿意），可表达为政府愿意选择积极监管策略。此时的监管力度已经能够对 DFIIs 违规创新形成震慑，后续监管力度受监管形象收益与积极监管额外付出的成本和奖励的影响，政府将进行监管成本和收益权衡，若监管形象收益更大，则会进一步加强监管力度，实现完全积极监管；若两者相等，则维持现有监管力度，保持对 DFIIs 的威慑力，市场规律较好发挥作用，实现近似有效市场和有为政府结合的均衡；但若是监管形象收益相比更小，则政府或将放松监管，当 DFIIs 察觉到这一状态时，又将逐渐选择违规创新策略，一旦市场再次陷入秩序混乱时，政府仍将担负责任，再次加强监管力度，维持数字普惠金融市场秩序，呈现周期性波动的状态，小微企业融资难以真正获得政策保障与支撑，此时不存在演化稳定策略。由此可见，提升社会公众对政府的信誉评价，有助于政府树立监管形象，维护良好的金融创新环境。

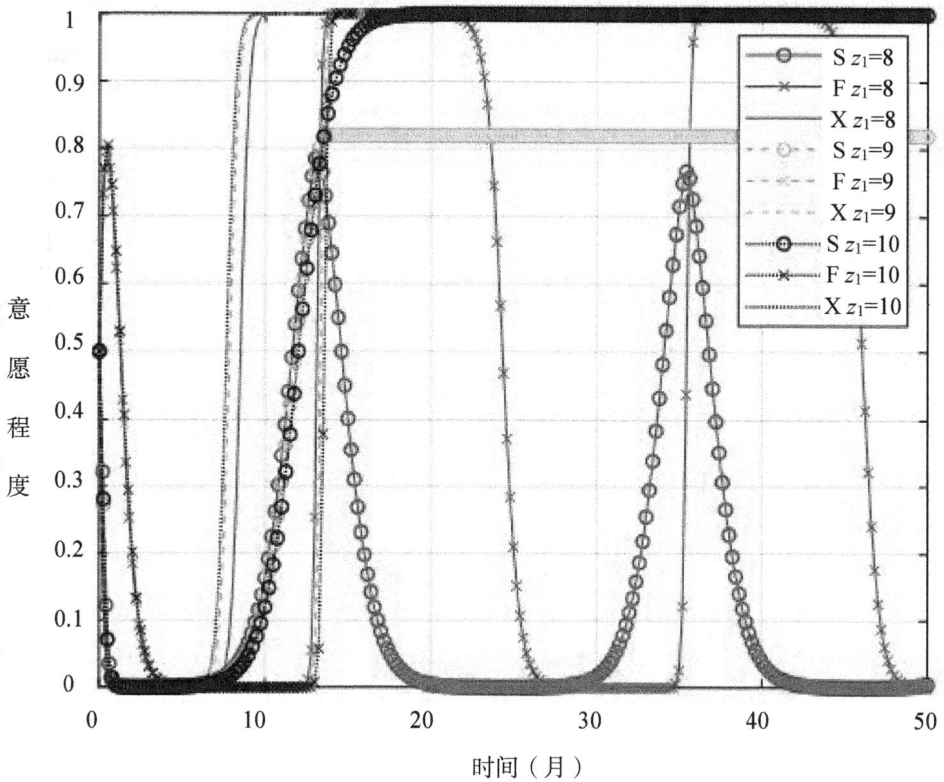

图 5-8 监管形象收益对三方综合策略的影响

5.5.4 奖惩力度对博弈主体的影响仿真

考虑到初始设定值为正，为保证覆盖范围适当且趋势清晰，调整并选取行政处罚f=12、15、18。行政处罚对三方综合策略的影响如图 5-9 所示。当f=12 时，小微企业选择融资策略时数字普惠金融市场还不完善，又经过很长时间才达到良好市场状态，在这个过程中，小微企业存在融资资源的浪费；当f=15 时，三方主体基本处于同一时间段采取积极策略，是最有效的资源选择；而当f=18 时，政府在稳定策略前曾出现一个小波峰，由于延时效应，能发现 DFIIs 也出现了小波峰，但此时小微企业融资积极性并不高，政府监管资源投入存在浪费。所以此时政府应把握行政处罚自由裁量权，提高资源利用率。

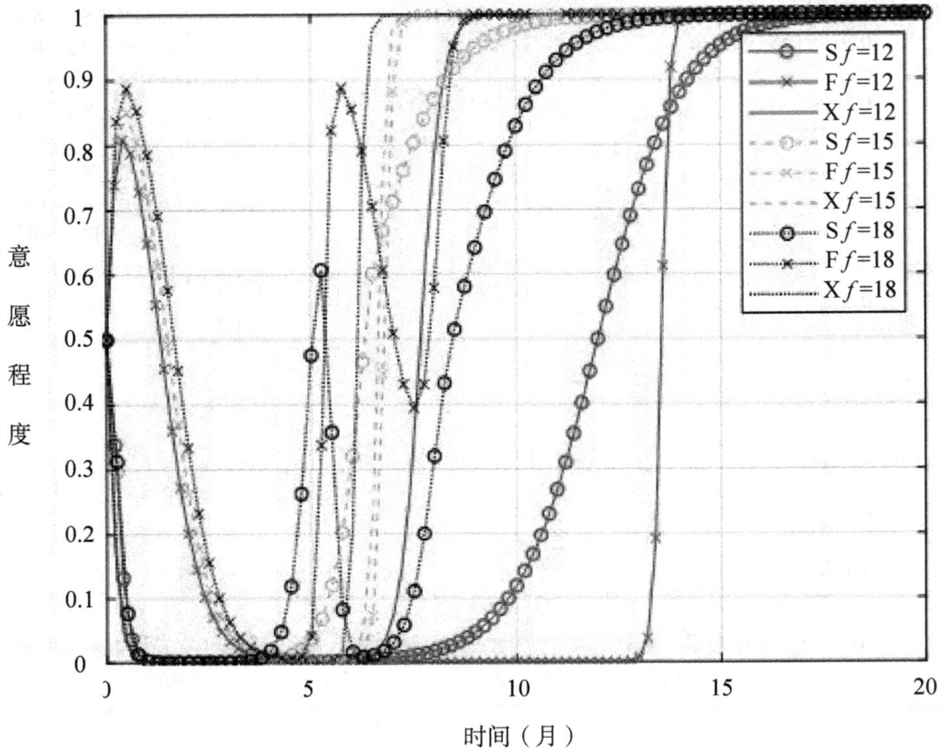

图 5-9 处罚力度对三方综合策略的影响

调整并选取奖励取值 $m=0$、4、8。奖励对三方综合策略的影响如图 5-10 所示。可知，奖励对小微企业选择融资的决策影响不大，而与政府和 DFIIs 利益直接相关，奖励越多，政府负担越重，监管积极性降低，反而不利于良性金融生态形成。

综上所述，政府应采取适度处罚与弱化奖励并行的奖惩制度，以规范 DFIIs 违规创新行为。通过明确处罚标准，减少过度激励，引导其合规经营，确保市场秩序稳定，促进金融创新健康发展。

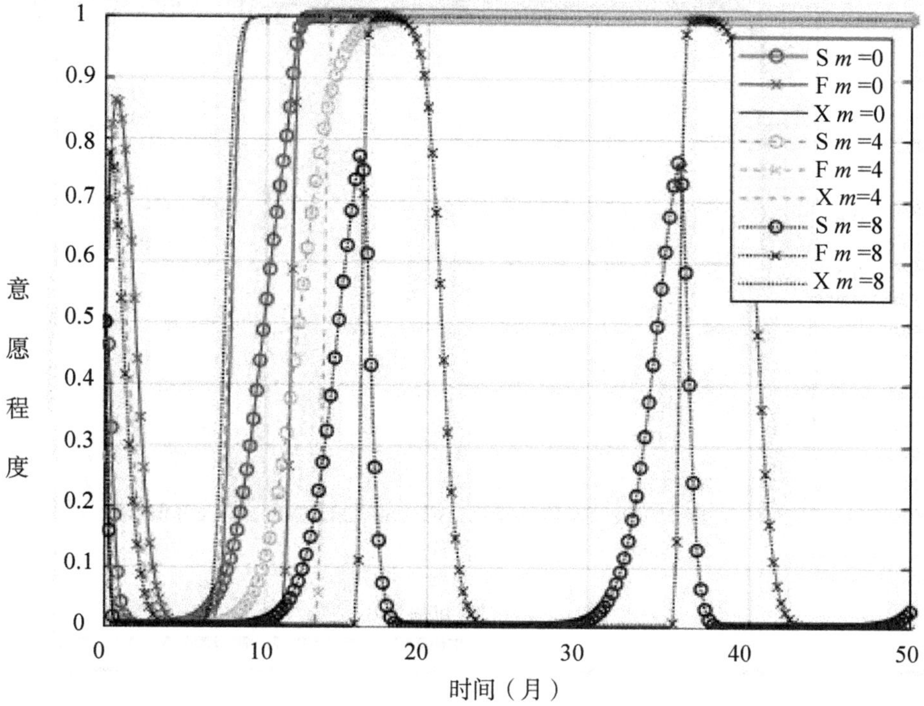

图 5-10　奖励对三方综合策略的影响

5.5.5　贷款额度对博弈主体的影响仿真

考虑到初始设定值为正，为保证覆盖范围适当且趋势清晰，调整并选取贷款额度 $b=14$、15、20。贷款额度对三方综合收益的影响如图 5-11 所示。当 $b=14$ 时，三方主体达到演化均衡状态需要较长时间，可能因为贷款获利较少，培育韧性积累所需时间长，对小微企业的帮助难以达到预期效果。当 $b=15$ 时，在三方主体达到稳定策略之前，政府积极策略意愿，在政府加强监管力度时，DFIIs 和小微企业基本在同一时期内提高积极意愿，即政府积极监管推动数字普惠金融市场发展，同时政府在达到稳定策略之前出现短时间的意愿波动，即数字普惠金融市场蓬勃发展再次加强政府规范需求，加强其监管力度，说明三方主体间策略选择是相互促进的。

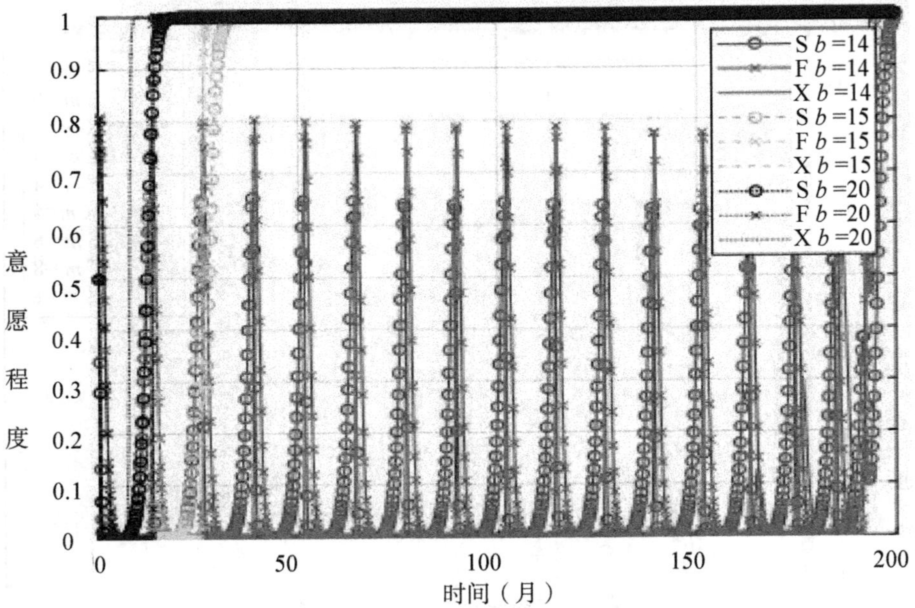

（a） 时间轴为 0－200

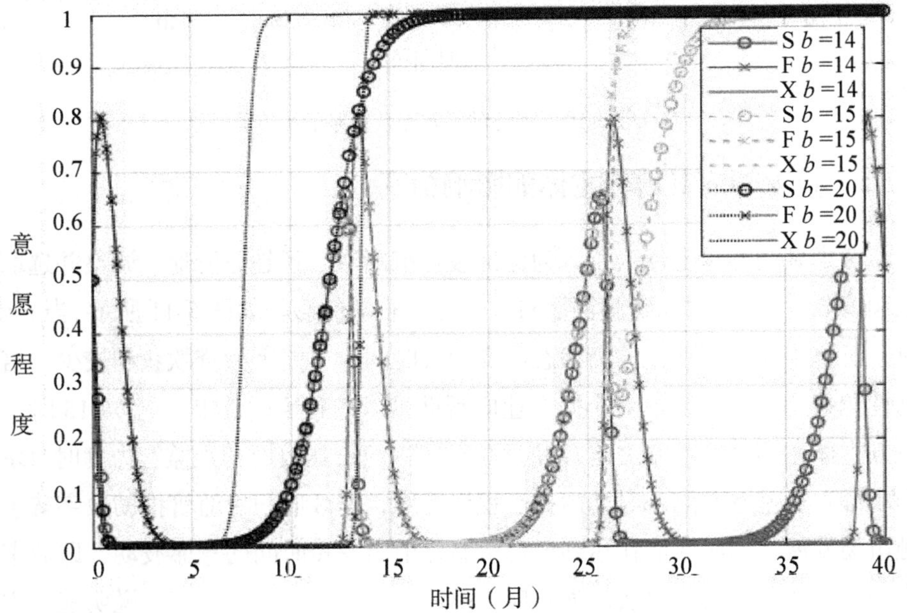

（b） （a）图局部放大

图 5-11 贷款额度对三方综合收益的影响

在当前复杂且充满挑战的经济环境下，小微企业的稳健发展对我国整体经济格局的稳定与繁荣至关重要。当 $b=20$ 时，在市场不够完善的情况下，小微企业若能够果断地作出积极融资培育韧性的选择，大概率是因为其当时处于种子期，这一阶段的小微企业由于其发展潜力比较大，能够获得较高融资额。在短时间内，它们便能积聚起培育韧性所需的成本，从而大幅缩短数字普惠金融市场实现稳态的时间长度。因此，DFIIs 精准且合理地控制贷款额度，不仅会助力构建良好的数字普惠金融市场环境，切实支持小微企业融资生存。并且，适当提高贷款额度上限，更能够帮助小微企业快速获取企业发展资金，有效提升其竞争力，从而加速市场朝着积极合规发展方向，有力推动整个国家的社会经济进入良性循环，形成多方共赢的有利局面。

5.5.6 韧性水平对博弈主体的影响仿真

鉴于初始设定值呈正向状态，为达成覆盖范围的适度性以及趋势的清晰可辨性，本研究经过多轮模拟与审慎的深入分析，最终对相关参数作出调整，确定并选取韧性水平 $l_1=0.1$、0.3、0.35。当 l_1 取值为为 0.1 时，小微企业所展现出的生存能力极为孱弱。即便在市场尚处于不完善的情况下，小微企业为了突破困境，它们会迫切地渴望通过融资获得更强的生存能力，主动接受变化，迎合外部不确定性，尽快弥补新进入者的缺陷，以期在短期内能够实现快速成长。但此时市场环境复杂，存在大量违规创新，亟须政府监管介入，以此维持市场秩序，提升 DFIIs 合规性，有效抑制金融风险扩散，来营造健康的成长环境。

当 $l_1=0.3$ 时，小微企业为进一步提高其生存能力，在融资金额不变的情况下，则需要付出更多的成本，同时还需要更长的培育时间周期，这意味着其资源投入与时间消耗大幅增加。而当 $l_1=0.35$ 时，小微企业自身具备了一定抗风险能力，资金周转与发展节奏变化的延时效应更为凸显。基于此，小微企业在选择融资策略时，应该综合考量融资金额和培育时间周期，避免由于投资积累周期过长、占用资金过多等造成企业经营困难。韧性水平对三方综合收益的影响如图 5-12 所示，该图为深入理解三者关系提供可视化依据。

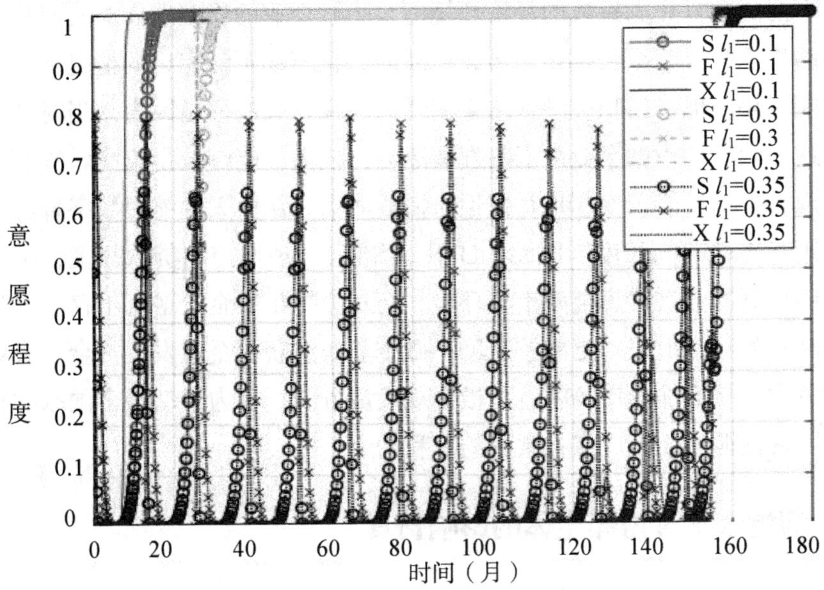

（a） 时间轴为 0－180

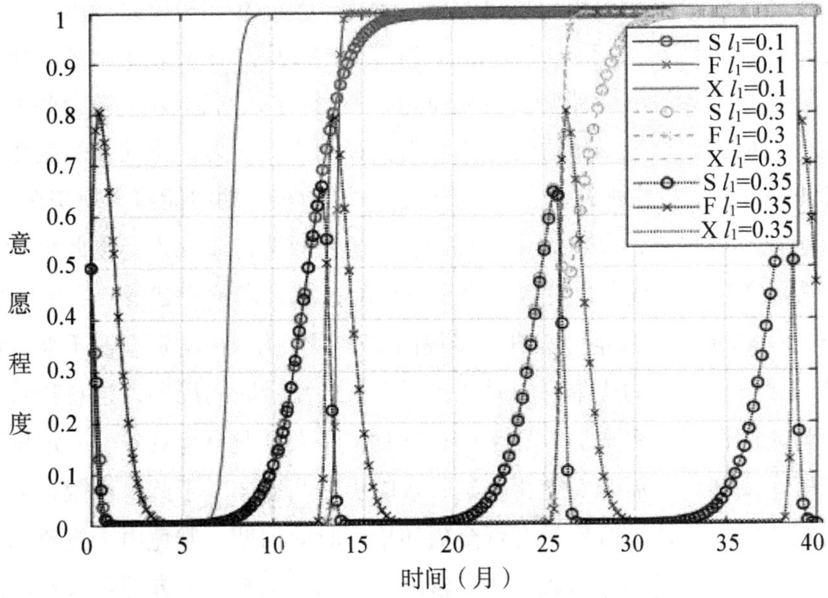

（b） （a）图局部放大

图 5-12 韧性水平对三方综合收益的影响

5.6 结论与建议

5.6.1 结论

本书借助“S”形生长曲线构建政府、DFIIs、小微企业的三方演化博弈模型，仿真三方策略趋势和均衡路径，并探讨关键影响因素及其作用机制。研究发现，监管形象收益、奖惩力度、贷款额度和韧性水平是影响政府、DFIIs 和小微企业策略选择的关键因素：①包括小微企业在内的公众反馈给政府的监管形象收益，与政府监管态度正相关，存在最优值；②政府处罚力度发挥作用存在最低限额，而奖励力度对策略决策影响不显著；③贷款额度越大越有利于小微企业生存成长，但考虑金融市场质效，应控制在一定范围；④基础韧性水平决定韧性提升周期，需要小微企业综合考量融资决策。据此本书主要研究结论如下。

第一，监管形象收益体现了以小微企业为代表的广大公众对政府行为的全面评价。小微企业会从政策扶持力度、审批流程便捷性、监管政策公平性等多个维度衡量政府表现。一旦社会对此高度认可，政府积极监管的意愿便会大幅增强。政府积极监管涵盖制定严格规范金融市场秩序的新规、优化金融业务审核流程等一系列举措，这必然伴随着额外成本，包括专业监管人员的人力投入、先进监测技术的升级费用等，还需设立如税收优惠、荣誉表彰等奖励机制激励金融机构合规发展。当监管形象收益所带来的诸如市场稳定、金融创新活跃等长期效益，与积极监管额外付出的成本及奖励总额在动态调整中持平时，便能实现有效市场与有为政府的精准平衡，有力激发数字普惠金融创新活力。在此环境下，数字普惠金融创新机构为保障自身利益，主动开展合规创新，小微企业的融资需求也得以充分满足，以推动经济的良性循环与发展。

第二，奖惩力度体现政府监管态度，直接影响 DFIIs 违规创新收益，从而引导其合规经营，降低小微企业融资风险。行政处罚力度发挥作用存在最低限值，当其大于积极监管额外付出的成本时，政府更倾向于积极监管，由于政府的激励和震慑作用，促使 DFIIs 选择合规创新，有助于小微企业获得合规金融服务，使其金融权益获得支持，提高小微企业融资水平，从而使小微企业融资约束获得有效缓解。奖励体现政府引导倾向，同时也会增加政府财政负担，虽然在一定程度上降低了 DFIIs 合规创新成本，但综合来看无法为数字普惠金融创新发展提供良性引导。

第三，贷款额度与小微企业融资积极性呈现显著负相关，却与额外交易成本和额外金融风险呈正相关。当贷款额度较低时，小微企业长期处在缓慢发展阶段徘徊，尤其对平均寿命较短的小微企业而言，有限资金难以支撑其业务拓展、技术升级，无法延长其生命周期，生存风险随之剧增；提高贷款额度上限能够明显加强小微企业融资意愿，有利于小微企业生存能力提升，并推动数字普惠金融市场向合规化演进，实现市场发展正向循环，但在金融资源有限的条件下，制定差异化贷款额度上限更有利于经济的长远发展。

第四，基础韧性水平与提升韧性投入紧密相连，呈现出显著正相关。表现为当企业基础韧性水平较高时，为进一步培育韧性，在技术升级、人才储备等方面的资金投入需求相应增大。处于成长期的小微企业一般韧性较低，融资意愿强烈，此类企业更容易收获培育韧性带来的收益，帮助其形成自我强化效应，提升其生存能力。但对于已经具备一定韧性的小微企业，其培育韧性所需的融资金额会更高，周期会更长，如果没有持续稳定的现金流支持，一旦出现现金流断裂，势必会引发财务危机，甚至面临破产风险。

5.6.2 建议

数字普惠金融创新发展呈现出复杂且多元的态势，其依赖不同层级的多元主体协同参与。从金融机构、小微企业到政府部门，各主体在其中扮演着独特角色，而主体行为选择与其利益相关联，为实现多方共赢，精准平衡有效市场和有为政府，聚力数字普惠金融创新，为小微企业提高生存能力提供有力支持，具体建议如下。

第一，构建监管长效机制，优化融资环境。政府应积极探索适合数字普惠金融发展的管理制度和规范，并走深走实，持续完善、深化金融基础设施建设和运用，牵头搭建普惠金融综合服务平台，帮助数字普惠金融机构和小微企业建立高效链接，精准、高效输血小微企业。坚持政府“搭台”+市场“唱戏”的双轮驱动模式，在政府监管与市场自治之间留有张力，充分释放政府监管、市场自治、社会参与的齐抓共管效应，倡导负责任金融理念，将政府补贴、扶持政策等内容嵌入金融产品，以产品展览等方式为小微企业提供对比选择的机会，提升金融服务效率，有效回应小微企业提高生存能力健康发展的时代诉求。

第二，完善融资配套政策支持体系，奖优惩劣激发市场活力。政府通过多方位、多层次共治，实施主动性、功能性、穿透式监管，突出系统治理、综合治理、精准治理，强化对金融机构创新的全过程监管，完善监管理念，提升监管专业能力，利用数字化技术溯源追踪，强化金融风险源头治理，降低数字普惠金融机构违规创新的侥幸心理，最大程度降低融资风险，推动数字普惠金融合规扩面。同时充分考量数字普惠金融的战略价值和预期增值，引导激励金融机构降费扩面与高质量发展，重点激发数字普惠金融机构合规创新的内在积极性，降低对政府奖励依赖，推动政策和服务精准触达经营主体，撬动金融资源向小微企业配置，促使其发挥主动性，使更多数字普惠金融机构成为小微企业成长的伙伴。

第三，探索打造线上化风控，精准投放信贷资源。数字普惠金融机构运用数字技术，更高效合规地实现关键数据分析，与小微企业建立良好合作关系，一方面丰富服务品种和场景，匹配多样化融资需求，缓解企业现金流压力，提升智能风控处理能力和处理效率；另一方面，聚焦战略性新兴产业和未来产业，针对专业基础好、创新意识强、发展潜力大的高成长型小微企业，倾斜金融资源，实施独角兽企业培育计划，打造优势科技创新策源地，提高其贷款融资上限，加速其创新成果转化落地，构建高科技、高成长、高价值企业矩阵，助力提升小微企业韧性，增强产业技术国际话语权，从而在稳增长强能力方面作出贡献。

第四，构建金融机构与小微企业对接的长效机制，提高首贷获得率和续贷支持度。为进一步提高小微企业的生存能力，强化资源保障，数字普惠金融机构应主动下沉服务，优化贷款结构，借助智能化分析，识别优质小微企业，更好地发挥资本市场的枢纽功能。对于韧性水平较低的小微企业，提高首贷获得率能明显提升其生存能力；对于已经具备一定韧性水平的小微企业，数字普惠金融机构开发小微企业续贷产品或完善现有产品续贷功能，使其能够依托良好的经营状况及信用水平获得接续融资，有效降低小微企业培育韧性过程中的现金流压力。

6 普惠金融需求侧创新发展——数字普惠金融对企业技术创新的影响研究

6.1 引言

技术创新已成为推动社会进步与经济发展的核心动力，能够加速现有产业转型升级并为新兴产业发展提供有力支撑，以创新驱动经济高质量发展是调整产业结构、转变经济增长方式的关键（王俊懿，2023）。中共中央、国务院印发《创新驱动发展战略纲要》，提出创新驱动发展战略并指出创新是引领发展的第一动力，强调“科技创新是提高社会生产力和综合国力的战略支撑，必须摆在国家发展全局的核心位置”。党的十九届五中全会明确指出，要坚持创新在我国现代化建设全局中的核心地位，把科技自立自强作为国家发展的战略支撑，完善国家创新体系，加快建设科技强国，要强化国家战略科技力量，提升企业技术创新能力，激发人才创新活力，完善科技创新体制机制。因此，提升我国企业创新质量，将技术创新打造成为我国经济增长的新引擎，提高我国企业创新水平具有很强的现实意义和政策含义。国家统计局发布的《2021 年全国科技经费投入统计公报》表明，2021 年我国研究与试验发展（R&D）经费较上年环比增长 14.6%，增速比上年加快 4.4 个百分点；研发投入强度占 GDP 比重达到 2.44%，比上年提高 0.03 个百分点，其中高技术制造业研发投入强度为 2.71%，比上年提高 0.05 个百分点。对于实体企业，特别是具有高灵活性、高创新性与发展潜力特性的中小企业，尤其需要积极开展技术创新以应对市场竞争和产业升级压力。党的二十大报告明确指出，坚持把发展经济的着力点放在实体经济上，加快实施创新驱动发展战略，推动实现高水平科技自立自强。当前，我国经济处于向高质量发展的转型阶段，技术创新是加快制造业提质增效、推进制造强国建设的关键。而金融是实体经济的命脉，充分发挥金融对实体经济的支持作用有助于宏观经济稳定。但是传统金融在服务实体经济过程中存在属性错配、领域错配、阶段错配等结构性问题，在一定程度上制约了企业的创新发展动力，亟须进行金融供给侧结构性改革。而伴随大数据、人工智能等数字技术在金融领域的广泛应用，数字普惠金融应运而生（郭峰，2020）。数字普惠金融打破了传统金融在渠道、时间和空间上的局限，革新了传统金融体系基于抵押担保等信用评估方式，更能全方位满足社会各阶层尤其是低收入金融需求群体的金融服务需求，有效缓解中小企业的融资约束，实现更高效率、精准、低成本的资金匹配，激发实体企业创新产出内生动力。当前，激活实体经济活力、提高金融服务质效是新发展格局下经济高质量发展的关键所在。数字普惠金融则是实现这一目标的重要抓手,它能够有效地降低实体经济运行成本，提高社会资源利用效率，并更好地实现普惠金融的愿景。因此，数字普惠金融是中国金融供给侧结构性改革的必然选择（孙济潍，2021），研究数字普惠金融与实体企业创新具有一定的实践意义。

如何提升企业创新能力始终是学术界关注的热点问题。梳理过往文献，现有文献主要从企业融资约束、融资成本、资源错配以及企业金融化等角度探讨了数字普惠金融促进企业创新的作用机制与经济后果（陈利等，2024；曹增栋等，2024）。其一，较多学者针对数字普惠金融对融资约束的缓解作用展开研究，发现其具有降低融资成本和改善融资结构的作用（谢旭升，2022），同时，它通过优化金融资源在部门间的配置和补齐传统金融短板来促进中小企业技术创新（杨君，2021）。另外，数字普惠金融的发展加大了银行等传统金融机构的竞争压力,缓解了资金的领域错配、属性错配和阶段错配问题（唐松等,2020），能有效缓解企业金融投资对企业创新产出带来的挤出效应（杨亚平，2021）。其二，部分学者针对数字普惠金融在实体企业金融化、投资效率与实体经济发展等方面的影响也展开了研究。在研究过程中，有学者发现数字普惠金融一方面能够缓解传统金融中出现的“领域错配”问题，降低企业的财务费用，从而促进企业的实业化投资（盛明泉，2022）；另一方面通过改善融资环境与缓解融资约束，进一步优化企业的资本结构，提升企业投资效率（李季刚，2022）。也有学者提出,数字普惠金融能够降低金融投资回报率和缩小影子银行规模（钟凯，2022）、降低融资费用以及缓解融资约束（成群蕊，2021），从而达到缓解企业金融化水平的作用。上述成果为数字普惠金融对企业技术创新的影响研究提供了强有力的理论支撑与方法启发，但当前关于数字普惠金融微观层面的相关研究多集中于中小企业、高新技术领域。那么，数字普惠金融对实体企业的创新行为会有什么影响？又是如何产生影响的？将会产生什么经济后果？在数字普惠金融发展背景下，实体企业创新将会呈现什么特点？这一系列问题的回答，不仅能够拓展数字普惠金融经济后果、企业创新驱动因素的相关研究，而且有助于深度剖析数字普惠金融的创新驱动效应及其内部作用机理，为数字普惠金融高质量服务实体经济提供靶向和着力点。

本书的边际贡献主要体现在以下三个方面。第一，以数字普惠金融作为切入点，探寻其对实体企业技术创新的影响效应、作用机理及其异质性影响，拓展数字普惠金融经济成果和企业创新驱动因素相关研究，有助于厘清数字普惠金融与实体经济发展之间的内在关联，为实现金融供给侧结构性改革，提高金融服务实体经济质效提供理论依据。第二，本书通过融资约束的中介效应检验，揭示了数字普惠金融与实体企业创新之间的关系，融资约束在数字普惠金融促进实体企业创新的过程中扮演了重要角色，为数字普惠金融领域的研究提供了新的视角。第三，本书探讨了数字普惠金融结构、企业产权性质及行业类型等横截面特征对企业技术创新路径的异质性影响。这些特征差异性对数字普惠金融的创新驱动效应具有显著影响，这为精准识别和分类引导数字普惠金融政策提供了理论依据，以实现对实体企业发展的高质量服务。

6.2　理论分析与研究假设

6.2.1　数字普惠金融与企业创新

实体企业创新活动较多，但面临监管成本高、产出不确定、价值难以度量等问题，因而也存在较高的创新风险与信息不对称问题（卢馨，2013），且研发创新需要充裕现金流作为支撑，但部分中小企业存在严重的融资约束，无法获取充足资金用于企业创新。而数字普惠金融的出现缓解了上述问题。首先，数字普惠金融借助技术外溢促进企业技术创新。数字普惠金融作为金融与数字技术融合创新的新时代产物，具有极强的技术外溢特征（武常岐，2022）。数字普惠金融的发展颠覆了传统金融发展业态，促使金融与科技的边界日益模糊（余静文，2021），充分借助技术外溢缓解金融机构与实体企业间信息不对称并提升自身信贷管理水平，促进信用评级、风险定价技术升级（段永琴，2021），降低信贷评估审批成本与风险溢价（刘岩，2022）以及不良贷款率（袁鲲，2020）。同时，通过产业结构优化升级，增大区域内企业通过技术外溢获取新技术的机会（王明，2022），推动金融机构数字化转型，使金融服务更加便捷、高效。其次，数字普惠金融作为集聚多家金融服务机构与创新企业的平台，能够发挥资源效应，为供需双方提供更丰富的资源选择，倒逼金融企业与需求方企业间的竞争，借助资源竞争机制助力企业技术创新。一方面，数字普惠金融的加入加剧了金融行业内的竞争，倒逼传统金融数字化转型，进而增加融资选择，提高融资效率。另一方面，数字普惠金融将小规模投资者与融资企业纳入市场，最大限度地发挥金融普惠效应，提升资金利用效率，改变金融错配现象，推进实体企业良性竞争与产业结构合理化发展（龙云安，2023）；发挥信息效应，打破信息屏障，激发实体企业培育长期竞争优势，提高金融服务实体经济效率（张佳佳，2023）。最后，数字普惠金融通过资金聚集促进企业技术创新。数字普惠金融提高了资金配置效率，将长尾群体纳入考虑范畴，扩大金融服务范围，使更多的资金供需双方从中受益，借助规模化的操作流程，直接促进供需双方资金匹配、定价和交易（丁杰，2015），并且相对于大型企业，数字普惠金融对中小企业的资金需求起到“雪中送炭”的效果。综上，数字普惠金融通过技术外溢、资源竞争和资金聚集等方式为企业的技术创新提供了重要支持，最大限度地发挥其普惠特性，提升金融支持效率（贾俊生，2021），促进了技术创新的跨界交流、资源竞争和资金聚集，推动了整个行业的技术进步和创新发展。

基于以上分析，提出如下假设。

假设 1：数字普惠金融对实体企业技术创新具有促进效应。

6.2.2 数字普惠金融、融资约束与企业创新

对于市场主体而言，创新研发活动本身具有高投入、高风险、长周期和不可逆等特点，在一定程度上凸显了企业面临的融资困境（滕磊，2020），过强的融资约束会使企业陷入资金匮乏的困境，进而影响企业创新的意愿和能力。并且，资源表示出向规模大、效率高、声誉好的企业倾斜的趋势，特别是企业面临的信息不对称问题使得部分企业创新难以获得信贷支持，导致其倾向于减少高风险、高成本的创新支出。而数字普惠金融能够在一定程度上补齐传统金融短板，解决实体企业尤其是中小企业“融资难、融资贵、融资慢”的问题。

首先，针对实体企业融资难的问题，数字普惠金融一方面以信息流带动资金流，减少因信息不对称问题产生的额外交易成本，依托大数据建立信用体系与完善的风险评估机制，解决中小企业无法授信而导致的融资难问题（田秀娟，2022），提高资金供需匹配效率。另一方面借助人工智能等数字技术，提高金融机构业务效率，扩大金融受众覆盖面，拓展资金供给来源，为解决企业“融资难”问题提供可行的解决方案（Lu L.，2018）。其次，针对实体企业融资贵的问题，相较于传统金融渠道，数字普惠金融依托于大数据等数字技术，提供更多融资渠道，简化融资流程，加快审批速度，提高了融资效率，能够以较低成本对实体企业进行风险评估，降低融资风险，从而降低实体企业平均融资成本（谢绚丽，2018）。最后，针对实体企业融资慢的问题，数字普惠金融提供多样化的融资渠道，通过数字技术赋能，降低数据挖掘边际成本，识别并挖掘具有发展前景的实体企业，及时满足差异化的融资需求（任晓怡，2020）。同时，人工智能技术在数字普惠金融领域的广泛应用帮助其实现创新资金供需双方的精准匹配，加快信贷审批流程，引导资金流向与实体企业技术创新融资需求相匹配的项目，提高创新融资效率（David，2009）。由此可见，依托第三方支付的新型数字普惠金融产品的出现也进一步提升了资金配置效率。综上，数字普惠金融的发展通过缓解融资难题，对企业创新产生促进作用。

基于以上分析，提出如下假设。

假设 2：数字普惠金融能够通过缓解实体企业融资约束促进企业创新。

6.2.3 数字普惠金融促进实体企业创新的异质性

1. 从企业产权性质来看

技术创新项目通常具有高投入、高风险、长周期的特点，且民营企业大多规模较小，发展资金相对较为短缺，自有资金难以满足研发投入需求，因而通常需要借助外部融资来解决技术创新的资金问题（宋玉臣等，2024；舒欢等，2024）。民营企业融资需求多元化、持续性强，而传统金融征信体系存在信息不对称等问题，加剧了融资约束，现有资金也会优先用于生产经营，导致研发资金与研发动力不足，无法进一步开展研发创新活动。谢旭升（2022）提出，数字普惠金融通过缓解民营中小企业融资约束对技术创新发挥更强的激励效果。也有学者提出，依托数据收集与信用评估优势，缓解金融机构与企业间的信息不对称，提供契合企业需求的信贷产品（袁鲲，2020），促进企业创新。

基于以上分析，提出如下假设。

假设 3：数字普惠金融促进实体企业创新的作用在非国有企业中更明显。

2. 从企业所处行业类型来看

相较于主要从事服务、物流、建筑、文体娱乐等业务的非制造业企业，制造业通常需要大量资金应用于设备采购、生产存储等各个环节，而数字普惠金融可以为其提供更便捷的融资渠道，满足制造企业日益增长的资金需求（肖红军等，2022）。制造业的生产过程与供应链管理相对较为复杂，涉及原材料采购、生产制造、物流配送等多个环节，而数字普惠金融可以为其提供更加高效、精准的供应链金融服务，帮助制造企业优化供应链运作与资金流动（沈洋等，2022）。此外，制造业在面临日益激烈的市场竞争时，需要不断进行技术升级与产品创新，以满足多样化的市场需求，其相较于其他行业对企业技术创新的融资需求更大，合理推断数字普惠金融对制造企业的技术创新影响效果更大。

基于以上分析，提出如下假设。

假设 4：数字普惠金融促进实体企业创新的作用在制造业企业中更显著。

6.3 实证设计

6.3.1 模型设定

1. 基准模型

为检验数字普惠金融对实体企业技术创新的影响（假设 1），构建基准回归模型：$INPUT_{it}=\alpha_0+\alpha_1 DIFI_{i,t}+\alpha_2 control_{i,t}+\sum Industry+\sum YEAR+\varepsilon$。其中，$i$ 和 t 分别表示个体和时间，*INPUT* 代表企业创新，*DIFI* 为数字普惠金融，*control* 为控制变量集合，$\sum Industry$ 和 $\sum YEAR$ 分别为行业和时间固定效应，ε 为干扰项。

因变量：企业创新（*INPUT*）参考万良勇（2020）的做法，本书使用研发投入占比衡量企业创新水平，具体测度公式为研发支出÷营业收入。

自变量：数字普惠金融（*DIFI*）和现有文献一致，采用北京大学数字普惠金融研究中心与蚂蚁金服合作并利用蚂蚁金服数据编制的“数字普惠金融指数”来衡量。

控制变量：参照梁榜（2019）、万佳彧（2020）等学者的做法，选择如下控制变量。

企业层面的控制变量有如下 11 个。

（1）总资产净利润率（*ROA*），采用当年净利润与总资产的比值衡量。

（2）资产负债率（*Lev*），采用期末总负债与总资产的比例计算。

（3）独立董事占比（*Ind*），采用公司独董人数占董事总人数比例。

（4）营业收入增长率（*Grev*），以营业收入增长速度衡量。

（5）企业规模（*SIZE*），以企业年末总资产的自然对数表示。

（6）企业年龄（*Age*），以企业上市年度加 1 的自然对数衡量。

（7）股权集中度（*Shrcr*），采用公司前十大股东持股比例来衡量。

（8）董事会规模（*BOA*），以董事会总人数的自然对数表示。

（9）两职合一（*Dual*），以公司董事长与总经理为同一人取 1，否则为 0。

（10）固定资产率（*Far*），采用企业当年固定资产与总资产的比例衡量。

（11）资本密集度（*Cap*），使用总资产与营业收入的比值衡量。

省份层面的控制变量有如下 2 个。

（1）人均 GDP（*PGDP*），采用各省人均 GDP 除以 10000 加 1 的自然对数衡量。

（2）产业结构（*IS*），采用地区第二产业产值与 GDP 的比值衡量。

为尽可能减轻企业所处行业、年份等因素对企业创新趋势以及融资约束产生的影响，本书的基准回归模型和中介效应检验模型均采用固定行业效应（*Industry*）和年份效应（*YEAR*）的双向固定效应模型。

2. 中介效应检验模型

为验证数字普惠金融是否会通过缓解融资约束来促进实体企业创新，即检验研究假设 2，借鉴温忠麟和叶宝娟（2014）所提出的中介效应检验程序，构建模型如下。

$$INPUT_{i,t} = \beta_0 + \beta_1 DIFI_{i,t} + \beta_2 control_{i,t} + \sum Industry + \sum YEAR + \varepsilon \qquad (6\text{-}1)$$

$$SA_{i,t} = \gamma_0 + \gamma_1 DIFI_{i,t} + \gamma_2 control_{i,t} + \sum Industry + \sum YEAR + \varepsilon \qquad (6\text{-}2)$$

$$INPUT_{i,t} = \eta_0 + \eta_1 DIFI_{i,t} + \eta_2 SA_{i,t} + \eta_3 control + \sum Industry + \sum YEAR + \varepsilon \qquad (6\text{-}3)$$

式（6-1）至式（6-3）中，企业融资约束变量（*SA*）借鉴 Hadilok 和 Pierce（2010）的做法，选取用$-0.737Size + 0.043Size^2 - 0.044Age$计算的 *SA* 指数衡量并对其取绝对值，当 *SA* 指数绝对值越大表示企业所受融资约束程度越高，其余变量的定义与测量方式均与上文保持一致。式（6-2）用于检验数字普惠金融对企业融资约束的影响，式（6-3）则是在式（6-1）的基础上研究融资约束对企业创新的影响效应，式（6-2）和式（6-3）的控制变量同式（6-1）。式（6-1）中数字普惠金融的估计系数显著是中介效应成立的前提，若γ_1和η_2显著，且$\gamma_1 \times \eta_2$与β_1同号，则说明中介效应成立。

6.3.2 样本选择和数据处理

为论证以上假设，本书以沪深 A 股 2012—2021 上市实体企业作为研究样本，涉及以下数据来源：①北京大学城市数字普惠金融指数，由北京大学数字普惠金融研究中心发布；②企业财务数据与相关信息，均来自 CSMAR 数据库；

③地区宏观数据，来自国家统计局2012—2021年《中国统计年鉴》。对样本进行如下筛选：①剔除房地产、金融类企业；②剔除股票被标注为“ST”（特别处理）的企业；③剔除相关指标及信息披露不全的企业。最后将数字普惠金融指数根据注册地所在城市匹配到各企业。经过筛选处理后，最终得到1344家企业，共13440个观察值构成的面板数据，各变量的描述性统计结果见表6-1。

表6-1 变量描述性统计

变量	样本量	均值	标准差	最小值	最大值
INPUT	13440	4.814	4.523	0.050	26.10
DIFI	13440	2.286	0.654	0.885	3.515
DIFI CB	13440	2.278	0.657	0.809	3.617
DIFI UD	13440	2.243	0.674	0.917	3.500
DIFI DL	13440	2.391	0.738	0.800	3.365
SA	13440	3.807	0.244	3.121	4.397
PGDP	13440	11.17	0.436	10.26	12.06
IS	13440	0.402	0.0920	0.160	0.528
Ind	13440	37.57	5.414	33.33	57.14
ROA	13440	0.0370	0.0600	− 0.306	0.193
Lev	13440	0.403	0.188	0.0530	0.901
Grev	13440	0.291	0.606	− 0.624	3.831
SIZE	13440	8.524	1.243	6.229	12.39
Age	13440	2.291	0.660	0	3.466
Shrcr	13440	55.74	14.78	8.779	98.59

续表

变量	样本量	均值	标准差	最小值	最大值
BOA	13440	2.127	0.195	1.099	2.890
Far	13440	0.208	0.138	0	0.876
Cap	13440	2.256	3.051	0.0880	289.9

6.3.3 描述性统计特征

在表 6-1 中，企业创新（*INPUT*）的最大值为 26.10，即样本企业中最高创新水平的企业研发投入占比达到 26.10%，而最小值仅为 0.05，表明不同企业间的创新水平确实存在较大差异。

6.4 实证结果分析

6.4.1 基准回归结果

本书采用双向固定效应模型，回归结果见表 6-2。

表 6-2 数字普惠金融对实体企业创新影响的回归结果

变量	固定效应	滞后一期	工具变量法 第一阶段	工具变量法 第二阶段
	（1） *INPUT*	（2） *INPUT*	（3） *DIFI*	（4） *INPUT*
DIFI	1.346*** (0.512)			8.5937*** (1.550)
L.DIFI		1.692*** (0.478)		
Inter			0.0026*** (0.000)	

续表

变量	固定效应	滞后一期	工具变量法第一阶段	工具变量法第二阶段
	（1） *INPUT*	（2） *INPUT*	（3） *DIFI*	（4） *INPUT*
_cons	7.692* (4.166)	11.03** (4.667)	－2.4571*** (0.060)	25.5452*** (4.595)
Control	Yes	Yes	Yes	Yes
Industry	Yes	Yes	Yes	Yes
YEAR	Yes	Yes	Yes	Yes
Observations	13274	13274	13274	13274
Number	1344	1344	1344	1344
Symbol of R^2	0.0933	0.0951	0.949	0.332

注：***、**、*分别代表的是 1%、5%和 10%的显著性水平，括号内是稳健标准误。

表 7-2 中列（1）为数字普惠金融对实体企业创新影响的基准回归结果，为避免变量间的内生性问题加入滞后一期数字普惠金融指数的回归结果见列(2)，结果显示，无论是否滞后解释变量，数字普惠金融（*DIFI*）的系数均在 1%的显著性水平下显著为正，表明数字普惠金融的发展对实体企业创新存在显著正向促进效应。此外，为避免因遗漏变量造成的内生性问题，本书借鉴万佳彧的做法，将各省互联网普及率（*Inter*）作为工具变量采用 2SLS 对模型进行估计。列（3）为工具变量法第一阶段结果，主要变量系数在 1%的显著性水平下显著，满足工具变量要求。第二阶段回归结果如列（4）所示，数字普惠金融（*DIFI*）的系数在 1%的显著性水平下显著为正。因此，无论是基准回归还是工具变量法下的回归结果，数字普惠金融（*DIFI*）的回归系数均显著为正，表明数字普惠金融发展促进实体企业创新的结论显著，假设 1 得以验证。

6.4.2 稳健性检验

1. 替换被解释变量

考虑营业收入可能存在盈余管理的问题，本书借鉴刘运国（2018）的做法，选取基于总资产进行标准化的研发投入（*TD*）作为企业创新指标的替换变量，其检验结果见表 6-3 列（1），数字普惠金融（*DIFI*）的估计系数在 1%的水平下显著为正，表明在替换了被解释变量后，数字普惠金融发展对实体企业创新的促进效应仍然存在，以上证明结论的可靠性。

2. 更换样本量

本书剔除企业所在城市为直辖市的样本，回归结果见表 6-3 列（2），数字普惠金融（*DIFI*）的估计系数在 1%的水平下显著为正，表明更换样本量对基准回归结果未产生影响，本书核心结论稳健。

3. 更换固定效应

本书主要采用控制时间与行业双向固定效应进行回归检验，但这种常规做法可能较为柔性，因此选择借鉴 Moser 和 Voena 研究思路，采用控制“时间×行业”的高阶联合固定效应方法进行稳健性检验。回归结果见表 6-3 列（3），数字普惠金融（*DIFI*）的估计系数显著为正，说明更换固定效应后，数字普惠金融的发展对实体企业创新的促进效应仍然存在，证明本书结论是可靠的。

表 6-3 稳健性检验结果

变量	替换被解释变量	替换样本	更换固定效应
	（1） *TD*	（2） *INPUT*	（3） *INPUT*
DIFI	0.855*** (0.224)	1.527*** (0.557)	1.369*** (0.520)
_cons	−0.126 (1.567)	5.245 (4.250)	−1.129 (1.683)

续表

变量	替换被解释变量	替换样本	更换固定效应
	（1） *TD*	（2） *INPUT*	（3） *INPUT*
Control	Yes	Yes	Yes
Industry	Yes	Yes	
YEAR	Yes	Yes	
*Industry*YEAR*			Yes
Observations	13235	10755	13235
Number of Symbol	1344	1092	1344
R^2	0.0427	0.0911	0.1005

注：***、**、*分别代表的是 1%、5%和 10%的显著性水平，括号内是稳健标准误。

6.4.3 机制检验：融资约束的中介效应

中介效应检验结果见表 6-4。其中列（1）结果表明，在 1%的显著性水平上，数字普惠金融的发展对实体企业创新存在促进作用。列（2）中数字普惠金融（*DIFI*）的估计系数显著为负，表明数字普惠金融能够有效缓解实体企业所面临的融资约束。第三步检验融资约束是否在数字普惠金融促进实体企业创新的过程中起到中介作用。据表 6-3 中列（1）至列（3）结果显示，β_1、γ_1和η_2均显著，且$\gamma_1 * \eta_2$与β_1同号，说明中介效应成立。此外，将融资约束（*SA*）加入回归模型后，数字普惠金融（*DIFI*）的估计系数在 5%的水平上显著，但有所减小，说明融资约束在此过程中起到部分中介作用，融资约束的作用机制得以证明，因此假设 2 成立。

表 6-4　中介效应的估计结果

变量	(1) INPUT	(2) SA	(3) INPUT
DIFI	1.346*** (0.512)	−0.025* (0.014)	1.307** (0.514)
SA			−0.930** (0.468)
_cons	7.692* (4.166)	3.646*** (0.140)	11.067** (4.413)
Control	Yes	Yes	Yes
Industry	Yes	Yes	Yes
YEAR	Yes	Yes	Yes
Observations	13274	13274	13274
Number of Symbol	1344	1344	1344
R^2	0.0933	0.8962	0.0931

注：***、**、*分别代表的是 1%、5%和 10%的显著性水平，括号内是稳健标准误。

6.4.4　异质性检验

1. 数字普惠金融结构异质性

为验证数字普惠金融指数结构的异质性，现将数字普惠金融细分二级指标覆盖广度（*DIFI_CB*）、使用深度（*DIFI_UD*）和数字化程度（*DIFI_DL*）纳入回归模型，结果见表 6-5。进而对比列（1）至列（3）中主要变量的估计系数，可以看出在数字普惠金融的不同维度中，覆盖广度（*DIFI_CB*）对实体企业创新的促进作用更为显著，这是由于数字普惠金融降低了金融服务的供给成本，从而拓展了数字普惠金融的覆盖广度，提高金融服务和金融产品的可得性。

以上结果表明，政府和金融部门应积极推行数字普惠金融，着力扩大其覆盖广度，助力弥补传统金融难以服务中小企业和欠发达地区的不足，缓解部分企业金融排斥和融资约束的问题，驱动实体企业增加研发投入，进而最大限度地发挥数字普惠金融促进企业创新的作用。

表 6-5 数字普惠金融结构的异质性影响

变量	(1) *INPUT*	(2) *INPUT*	(3) *INPUT*
DIFI_CB	1.359*** (0.476)		
DIFI_UD		0.362 (0.299)	
DIFI_DL			0.0704 (0.178)
_cons	7.795* (4.126)	5.674 (4.446)	4.300 (4.250)
Control	Yes	Yes	Yes
Industry	Yes	Yes	Yes
YEAR	Yes	Yes	Yes
Observations	13274	13274	13274
Number of Symbol	1344	1344	1344
R^2	0.0932	0.0939	0.0940

注： ***、**、*分别代表的是 1%、5%和 10%的显著性水平，括号内是稳健标准误。

2. 企业产权属性异质性

据理论分析，数字普惠金融对实体企业创新的促进作用在不同产权性质下企业中表现不同。本书将样本划分为国有企业和非国有企业，估计结果见表 6-6 的列（1）、列（2）。按照企业产权分组后，数字普惠金融对于国有实体企业的创新效应不显著，对于非国有实体企业创新的影响在 5%的水平上显著为正。可能是由于非国有实体企业相较于国有企业，对外部融资的依赖度更高，融资约束也较高。

表 6-6　企业类型的异质性影响

变量	企业产权性质分组		企业行业类型分组	
	国有企业	非国有企业	制造业	非制造业
	(1)	(2)	(3)	(4)
DIFI	0.574	1.825**	1.208**	0.881
	(0.534)	(0.714)	(0.548)	(1.113)
_cons	8.344*	8.310	0.000	6.752
	(4.793)	(5.766)	(0.000)	(11.291)
Control	Yes	Yes	Yes	Yes
Industry	Yes	Yes	Yes	Yes
YEAR	Yes	Yes	Yes	Yes
Observations	4477	8486	10378	2896
R^2	0.1197	0.0869	0.0925	0.1399

注：***、**、*分别代表的是 1%、5%和 10%的显著性水平，括号内是稳健标准误。

3. 企业所属行业类别异质性

本书将沪深 A 股上市企业按其所在行业代码将其划分为制造业和非制造业两个子样本，进一步考察数字普惠金融对实体企业创新的影响在不同所属行业的一致性。回归结果见表 7-6 的列（3）、列（4），数字普惠金融对制造企业的创新促进作用在 5%的水平上显著，对非制造企业的创新促进作用不显著。这表明相对于非制造企业，数字普惠金融更显著地促进了制造业企业的技术创新，假设 4 得以验证。

6.5 研究结论与政策建议

本章就数字普惠金融赋能实体企业技术创新的相关问题展开研究，借助 2012—2021 年沪深 A 股上市公司数据，对数字普惠金融影响实体企业技术创新的效果、作用机制及异质性进行实证检验，主要得出以下结论：第一，数字普惠金融对实体企业技术创新呈现显著的创新驱动作用，特别是覆盖广度对实体企业创新影响作用更为明显；第二，数字普惠金融的发展能够有效解决实体企业融资难题，通过缓解实体企业融资约束，提升实体企业技术创新水平；第三，数字普惠金融的创新驱动效应在非国有实体企业与制造业企业中更为显著。

本章的研究具有以下重要的政策启示。

第一，需要加大对数字普惠金融的政策支持力度。数字普惠金融作为一种新型金融模式，对于实体企业技术创新具有显著的推动作用。政府部门应认识到其重要性，进一步出台相关政策，鼓励和引导数字普惠金融的发展，为实体企业创新提供更多资金支持。鉴于数字普惠金融的创新驱动效应在非国有实体企业和制造业企业中更为显著，政策制定者应重点关注这些企业的发展困境，提供有针对性的政策支持，激发其创新活力。通过完善相关法律法规，优化数字普惠金融服务体系，提升数字普惠金融服务的透明度，降低融资成本，提高融资效率。加强对数字普惠金融风险的监管，确保金融服务实体经济的可持续性，以及加强数字普惠金融人才队伍建设。培养一批熟悉数字金融业务、具备创新思维的专业人才，为数字普惠金融发展提供有力的人才保障。要深化国际交流与合作，借鉴国际先进经验，推动我国数字普惠金融在全球范围内的发展，为实体企业技术创新提供更加广阔的国际市场空间。

第二，加大实体企业金融支持力度，增强金融服务可触达性。加强数字基础设施建设，建立更加便捷、高效的融资渠道，鼓励金融机构与实体经济企业深度合作，利用大数据、云计算、人工智能等先进技术，为企业提供精准、高效的金融服务，助力实体企业技术创新。为实体企业提供多样化的金融产品和服务。特别是对于制造业和民营企业等创新型企业，应制定差异化金融解决方案，降低金融服务门槛，提供更加灵活的融资方式，缓解其融资难题，激发其技术创新活力。

第三，推动金融资源精准下沉，提高供需匹配效率。鼓励金融机构开展创新型金融服务，提供更加个性化的金融产品和服务，政府应引导金融机构通过创新金融科技手段，提升数字普惠金融服务产品创新程度，开发多功能应用场景。针对差异化的市场需求，推出定制化金融产品和服务，并依托区块链等新型数字技术，实现金融服务供需精准匹配，最大限度地提升资源调配效率，推动数字普惠金融与实体经济深度融合。

第四，挖掘数字普惠金融潜能，引导服务实体经济。政府应设立专项基金，提供风险投资、股权投资、技术创新贷款等金融支持，帮助实体企业解决资金短缺问题，推动技术创新发展。同时，政府可以利用税收减负或政府补贴等方式，引导金融机构依托其技术优势，吸纳和盘活闲散社会金融资源，加大对实体企业技术创新的投资和贷款，并鼓励和支持数字普惠金融挖掘具有创新与发展潜力的民营企业、制造行业尤其是落后地区的企业，充分发挥其促进金融服务提质增效的长处。

第五，加强数字普惠金融监管，平衡创新与风险的关系。政府应加强对数字普惠金融产品和服务创新的监管，提高透明度和信息披露，确保金融创新在维护金融稳定的同时，为实体企业提供更多的融资渠道和金融服务，降低实体企业和投资者的风险，实现数字普惠金融和实体经济的良性互动。

7 数字普惠金融驱动区域经济高质量发展的传导机制及实现路径研究

7.1 引言

随着信息技术的迅猛发展和大数据时代的到来，数字普惠金融正逐步成为全球金融体系的重要一环。在推动区域经济高质量发展的过程中，数字普惠金融的潜力和影响力正逐渐凸显出来。数字普惠金融以互联网为基础，实现了金融服务的数字化、网络化和智能化，极大地拓宽了金融服务的覆盖面。它打破了传统金融服务的时空限制，使得更多人群，特别是偏远地区、低收入群体等能够享受到便捷、高效的金融服务。这不仅有助于提升金融服务的普及率，还有助于缩小区域间、城乡间的发展差距，推动金融资源的均衡配置。在区域经济高质量发展的背景下，数字普惠金融的作用更加凸显。一方面，数字普惠金融通过提供多样化的产品和服务，满足不同行业和企业的融资需求，为区域经济的转型升级提供有力支持。另一方面，数字普惠金融的发展也促进了金融市场的竞争和创新，推动了金融体系的完善和优化，为区域经济的可持续发展提供了坚实的金融保障。

东北地区作为我国重要的工业和农业基地，其战略地位不容小视。党的十八大以来，党中央高度重视东北地区的全面振兴。党的二十大报告指出："促进区域协调发展……推动东北全面振兴取得新突破……"因此，如何推动东北地区实现经济高质量发展，找准拉动东北经济增长的新动能成为重要议题。随着大数据、云计算、区域链、人工智能等数字技术的发展及其在金融领域的拓展，数字普惠金融应运而生，打破了传统普惠金融在时空上的限制，凭借数字技术的加持，降低了金融服务的成本，拓展了金融覆盖的广度与深度，进而推动经济的高质量发展。王永仓、温涛（2020）研究提出，数字金融的总指数和各维度指数均对经济增长具有显著且稳健的正面影响。周超、黄乐

（2020）研究提出，数字普惠金融通过优化要素市场、产品市场、金融市场对区域经济高质量发展起到正向促进作用。那么基于东北地区地级市的面板数据，是否也能验证数字普惠金融对经济高质量增长的显著作用呢？如果该效应得到验证，那数字普惠金融影响东北地区经济增长的机制又是什么？为回答以上问题，本书结合 2017—2021 年东北三省 35 个地级市的面板数据，建立固定效应模型探究数字普惠金融对东北三省经济高质量发展的直接影响，在此基础上运用机制检验的方法，检验产业结构，居民消费水平在数字普惠金融对东北三省经济高质量发展影响过程中的传导机制，并根据结论向政府相关部门提供参考借鉴，实现数字普惠金融在东北经济复兴中的更大潜力发挥。

7.2 机制分析与理论假设

7.2.1 数字普惠金融与东北三省经济高质量发展

《“十四五”国家信息化规划》提出“数字普惠金融服务”优先行动，为经济高质量发展提供方向。数字普惠金融作为数字经济与普惠金融的有机结合已成为国民经济高质量增长的新动能。一方面，数字普惠金融凭借数字技术的支持利用数字化支付的手段，告别传统金融网点不足的难题，推动普惠金融向数字化、智能化、网络化方向发展。在持续增加资金总量的同时，重视激活已有资金存量，提高了资金周转的效率，进而推动经济的高质量发展。巫瑞等（2022）通过设置分位数进行回归检验，证明了数字经济对经济高质量发展具有重要作用且随着数字经济规模的不断扩大，影响逐步增强。另一方面，数字普惠金融缓解了“数字鸿沟”的难题，使金融普及到大众，扩大了金融服务的范围，促进“冷金融”向“暖金融”转化，提高了金融的温度。周超（2020）通过构建调节效应的模型指出，数字普惠金融的发展为偏远欠发达地区群众获取较低成本的金融服务带来转机，这拓宽了更多普通群体的收入渠道，增加了其收入来源，进一步拉动地区经济的高质量发展。

基于以上分析，提出如下假设。

假设H_1：数字普惠金融有利于促进东北三省经济高质量增长。

7.2.2 数字普惠金融、产业结构升级与东北三省经济高质量发展

一个国家产业结构的合理性直接影响到该国经济的增长速度和效益。党的十八大以来，我国全面坚持以深化供给侧结构性改革为主线，持续推动产业结构的调整和升级。产业结构升级的本质是推动产业体系中相对落后的产业向高技术化和高集约化方向发展。引导产业结构升级是经济高质量发展的必由之路。近年来，数字普惠金融凭借其高度创新性、强大渗透性、广泛覆盖性，成为新的经济增长点，同时也成为改造和提升传统产业的重要支点。唐文进等（2019）基于283个城市数据，建立门槛模型证明了随着数字普惠金融的供给增多，产业结构升级的正向性影响越明显。数字普惠金融对产业结构升级的影响主要体现在两个方面。一是传统普惠金融受服务成本的局限存在准入门槛，中小微企业想要贷款时因其信用等级与资产保障受限，无法满足自身信贷需求，进而不利于企业的创新投入，阻碍了产业的旧能转换。谭蓉娟、卢祺源（2021）基于广东省21个地级市层面的面板数据证明了数字普惠金融能够通过增加创新投入推动产业结构向高级化和合理化方向发展。二是数字普惠金融利用强大的数据分析功能，能够高效且合理地配置资源，将资金向高收益的部门转化，提高资金的效益率，进一步催化产业结构的升级。岳鹄等（2023）指出数字经济在改善资源配置、淘汰落后产能方面发挥着重要作用，市场要素的流动进一步促进了产业结构的优化。

基于以上分析，提出如下假设。

假设H_2：数字普惠金融能够通过推动产业结构的升级促进东北三省经济高质量增长。

7.2.3 数字普惠金融、居民消费水平与东北三省经济高质量发展

区别于传统普惠金融存在资金成本高、金融产品创新能力弱等问题，数字普惠金融以其低成本、高创新的服务来满足人民对生活的美好需要。消费

水平是人民对物质美好生活需要的集中体现，易行健、周利（2018）指出数字普惠金除二级指标外，其三级指标支付指数、保险指数、货币基金指数均显著促进居民消费水平的提高。从供给端看，高效的数字化支付手段为消费提供了便捷的服务，有效提高了消费的频率。邹新月、王旺（2020）指出以支付宝和零钱通为代表的互联网金融产品的问世，使居民可供投资的"菜篮子"增多，一定程度上分散了投资风险，进一步增加了居民的投资性收益，促进了消费水平的提高。从需求端看，数字普惠金融降低了准入门槛，放宽了获取金融服务的条件，能有效发挥长尾效应，有助于将尾部不受重视、占比总量却大的群体的需求进行整合，进一步拉动消费。消费作为拉动经济增长的"三驾马车"之一，是内循环发展的重要环节。

基于以上分析，提出如下假设。

假设H_3：数字普惠金融能够通过提高居民消费水平进一步促进东北三省经济高质量增长。

7.3 研究设计与数据来源

7.3.1 变量选取

被解释变量确定为经济高质量发展（*hgdp*）。在深入研究已有成果时发现，现有的基于创新、协调、绿色、开放、共享五大发展理念构建的既有评价指标体系存在一些不足。鉴于此，本书构建了包含创新投入、创新产出、创新环境、创新合作、城乡协调、区域协调、环境治理、绿色生产、经济开放、文化开放、人民生活、社会保障和社会资源共计13个分项指标，进一步细分则包含28个基础指标，其中包括24个正向指标和4个负向指标，共同构建了一个更全面的评价指标体系，以便从多个方面、更加准确地反映经济高质量发展的多维度特征。本书采用熵权Topsis法，测度出经济高质量发展指数，以此来衡量东北三省的经济高质量发展水平，所有指标及权重的详细计算结果见表7-1，为后续的研究分析提供了坚实的数据基础。

表7-1 经济高质量发展评价体系

维度指标	分项指标	二级指标	指标说明	权重
创新	创新投入	R&D 投入强度	R&D 经费支出÷GDP	0.017
		R&D 人员投入强度	R&D 人员÷就业人数	0.043
创新	创新产出	技术市场活力	各市公示技术市场成交额÷市场成交总额	0.083
		技术创新水平	各市专利申请授权数/全国专利申请授权数	0.082
		发明专利授权率	各市发明专利授权数÷发明专利申请数	0.015
	创新环境	高等教育水平	各市专科以上学历人数÷全国总人数	0.083
	创新合作	国外技术引进水平	各市国外技术引进合同金额÷进口总额	0.062
协调	城乡协调	城乡可支配收入比率	各市城镇÷乡村可支配收入	0.010
		基尼系数	各市居民内部收入分配差异指标	0.007
		城乡教育支出比率	各市城镇÷乡村教育支出	0.001
	区域协调	地区收入协调水平	各市人均 GDP÷全国人均 GDP	0.030
		地区消费协调水平	各市居民消费水平÷全国平均消费水平	0.007
绿色	环境治理	空气质量	空气质量综合指数	0.011
		人均林地面积	各市人均林地面积	0.004
		森林覆盖率	各市森林覆盖率	0.0004
	绿色生产	单位 GDP 工业废气排放量	二氧化硫排放量÷GDP	0.032
		单位 GDP 工业废水排放量	废水排放量÷GDP	0.027
开放	经济开放	外贸规模	货物和服务进出口总额÷GDP	0.046
		实际使用外资占 GDP 比重	实际使用外资÷GDP	0.157
	文化开放	国际交流与开放能力	出境旅游和服务人数	0.059
		旅游创汇水平	国际旅游外汇收入÷GDP	0.049
共享	人民生活	人均文教医卫财政支出水平	人均文教医卫财政支出÷GDP	0.031
		家庭大件商品消费水平	居民人均汽车拥有量	0.012
	社会保障	养老保险水平	参加基本养老保险人数÷就业人数	0.015
		失业保障水平	参加基本失业保险人数÷就业人数	0.032
		医疗保障水平	参加基本医疗保险人数÷就业人数	0.021
	社会资源	文化设施完善水平	人均拥有的公共公园娱乐场所数	0.030
		医疗设施完善水平	人均医疗卫生机构床位数	0.031

核心解释变量确定为数字普惠金融指数（*dfii*）。为准确衡量东北三省地级市的数字普惠金融水平，本书直接采用北京大学数字金融研究中心编制的数字普惠金融指数及其三个重要分维度来衡量东北三省地级市的数字普惠金融水平（孙玉环等，2021；金琳等，2024），即普惠金融覆盖广度指数（*cbdfii*）、普惠金融使用深度指数（*uddfii*）、普惠金融数字化程度指数（*dldfii*），为后续研究提供可靠的数据支持与分析基础。

机制变量确定为产业结构升级系数（*isu*）。产业结构升级在经济发展进程中扮演着关键角色，它是推动产业从低级迈向高级形态的核心动力，犹如新旧动能转化的加速剂，对经济增长有着显著的促进作用。借鉴徐敏和姜勇（2015）对产业结构系数的研究成果，引入产业结构层级对东北三省地级市的产业结构升级状况进行量化，为深入探究产业结构与经济高质量发展的关系奠定基础，其测算公式如下。

$$isu = \sum_{i=1}^{3} I_i \times i = I_1 + I_2 \times 2 + I_3 \times 3 \quad (7\text{-}1)$$

其中，I_i 表示第i 产业的产值占总产业产值的比重，*isu*水平越高说明该地区的产业结构优化程度越高。

居民消费水平（*cl*）在经济体系中占据着至关重要的地位。消费作为社会再生产不可或缺的一环，不仅是经济内循环的关键节点，更是人民对美好生活追求的直观体现。本书以各地级市居民消费支出作为衡量东北三省地级市的居民消费水平的标准，精准把握消费层面的发展态势。

为了防止遗漏变量带来的内生性问题，本书选取以下控制变量。

（1）对外开放程度（*open*）：地区货物进出口总额占GDP的比重。

（2）人力资本水平（*lhc*）：普通本专科及以上人口数占全市人口的比值。

（3）固定资产投资额（*fix*）：地区固定资产总额。

（4）教学科研支出（*enr*）：（科教支出＋教育支出）÷总财政支出。

（5）基础设施水平（*il*）：每个城市的公路面积数÷每个城市的面积。

7.3.2　模型构建

1. 基本回归模型

本书借鉴已有研究，采用固定效应模型探究数字普惠金融对东北三省经济高质量增长的直接影响，构建如下模型：

$$gdp_{it} = \beta_0 + \beta_1 dfii_{it} + \beta_2 control + u_i + v_t + \varepsilon_{it} \quad (7\text{-}2)$$

其中，gdp_{it}代表第i年t地区的人均GDP，$dfii_{it}$代表第i年t地区的数字普惠金融指数，$control$代表一系列所选取控制变量，u_i代表地区层面的固定效应，v_t代表时间层面的固定效应，ε_{it}代表随机扰动项，β_0代表截距项，β_1是数字普惠金融指数$dfii_{it}$的系数，衡量了数字普惠金融指数$dfii_{it}$每变动一个单位对人均GDP的影响程度，β_2是控制变量$control$的系数向量，反映了每一个控制变量对人均 GDP 的影响程度。

2. 机制检验模型

本书参考江艇（2022）两步法检验的方式，在完成基准回归检验后，选取产业结构升级指数（isu）和居民消费水平（cl）作为机制变量，探究数字普惠金融影响东北三省经济高质量增长的路径，在机制变量对被解释变量的影响广泛认知的情况下，仅着重通过检验核心解释变量与机制变量的关系，构建如下模型：

$$cl_{it} = \alpha_0 + \alpha_1 dfii_{it} + \alpha_2 control + u_i + v_t + \varepsilon_{it} \quad (7\text{-}3)$$

$$isu_{it} = Y_0 + Y_1 dfii_{it} + Y_2 control + u_i + v_t + \varepsilon_{it} \quad (7\text{-}4)$$

其中，cl_{it}代表第i年t地区的居民消费水平，isu_{it}代表第i年t区的产业结构升级系数，其他符号及含义与式（7-2）相同。

7.3.3　数据来源与分析

本书基于2017—2021年东北三省35个地级市175个面板数据，深入分析数字普惠金融对东北三省经济高质量发展的影响和效果。数字普惠金融指数的数据来源于北京大学数字普惠金融指数第三期（2017—2021），经济高质量发展的各项指标数据以及其他相关变量数据则来自国家统计局、《中国统计年鉴》、《中国环境统计年鉴》、《中国科技统计年鉴》、各省份统计年鉴、Wind数据库、马克数据库等多个可信数据源。对于存在数据缺失的特殊情况，此处采用插值法进行了数据的补充，以确保样本的完整性和准确性。各数据的描述性统计结果见表7-2。

表7-2　变量的描述性统计

变量	样本数量	样本均值	标准差	最小值	最大值
经济高质量发展水平	175	67.58626	3.920348	58.84	78.505
数字普惠金融	175	138.2053	59.84731	70.65	279.05
覆盖广度	175	64.92079	4.222573	55.68	75.015
使用深度	175	64.2206	3.240921	56.26	72.66125
数字化程度	175	70.52505	3.767075	61.61	80.6525
产业结构	175	2.028689	1971019	1.713151	2.383
居民消费水平	175	27217.55	3105.994	22810.46	34256.26
对外开放程度	175	0.0948949	0.0977896	0.00783	0.3553
人力资本水平	175	0.0191812	0.0024676	0.0141	0.0232
固定资产投资	175	195.027	28.01647	153.29	258.92
教学科研支出	175	0.136469	0.0155878	0.1106	0.1649
基础设施水平	175	1688402	0.819797	0.1136	0.4897

7.4　实证分析

7.4.1　基准回归模型结果

数字普惠金融对东北三省经济高质量发展的直接影响估计结果见表7-3。由回归结果可知，数字普惠金融对东北三省经济的高质量发展的回归系数为正，且通过了1%水平下的显著性检验，表明数字普惠金融能够促进东北三省经济的高质量发展。进一步，分别对核心解释变量的分维度指数覆盖广度指数、使用深度指数、数字化程度指数系数进行回归分析，结果显示，数字普惠金融的三个维度均能正向促进东北三省经济的高质量发展，假设H_1得证。从系数大小上看，数字普惠金融的使用深度指数与数字化程度指数对经济高质量发展的影响最为显著，覆盖广度指数影响最弱。可见，东北三省的金融服务能力和效率相比地区金融环境优势明显。

表7-3 数字普惠金融指数及分维度对东北三省经济高质量发展的影响

	数字普惠金融指数（dfii）	覆盖广度指数（cbdfii）	使用深度指数（uddfii）	数字化程度指数（dldfii）
dif	0.185*** (0.006)			
cov		0.115*** (0.061)		
us			0.980*** (0.016)	
dig				0.896*** (0.012)
控制变量	是	是	是	是
地区效应	是	是	是	是
时间效应	是	是	是	是
Within R-squared	0.967	0.993	0.977	0.969
样本数	175	175	175	175

注： ***指的是1%的显著性水平，括号内是稳健标准误。

7.4.2 异质性分析

东北老工业基地作为我国最早的工业基地，对中华人民共和国成立后百废待兴的经济发展起到了关键作用。对于如今东北地区的振兴，老工业基地是否依然发挥着往日的活力？数字普惠金融对经济高质量发展的影响又是否受老工业基地的影响呢？城镇化作为一国或地区现代化发展的重要标志，在于它是推动生产要素流动、产业结构升级、基础设施建设、经济协调发展的动力之源。但是东北地区的城镇化不平衡、不充分的问题仍然存在，数字普惠金融对经济高质量发展的影响是否受城镇化水平高低的影响？为回答这些问题，本书将总样本以是否为老工业基地和是否大于城镇化率的中位数为分组依据进行划分检验。回归结果见表7-4。

表7-4显示：相较于老工业基地，非老工业基地地区的数字普惠金融通过了5%的正向显著性检验，表明数字普惠金融对经济高质量发展的促进作用更加显著；相较于城镇化率更高的地区，城镇化率较低的地区的数字普惠金融通过了1%的正向显著性检验，表明数字普惠金融对经济高质量发展的拉动作用更加强劲。其原因可能有两点。一是老工业基地具备完整的产业链条、基础设施条件，数字普惠金融的补充作用高于推动作用。数字普惠金融凭借其高穿透性、强辐射性对基础条件较差的非老工业基地的作用更明显。二是城镇化率是该地区经济发展水平的缩影，城镇化率越高，经济发展水平也越高，相应地享受金融产品与服务的机会也越多，不易发挥数字普惠金融“普”的特性；而城镇化率相对较低的地区，经济发展水平较低，更具有厚积薄发的潜力，更易实现经济更新换代、提速升级。

表7-4　异质性分析

变 量	经济高质量发展		经济高质量发展	
	老工业基地	非老工业基地	城镇化率>中位数	城镇化率≤ 中位数
dif	0.0276 （0.0182）	0.01579 （0.0077）	0.0004 （0.0103）	0.0404 （0.0094）

续表

变 量	经济高质量发展		经济高质量发展	
	老工业基地	非老工业基地	城镇化率>中位数	城镇化率⩽ 中位数
控制变量	是	是	是	是
地区效应	是	是	是	是
时间效应	是	是	是	是
N	65	110	84	91
R^2	0.9489	0.9828	0.9591	0.9863

7.4.3 机制分析

东北三省在地理位置、资源条件等方面存在区域差异，为详尽分析数字普惠金融与经济高质量发展的机制，本书将样本按照省份进行划分，分别检验不同省份内产业结构升级与居民消费水平在数字普惠金融与经济高质量发展之间的影响路径，回归结果见表7-5。由表7-5可知，产业结构升级在数字普惠金融促进东北三省经济高质量发展中具有显著机制效应，假设H_2得到验证。

表7-5 产业结构升级和居民消费水平的机制检验

地区	辽宁省		吉林省		黑龙江省	
变量	*isu*	*cl*	*isu*	*cl*	*isu*	*cl*
	(1)	(2)	(3)	(4)	(5)	(6)
dif	0.0003*** (0.0001)	9.7507** (5.6887)	0.0026*** (0.0009)	8.8452 (14.7109)	0.0019** (0.0009)	20.3044*** (7.3157)
控制变量	是	是	是	是	是	是

续表

地区	辽宁省		吉林省		黑龙江省	
变量	*isu*	*cl*	*isu*	*cl*	*isu*	*cl*
	(1)	(2)	(3)	(4)	(5)	(6)
地区效应	是	是	是	是	是	是
时间效应	是	是	是	是	是	是
N	70	70	45	45	60	60
R^2	0.542	0.518	0.440	0.544	0.553	0.553

注：***、**分别代表的是1%、5%的显著性水平，括号内是稳健标准误。

在检验居民消费水平的机制作用中，吉林省内的数字普惠金融对居民消费水平的回归系数虽为正但未通过显著性检验，一方面可能受样本数量的影响；另一方面可能是相较于其他两省，吉林省地区生产总值和人均消费支出上均处于劣势地位，数字普惠金融对消费的拉动作用比较薄弱。从回归系数上看，辽宁省产业结构升级的机制作用最弱，黑龙江省居民消费水平拉动的机制作用最强，原因可能是辽宁省的老工业基地最多，产业结构趋于稳定，数字普惠金融的拉动作用有限；黑龙江省的消费市场潜力较大，数字普惠金融的推动效果明显。可见居民消费水平这一机制变量的作用存在地区差异。

7.4.4　稳健性检验

1. 内生性检验

在基础回归模型中虽然已经选取了一定数量的控制变量来消除一些因素对数字普惠金融和东北三省经济高质量发展的结果影响，但实证结果仍有可能受遗漏变量的影响出现偏误。除此之外，东北三省经济的高质量发展也可能会促进数字普惠金融的发展，两者可能存在反向因果的关系。当然，在收集数据的过程中也可能会受数据缺失、人为干扰等因素的影响出现测量误差。因此，本书参考常建新等（2021）、钱海章等（2020）的方法选取互联网普及率和移动电话普及率作为工具变量，利用工具变量法克服内生性问题，以提高结果的准确性。一方面，数字普惠金融利用互联网技术，借助云数据平台使得传统普惠金融的覆盖范围扩大，从遥不可及逐渐向触手可及转变。互联网普及率越高，人们接受新事物的能力越强，为实现数字普惠金融创造了条件。同样地，移动电话作为通信工具的普及能够促进信息交换和商业活动交易，从而对经济高质量发展产生影响。可见互联网和移动电话的普及率与数字普惠金融有高度相关性。另一方面，互联网和移动电话的普及率与经济高质量发展并无直接联系，满足外生性的需要。因此，互联网和移动电话的普及率可以作为有效工具变量（施炳展等，2020）。对于潜在的内生性问题，基于上文模型进行工具变量检验，结果见表7-6。

表7-6　工具变量法

模型	经济高质量发展
DWH 检验	31.85*** (0.0006)
Kleibergen-Paaprk LM 统计量	27.828*** （0.001）
Cragg-Donald Wald F 统计量	28.2507*** （0.0001）
N	175

注：***指的是1%的显著性水平，括号内是稳健标准误。

首先，为避免异方差性环境下传统Hausman检验失效，本书通过DWH检验，证实了模型内生性的存在。其次，为验证所选工具变量的适用性，通过过度识别检验，证明了工具变量的外生性。最后，在弱工具变量检验中结果显示出极强的工具变量的有效性。因此，本书将互联网普及率和移动电话普及率作为工具变量，采用两阶段最小二乘法（2SLS）进行回归分析（何小钢，2021），以此控制潜在的内生性问题。回归结果见表7-7，表明研究假设数字普惠金融的发展确实有助于促进东北三省经济高质量发展。

2. 替代被解释变量

夜间灯光作为区域经济活力的显性表征，具有独特优势。它能够客观反映一个地区的经济活动水平，尤其是在夜间的经济活跃度。夜间灯光数据能够有效避免数据受地区价格、人为操作的干扰，利用精准化技术反映非市场下商品和服务的价值量。因此，借鉴已有研究（徐康宁等，2015），使用武汉大学“珞珈一号”01星（LJ-01）全球首颗专业夜间灯光遥感卫星的夜间灯光遥感数据，和美国国家海洋和大气管理局发布的DMSP OLS夜间灯光遥感数据，提取东北三省35个样本地级市不同年份的夜间灯光数据作为被解释变量的替代指标，结果见表7-7。经此替换变量后，数字普惠金融指数对夜间灯光数据的影响在1%的水平下仍然显著为正，这不仅验证了本书研究结果的稳健性和可靠性，也进一步证实了数字普惠金融对提升区域经济活力的积极作用。这一发现对于理解数字普惠金融在促进地方经济发展中的作用具有重要意义。

表7-7　数字普惠金融与东北三省经济高质量发展关系的稳健性检验

变量	替换被解释变量		内生性检验	
	经济高质量发展	夜间灯光数据	第一阶段	第二阶段
dif	0.0185309*** (0.0064292)	0.0215408*** (0.0074587)		0.2156373*** (0.0693274)
互联网普及率			5.108765* (0.3467785)	
移动电话普及率			2.555749*** (0.8377353)	
控制变量	是	是	是	是
城市、时间固定	是	是	是	是
N	175	175	175	175
R^2	0.96684713	0.96667919	0.8964	0.70189235

注：***、*分别代表的是1%、10%的显著性水平，括号内是稳健标准误。

7.5 结论与政策建议

7.5.1 结论

东北地区，作为我国经济版图中的关键区域，在过往较长时期内，其产业结构过度依赖传统重工业，呈现出单一化态势，新兴产业发展滞后；创新投入不足，导致创新能力匮乏，难以跟上时代步伐；同时，资源型产业的长期开发，也带来了沉重的资源环境压力。在此背景下，数字普惠金融这一新兴金融业态，为东北地区经济发展带来新的契机。本书基于东北三省35个地级市2017—2021年翔实的面板数据，精心构建固定效应模型，深入剖析数字普惠金融如何促进东北三省经济高质量发展，力求清晰揭示其内在作用机制，为振兴东北经济提供坚实的理论支撑与实践指导。

首先，本书的研究成果表明，数字普惠金融指数对东北三省经济高质量发展具有显著的正向促进作用。这意味着，随着数字普惠金融的发展，东北地区的经济将逐渐实现高质量的发展。同时，数字普惠金融的分维度指数也同样存在促进作用，其中普惠金融使用深度指数与普惠金融数字化程度指数对东北三省经济高质量发展的效果更为显著。这说明数字普惠金融在推动东北地区经济高质量发展时，不仅要注重金融服务的普及，还要注重金融服务的深度和数字化程度。

其次，在前述的异质性分析中，一个引人注目的发现是，非工业基地以及城镇化率较低的地区，在数字普惠金融助力经济高质量发展方面，展现出更为强劲的效果，与老工业基地和城镇化率较高地区形成鲜明对比。非工业基地往往产业结构相对薄弱，缺乏支柱性产业支撑。城镇化率较低地区基础设施建设滞后，经济活力不足，两者在经济发展进程中承受着巨大压力与诸多挑战。在此困境下，数字普惠金融凭借其便捷、高效的资金融通特性，为这些地区注入发展动力，如助力小微企业突破资金瓶颈，推动特色产业兴起。这表明在运用数字普惠金融推动东北地区经济高质量发展时，必须因地制宜，依据各地区的产业结构、城镇化程度等实际状况，制定差异化策略，精准施策，方能充分释放数字普惠金融的潜力。

再次，为了更为深入、全面地剖析数字普惠金融促进东北三省经济高质量发展的内在机制，本书引入了产业结构、居民消费水平作为机制变量。经研究明确，产业结构升级在数字普惠金融促进东北三省经济高质量发展中发挥着显著的传导效应。这意味着，伴随着数字普惠金融的蓬勃发展，资金得以更精准地流向新兴产业与传统产业改造领域，助力技术创新与产业链延伸，逐步优化东北地区产业结构，为经济高质量发展注入强劲动力。而居民消费水平的机制作用呈现出明显区域差异。在经济较发达、消费市场活跃地区，居民消费升级带动企业产品迭代与服务优化，有力推动经济高质量发展；但在部分经济欠发达地区，因居民收入有限、消费意愿不高，居民消费水平的提升受限，其对经济发展的促进作用难以充分彰显，这进一步凸显因地制宜推进数字普惠金融的必要性。

最后，为了验证上述结论的可靠性，本书秉持严谨科学的态度，全面深入地考虑了内生性问题。通过运用工具变量法、双重差分法等多种方法，有效排除潜在干扰因素，降低内生性偏差。经过严谨的检验流程，研究结果清晰表明，上述关于数字普惠金融促进东北三省经济高质量发展的结论具有较强的稳健性和可靠性，能够为政府部门制定相关金融政策、金融机构开展业务实践操作提供坚实的理论依据与科学的实践参考，助力东北地区经济在数字普惠金融推动下实现持续、稳定的高质量发展。

综上所述，数字普惠金融作为一种新兴的金融业态，对推动东北三省经济高质量发展具有重要的作用。在推动数字普惠金融发展的过程中，需要注重金融服务的普及、深度和数字化程度，并针对不同地区的实际情况和特点，制定不同的策略和措施。同时，还需要综合考虑产业结构、居民消费水平等因素的作用，以有效实现经济的高质量发展。

7.5.2　政策建议

为充分激活数字普惠金融在东北三省经济高质量发展中的核心驱动力，全方位、多维度的深入探究与精细策略制定迫在眉睫。东北三省作为我国重要的经济区域，拥有独特的产业结构与发展现状，数字普惠金融的有效推进意义非凡。因此需要从政策扶持、技术创新、市场培育等多个维度进行深入探讨和策略制定。以下是针对此主题提出的一些具体建议。

第一，加强顶层设计，建立稳定的金融生态圈。一方面，信用是金融服务行稳致远的基石，必须得到充分的重视和强化。相关部门应当强化信用监管制度，建立透明的征信体系。利用现代科技手段，如大数据、云计算等数字技术建立风险预测模型，甄别金融风险，防范数字普惠金融在“灰色地带”的非法操作，使其真正惠及中小微企业以及各类金融需求群体。另一方面，不仅要发挥数字普惠金融“惠”字属性，也要坚持其“普”字原则，以金融科技赋能更多的普惠群体，将金融服务融入场景化、生活化，使长尾群体能够随时、随地、随心地享受完善的金融产品与服务，进一步发挥数字普惠金融在覆盖广度中的巨大潜力。

第二，要充分利用东北三省各自的区位优势，因地制宜地推进数字普惠金融的发展。一方面，消费作为打通经济堵点的重要引擎，辽宁省与黑龙江省应主动抓住消费机遇，完善金融服务设施，建立“一条龙”的协同化普惠金融服务体系，提升金融服务效率，增强消费体验。针对低收入的金融需求群体、偏远地区，应设计精准化、个性化的金融产品和服务，开展“金融普及”“金融下乡”等活动，拓宽金融服务的边界，整合尾部资源，通过拉动消费进一步促进经济的高质量发展。另一方面，辽宁省应当抓住产业结构数字化转型的契机，建立数智化融资平台，发挥数字普惠金融对资源整合配置的重要作用，引导资本向产业高级化流转，推动传统产业的转型升级。同时，持续推进“5G+工业”的应用，建立高质量的产业集群，打造“中国智造”新高地，为东北地区的经济高质量发展注入新的动力。

综上所述，要充分地发挥数字普惠金融对东北三省经济高质量发展的引擎作用，需要多管齐下、综合施策。在顶层设计上，政府应出台完善的扶持政策，规范市场秩序，强化信用监管体系，为数字普惠金融营造良好发展的必要环境。在区位优势发挥方面，依托东北独特的地缘优势，开展跨境金融合作，拓展金融服务边界。助力产业结构转型时，针对传统产业升级与新兴产业培育提供专项金融支持。通过优化金融服务流程，利用大数据、人工智能推进数字化转型，提升服务效率与精准度，扩大数字普惠金融覆盖范围，从多维度为东北地区经济高质量发展筑牢根基、提供有力支撑。

8　数字普惠金融助力黑龙江省经济高质量发展现状分析与对策建议

8.1　黑龙江省数字普惠金融发展概况

8.1.1　扶持政策推动数字普惠金融健康发展

黑龙江省位于中国东北部，是中国重要的工业基地和农业产区。随着数字技术的快速发展，普惠金融在黑龙江省的经济发展中扮演着越来越重要的角色。数字普惠金融通过运用互联网、大数据、云计算等技术，提高了金融服务的可得性、便利性和成本效益，为小微企业等各类金融需求群体提供了更好的融资渠道。为推动普惠金融产业的健康发展，2016—2023 年，在中共中央、国务院出台普惠金融政策引导下，各级政府相关部门和黑龙江省人民政府出台了涵盖发展规划、实施意见等方面的一系列普惠金融政策，见表 8-1。

表 8-1　黑龙江省普惠金融主要政策一览（2016 — 2023 年）

政策名称	颁发时间（年）	颁发部门
黑龙江省推进普惠金融高质量发展实施方案	2023	黑龙江省人民政府
黑龙江省普惠金融发展专项资金管理实施细则	2023	黑龙江省财政厅
关于推进普惠金融高质量发展的实施意见	2023	国务院
普惠金融发展专项资金管理办法	2023	财政部
黑龙江省金融开放招商若干政策措施（试行）	2021	黑龙江省人民政府
关于 2021 年进一步推动小微企业金融服务高质量发展的通知	2021	中国银行保险监督管理委员会

续表

政策名称	颁发时间（年）	颁发部门
关于加强小额贷款公司监督管理的通知	2020	中国银行保险监督管理委员会
黑龙江省推进普惠金融发展实施方案	2017	黑龙江省人民政府办公厅
关于加快推进我省农村信用体系建设的指导意见	2017	黑龙江省人民政府办公厅
推进普惠金融发展规划（2016—2020年）	2016	国务院

这些政策为普惠金融产业的健康发展提供了有力的支持，有助于提高金融服务的覆盖率和质量，加强普惠金融产业的有序发展，凸显产业综合效应，满足人民群众的金融服务需求。

8.1.2 数字普惠金融基础设施建设取得进展

近年来，在政策环境的推动下，黑龙江省数字普惠金融基础设施建设方面得到了较快发展，特别是黑龙江省在金融科技应用方面取得了重大突破，为了更好地服务实体经济，满足广大民众的金融需求，黑龙江省积极推动数字普惠金融基础设施建设，以科技力量驱动金融服务的普及和深化。数字技术的普及和金融服务的创新为黑龙江省农村地区带来了便捷的金融服务，提高了金融服务的覆盖率和可得性。黑龙江省积极推进普惠金融基础设施建设，包括完善农村金融服务体系、提高支付结算便利性等。根据中国人民银行哈尔滨中心支行数据，黑龙江省农村光纤网络和4G信号全覆盖。截至2023年年底，黑龙江省共设立农村金融服务站1.2万个，覆盖了全省80%以上的行政村；此外，黑龙江省还推动移动支付便民工程，提高城乡支付服务覆盖率，为数字普惠金融发展创造有利条件。

8.1.3 数字普惠金融机构服务下沉力度加大

黑龙江省在数字普惠金融产业方面取得了显著的成果，为农村经济发展注入了新的活力。近年来，黑龙江省积极推进数字普惠金融在农村地区的普及，通过金融科技手段提高金融服务的覆盖率和效率。各类金融机构也在积极向下延伸，进一步扩大金融服务范围。截至 2023 年年底，全省农村合作金融机构网点数量达到 1500 余个，覆盖了全省 90%以上乡镇。同时，农村信用社、农村商业银行等金融机构也在逐步拓展业务范围，为农村居民提供更加便捷的、低成本的金融服务，助力农民增收致富。截至 2023 年 9 月末，黑龙江省涉农贷款余额 9923.8 亿元，较年初新增 464.89 亿元，同比多增 55.5 亿元。其中，农户贷款余额同比增长 14%，农业贷款余额同比增长 19.3%。全省累计投放支农再贷款 108.7 亿元,为农户和农企节约成本近 2.2 亿元,全省涉农贷款余额 10219.5 亿元，同比增长 7.2%。其中，农户贷款余额 1987.5 亿元，同比增长 13%。此外，金融机构还通过设立社区银行、小微支行等方式，加强与城市社区的金融服务合作，提高金融服务覆盖率。

8.1.4 数字普惠金融产品和服务创新不断深化

在黑龙江省，普惠金融机构不断深化金融产品和服务创新，以满足不同群体和领域的多元化金融需求。普惠金融机构借助互联网、大数据等技术手段，实现金融服务的线上线下融合，提高服务效率和质量。此外，普惠金融机构还积极开展金融科技应用，推广线上线下相结合的普惠金融服务模式，进一步拓宽普惠金融服务渠道。截至 2023 年年底，在政策支持和市场推动下，黑龙江普惠金融机构积极创新数字普惠金融产品，共推出各类数字普惠金融创新产品约 100 种，涵盖工业、农业、养殖、教育、医疗等多个领域，例如，农村信用社推出“互联网+”贷款产品，为农户提供线上融资服务；中国邮政储蓄银行推出“小微易贷”，运用大数据技术为小微企业提供信用贷款；哈尔滨银行推出“惠农贷”产品，为农村地区提供便捷的数字普惠金融服务；其他普惠金融机构也纷纷推出线上小额贷款、农村电商金融、供应链金融，以满足不同客户群体的需求。特别是随着数字金融的快速发展，为配合黑龙江省产业体系建设，向国家制造业创新中心、专精特新“小巨人”企业、制造业单项冠军企业等有融资需求的“专精特新”企业提供科技创新再贷款工具支持的 55.8 亿元贷款，发放 1.4 亿元交通物流再贷款，支持市场主体 136 个，全省 29 个重点项目获得设备更新改造再贷款支持，已投放设备更新改造再贷款 11.9 亿元。这些金融创新产品降低了融资门槛，缓解了中小微企业、农村地区及广大用户的融资难题。

8.1.5 数字普惠金融助力金融服务覆盖面拓展

随着科技的发展，数字普惠金融在黑龙江省得到了广泛应用。各类金融机构纷纷布局互联网金融业务，推出线上金融服务平台，如移动支付、在线借贷、数字货币等新型金融服务，以满足不同群体的金融需求。同时，还发展一些创新的金融模式，为广大客户提供了更多的金融选择以及便捷的金融服务。据统计，2023 年 1 月至 6 月，全省 24 家金融机构发放的 225.7 亿元贷款获得碳减排支持，加权平均利率低于 5 年期贷款市场报价利率 35 个基点，为 164 个绿色企业（项目）提供了低成本资金支持，带动碳减排量 681.8 万吨。全省科技型企业贷款余额 621.3 亿元，同比增长 12.8%。全省制造业贷款余额 1822.5 亿元，同比增长 7.2%，其中，制造业中长期贷款余额 894 亿元，同比增长 27.2%。在政策工具使用上，黑龙江省金融机构积极引导金融机构在商业可持续基础上，助力煤炭企业实现绿色转型升级，21 个企业项目、32.5 亿元贷款获得煤炭清洁高效利用专项再贷款支持；累计发放民营小微类票据再贴现 89.8 亿元，发放支小再贷款 36.7 亿元，办理普惠小微贷款阶段性减息 1.03 亿元，提供普惠小微贷款支持工具激励资金 0.27 亿元；以上四项工具直接支持小微企业、个体工商户 5.4 万户，减息让利约 1.48 亿元。在结构性货币政策工具激励和撬动下，全省普惠小微贷款实现“增量、扩面、降价”，普惠小微贷款余额 1880.6 亿元，同比增长 16.2%。截至 2023 年年底，黑龙江省数字普惠金融用户数量达到 3000 万户，同比增长 30%。数字普惠金融的推广，有效降低了金融服务门槛，使更多需求主体得到了金融服务的便利，提高了金融服务覆盖面。

8.2 黑龙江省数字普惠金融发展特点

数字普惠金融获得了学术界与社会的广泛关注，在数字普惠金融的定量分析方面，北京大学数字金融研究中心课题组与蚂蚁金服合作编制“北京大学数字普惠金融指数”，除总指数外，该指数还从数字金融覆盖广度、使用深度及数字化程度三个维度出发，涵盖了 11 个维度 33 个具体指标，如图 8-1 所示。

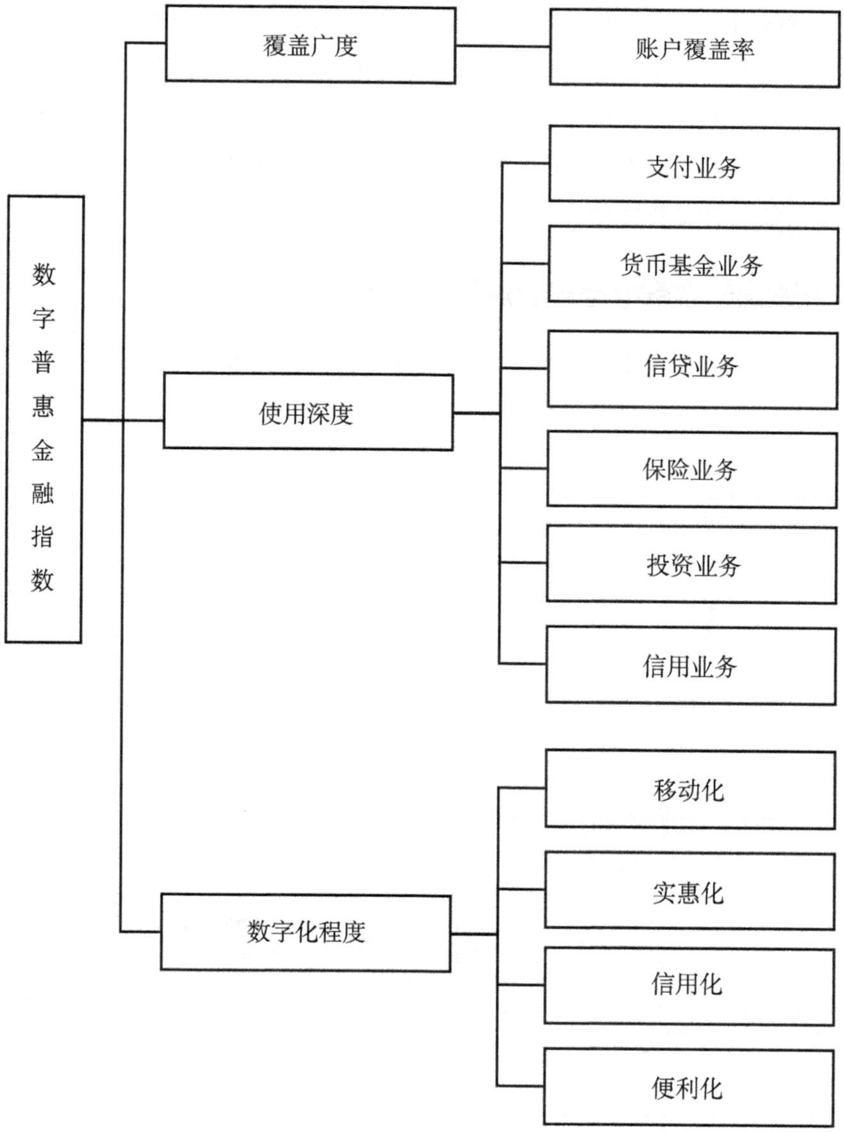

图 8-1　数字普惠金融指标体系

该指数覆盖我国 31 个省份（自治区、直辖市）、333 个地级以上城市（地区、自治州、盟等）以及 2800 个县（县级市、旗、市辖区等）三个层级。该指数全面反映了中国不同地区数字普惠金融发展水平以及不同维度特征，因此一经推出就成为国内学者衡量数字普惠金融发展水平最常用的指标体系。数字普惠金融通过提高覆盖广度、使用深度和数字化程度等方面，对区域经济增长产生积极影响。黑龙江省在普惠金融的助力下取得一些成果，下面结合北京大学数字普惠金融指数报告（2011—2022 年）中黑龙江省对应指标的统计结果，分析其普惠金融的发展特点。

8.2.1 黑龙江省数字普惠金融覆盖广度

2011—2022 年黑龙江省数字普惠金融覆盖广度情况如图 8-2 所示。

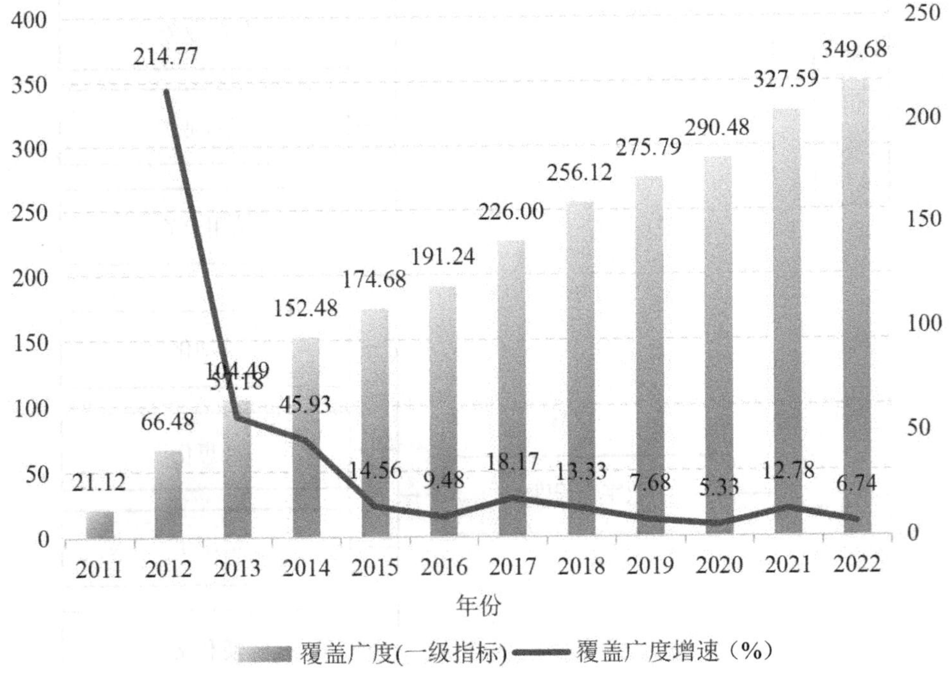

图 8-2 2011—2022 年黑龙江省数字普惠金融覆盖广度情况

数字普惠金融覆盖广度是指金融服务在多大程度上覆盖了不同地区、不同群体，特别是那些传统金融服务难以覆盖的人群。覆盖广度是衡量数字普惠金融发展水平的重要指标之一，它有助于评估数字金融服务的普及程度和效益。数字普惠金融覆盖广度以账户覆盖率为衡量维度，其具体衡量指标为每万人拥有支付宝账号数量、支付宝绑卡用户比例、平均每个支付宝账号绑定银行卡数三项。自 2011 年起，黑龙江省数字普惠金融覆盖广度持续增长，从 2011 年的 21.12 增长至 2022 年的 349.68，是 2011 年的 16.56 倍，但覆盖广度的增速在这 12 年间总体呈现下降趋势，尤其是在 2013 年增速骤降至 57.18%，这主要是由于在发展初期，市场监管和准入机制有待完善，大量金融企业迅速涌入市场。2011—2014 年，黑龙江省普惠金融迅速覆盖全省大部分地区，而后得益于市场机制和国家政策的不断完善，增速虽然有所下降，但市场有序发展，普惠金融产品走向优质化发展。

8.2.2 黑龙江省数字普惠金融使用深度

数字普惠金融使用深度是衡量普惠金融发展程度的重要指标。数字普惠金融的使用深度从支付业务、货币基金业务、信贷业务、保险业务、投资业务及信用业务六个二级维度进行衡量，其中，信贷业务包含个人消费贷和小微经营者两个方面。信贷业务的指标权重占比最大，这与信贷业务在数字普惠金融的重要地位相吻合。具体指标及其权重见表 8-2。

表 8-2　数字普惠金融使用深度指标及其权重

一级维度	二级维度	具体指标	指标权重
使用深度	支付业务	人均支付笔数	4.3%
		人均支付金额	
		高频度（年活跃 50 次及以上）活跃用户数占年活跃 1 次及以上比	

续表

一级维度	二级维度		具体指标	指标权重
使用深度	货币基金业务		人均购买余额宝笔数	6.4%
			人均购买余额宝金额	
			每万人支付宝用户购买余额宝的人数	
	信贷业务	个人消费贷	每万人支付宝成年用户中有互联网消费贷的用户数	38.3%
			人均贷款笔数	
			人均贷款金额	
		小微经营者	每万人支付宝成年用户中有互联网小微经营贷的用户数	
			小微经营者平均贷款笔数	
			小微经营者平均贷款金额	
	保险业务		每万人支付宝用户中被保险用户数	16.0%
			人均保险笔数	
			人均保险金额	
	投资业务		每万人支付宝用户中参与互联网投资理财人数	25.0%
			人均投资笔数	
			人均投资金额	
	信用业务		自然人信用人均调用次数	10.0%
			每万人支付宝用户中使用基于信用的服务用户数（包括金融、住宿、出行、社交等）	

如图 8-3 所示，2011—2022 年，黑龙江省数字普惠金融的使用深度总体呈上升态势，相比于 2011 年的 36.28，2022 年该指数是其 8.42 倍。说明近 12 年黑龙江省的数字普惠金融深入渗透进居民的生活、企业的生产之中，与黑龙江省数字普惠金融的覆盖广度的持续扩大相得益彰。黑龙江省数字普惠金融使用深度的增速在 2012—2014 年出现大幅度下降，于 2014 年跌为负值（－6.62），表明该年使用深度不升反降；之后 3 年缓慢回升，2018 年使用深度再次跌为负值（－7.60）；2019 年至今缓慢提高，至 2022 年再次跌为负值（－8.91）。这种波动说明在使用深度方面，权重占比较大的信贷业务、投资业务、保险业务的普惠金融的使用深度仍然有较大的进步空间。

图 8-3　2011—2022 年黑龙江省数字普惠金融使用深度情况

8.2.3 黑龙江省数字普惠金融数字化程度

数字普惠金融数字化程度反映了普惠金融与数字技术的融合程度，数字化程度越高，越有利于普惠金融的发展。在数字化程度方面，采用移动化、实惠化、信用化、便利化四个子指标进行测度，其中，移动化的指标权重高达 49.7%，移动化对于数字普惠金融发展的重要性不言而喻。各项指标及其权重见表 8-3。

表 8-3　数字普惠金融数字化程度指标及其权重

<table>
<tr><th>一级维度</th><th>二级维度</th><th>具体指标</th><th>指标权重</th></tr>
<tr><td rowspan="10">数字化程度</td><td rowspan="2">移动化</td><td>移动支付笔数占比</td><td rowspan="2">49.7%</td></tr>
<tr><td>移动支付金额占比</td></tr>
<tr><td rowspan="2">实惠化</td><td>小微经营者平均贷款利率</td><td rowspan="2">24.8%</td></tr>
<tr><td>个人平均贷款利率</td></tr>
<tr><td rowspan="4">信用化</td><td>花呗支付笔数占比</td><td rowspan="4">9.5%</td></tr>
<tr><td>花呗支付金额占比</td></tr>
<tr><td>芝麻信用免押笔数占比（较全部需要押金情形）</td></tr>
<tr><td>芝麻信用免押金额占比（较全部需要押金情形）</td></tr>
<tr><td rowspan="2">便利化</td><td>用户二维码支付的笔数占比</td><td rowspan="2">16.0%</td></tr>
<tr><td>用户二维码支付的金额占比</td></tr>
</table>

2011—2022 年黑龙江省数字普惠金融数字化程度情况如图 8-4 所示。2011—2022 年黑龙江省数字普惠金融数字化程度总体呈上升趋势。2011 年数字化程度为 69.83，之后在波动中增长，2015 年达到阶段性高点 409.72。虽在 2016—2017 年有所下降，但后续逐步回升，2022 年达到 417.50。数字化程度增速波动较大，2012 年增速高达 94.60，随后大幅下降，2016 年出现负增长（−14.34），2018 年又回升至 14.98，之后几年增速相对平稳，在−0.61 至 5.25

之间波动。这种波动说明在数字化程度方面，黑龙江省前期技术初入金融领域，政策支持，使其快速增长。中期因技术风险、市场波动等，发展遇阻致下降。后期农业数据挖掘、技术创新助力金融服务，加上机构完善机制、用户认知提升，推动其回升趋稳，整体而言，黑龙江省数字普惠金融数字化在机遇与挑战中发展。

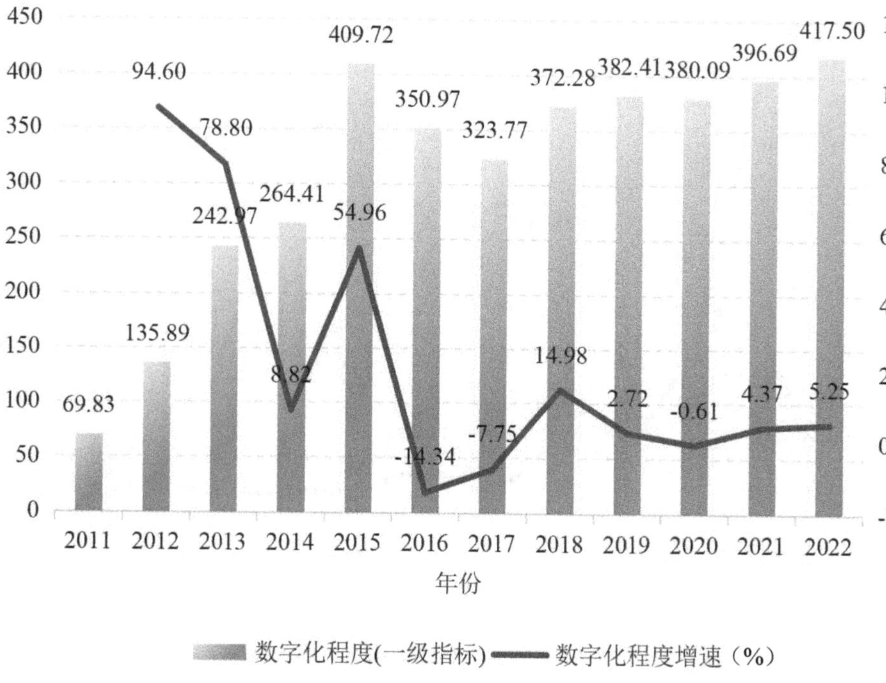

图 8-4　2011—2022 年黑龙江省数字普惠金融数字化程度情况

8.2.4　黑龙江省数字普惠金融总指数

如图 8-5 所示，2011—2022 年黑龙江省的数字普惠金融总指数实现稳步增长，相较于 2011 年，2022 年总指数是其 10.35 倍，可见数字普惠金融发展速度之快，但同时也呈现了增速放缓的趋势，除了 2019—2022 年受新冠疫情的影响之外，这也是由于数字金融的发展已经度过了初期的高速增长阶段，进入了相对存量的市场发展格局。根据黑龙江省的数字普惠金融总指数的整体波动情况能够推断出，总指数早期增长快，得益于数字技术兴起，金融机构积极拓展业务。中期增速波动，因为技术应用中遇到数据安全、风险防控难题，且市场竞争加剧。后期总指数持续上升但增速放缓，是由于市场逐渐饱和，同时数字普惠金融发展进入相对稳定阶段，创新难度加大。

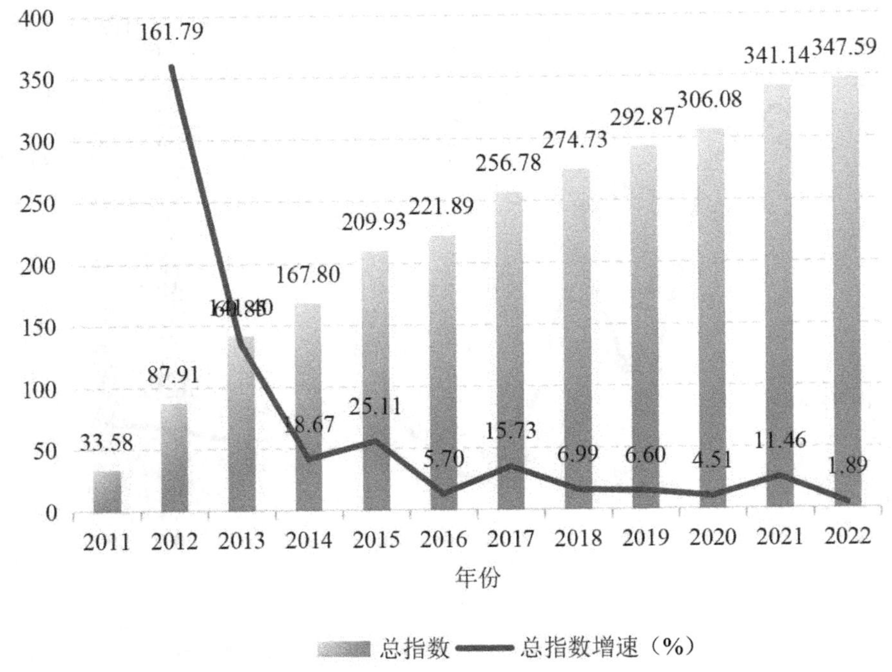

图 8-5　2011—2022 年黑龙江省数字普惠金融总指数情况

8.3　黑龙江省数字普惠金融发展中存在的问题

目前，黑龙江省在提高金融服务实体经济方面成果显著，但在实际工作中还存在一些痛点、难点和堵点问题有待解决。在对黑龙江省数字普惠金融发展现状调查中发现，目前黑龙江省普惠金融仍然存在以下几个关键问题需要解决。

1. 在全国普惠金融中发展水平排名靠后

在全国层面，上海市、北京市、浙江省的发展水平排名在2011—2022年间稳居全国前三位，与之相比，处于第三梯队的黑龙江省的普惠金融发展水平相对较低。2011年，黑龙江省的数字普惠金融总指数居于全国31个省（自治区、直辖市）中第16位；2016年起，与其他省份的差距拉开；2022年，在全国的位次跌至第25位，位次大幅下降。经历12年，黑龙江省的数字普惠金融建设水平被其他省份远超，亟须加强行业监管、调整省级政策，以推动其数字普惠金融发展。从2020年至2022年的数据也可以看出，黑龙江省金融产业的总体资产规模在全国消费金融行业中的地位已由中上游跌至下游位置，与行业头部有较大差距，且黑龙江省普惠金融产业的资产规模增长速度出现较大幅度下降，融资能力疲态初现，后劲明显不足，可能难以为产业持续的发展提供强大的抗风险能力。

2. 城乡普惠金融发展不均衡

黑龙江省的政策支持和优势资源集中于哈尔滨、齐齐哈尔、大庆、牡丹江四个经济较发达城市。这四个城市聚集着省内大部分大中型国有企业，其数字普惠金融的覆盖广度指数、使用深度指数及数字化程度指数稳居省内前四位。受教育水平、地理因素、产业水平等多方面因素的影响，城市中的居民与村镇中的居民对于金融服务的信息素养的拥有程度与使用方面存在较大差距，因此，数字普惠金融在村镇的发展中往往需要面对更多的阻碍，导致如今黑龙江省的普惠金融发展城乡差异明显，金融服务覆盖面不足，尤其在农村和偏远地区，金融服务可得性较低。

3. 普惠金融供需两侧不匹配

黑龙江省数字普惠金融服务供给与需求之间存在一定程度的不匹配问题。例如，普惠金融产业链上下游没有做到协同发展，普惠金融市场存在长期需求与短期供给之间的不匹配，以及低端客户需求过剩而供给不足、高端客户供给过剩而需求不足的现象，部分金融机构在数字普惠金融产品和服务创新方面跟不上市场需求。2020—2022年的数据表明，黑龙江省普惠金融与实体经济缺乏有效对接，普惠金融产品和服务同质化问题严重，各类有信贷需求群体仍然未得到金融服务，导致普惠金融供需两侧难以实现精准匹配。另外，农村地区金融需求多样，但现有数字普惠金融服务难以满足多元化需求，缺乏针对不同群体的个性化解决方案。放贷效率也需进一步提升，当前情况无法有效推动实体经济的发展。

4. 政策扶持措施有待优化

近年来，黑龙江省响应国家号召，相继出台《黑龙江省推进普惠金融发展实施方案》《黑龙江省普惠金融发展专项资金管理实施细则》《金融支持黑龙江省数字经济高质量发展的实施意见》等政策性文件，以推进普惠金融的“普”和“惠”。但在一定程度上存在部分政策文件之间不一致、不连贯，执行过程中不细致、不全面，不利于配套支持政策在金融市场中发挥应有的作用。另外，黑龙江对于数字普惠金融的顶层设计有待完善。黑龙江省银行业以国有银行、股份制银行、城商银行为主，民营银行角色欠缺，多层次组织体系需要民营银行直接对接小微企业、大众客户等普惠客群，为形成有序、包容的数字普惠金融体系助力。

5. 普惠金融风险防控不足

在黑龙江省数字普惠金融发展过程中，风险防控仍需加强。在农村地区，数字普惠金融服务涉及较多风险，如信用风险、操作风险等，并且黑龙江省普惠金融机构整体数字化运营水平较低，主体间数据共享与业务协同程度不够，业务流程尚未实现完全数字化。《2022 年消费金融数字化转型调研报告》显示，在资金流向管控环节应用智能风控措施的机构占比不足 60%，现阶段更多的机构在贷中、贷后风险管理中金融科技手段运用不及贷前环节，金融科技赋能风险防控能力建设存在提升空间。对此，金融机构应加大风险管理力度，确保数字普惠金融业务的稳健发展。

6. 征信体系建设有待提升

黑龙江省数字普惠金融机构建立了稳定、安全的征信报送系统，实现了二代征信的顺畅切换，通过运用先进的金融科技开展征信管理，借助大数据和互联网优势，为精准定价和信息安全提供保障，由此提高了征信管理的智能化水平。但从整体而言，个人征信系统还不健全、数据孤岛问题表现较为严重，信用信息共享机制，以及信用评价体系也没有完全建立起来，影响了数字普惠金融的风险控制和效率提升。此外，征信数据的覆盖面有限，部分小微企业和农村地区的信用信息尚未被充分纳入系统，导致信用评估的全面性和准确性不足。同时，跨部门、跨行业的信用信息整合力度不够，信息孤岛现象依然存在，制约了信用资源的有效利用。未来需要进一步加强征信法律法规的完善，推动信用信息共享平台的建设，促进各部门之间的协同合作，以全面提升征信体系的整体效能，为数字普惠金融的可持续发展提供坚实支撑。

8.4　数字普惠金融助力黑龙江省经济高质量发展的对策建议

8.4.1　加强数字普惠金融政策与法律法规体系建设

1. 加大政策支持力度

结合前述研究成果，政府部门需要结合黑龙江省实际情况，研究制定一系列有针对性的政策措施，推动数字普惠金融的健康发展。政府部门应制定一系列有利于数字普惠金融发展的政策，如财政政策、融资政策、监管政策等。

（1）财政政策。政府部门需加大对数字普惠金融的财政支持力度，创新财政资金投入方式，引导社会资本投向数字普惠金融领域。此外，还可以通过设立专项基金、业务补贴、税收减免等优惠政策，提升相关优惠政策的优惠力度，支持数字普惠金融创新和研发，以降低数字普惠金融机构的运营成本，提高其服务质量和效益，激励其积极开展数字普惠金融业务，助力实体经济的发展。

（2）融资政策。政府应推动金融机构优化融资渠道、降低融资门槛，为数字普惠金融业务提供低成本、可持续的资金支持。例如，鼓励金融机构发行专项债券筹集资金，用于数字普惠金融业务。对于符合条件的数字普惠金融服务，如小额贷款、农村电商等，给予税收减免和融资支持，降低其运营成本。

（3）监管政策。在推进数字普惠金融发展的过程中，监管部门要创新监管手段，切实履行监管职责，完善监管制度，为数字普惠金融业务提供适度、灵活的监管环境。加强对数字普惠金融的监测和分析，确保金融市场稳定。同时，强化金融机构的内控制度，防范信贷风险、操作风险等。在有效防范金融风险的前提下，允许金融机构开展创新试点，为数字普惠金融创新提供空间，鼓励金融机构积极开展业务创新，提升服务质量，积极探索适合数字普惠金融的业务模式。

2. 完善法律法规体系

（1）数字普惠金融法律法规。政府部门应建立健全数字普惠金融法律法规体系，为行业发展提供有力的法治保障。针对数字普惠金融的特点，对相关法律法规进行修订和完善，明确数字普惠金融的业务范围、监管职责，规范经营行为，确保行业在法治轨道上有序发展，为数字普惠金融的健康发展提供法治保障。

（2）数据安全与隐私保护。制定相关法律法规，规范金融机构在数字普惠金融业务中的数据收集、存储、使用和传输，确保数据安全。同时，加强个人隐私保护，防止个人信息泄露。

（3）金融消费者权益保护。加强金融消费者权益保护，建立健全金融消费纠纷解决机制，让消费者在数字普惠金融业务中享受到公平、公正的待遇。

8.4.2 完善数字普惠金融信息基础设施建设

近年来，数字普惠金融在我国取得了显著的发展成果，在缓解中小企业融资难题、促进农村地区经济发展等方面发挥了重要作用。作为我国东北部边疆的省份，黑龙江省虽然在数字普惠金融方面也取得了一定的成绩，但还需要进一步提升数字普惠金融的发展水平，加强其信息基础设施建设成为当务之急。

1. 加强数字普惠金融基础设施建设

政府应加强对数字基础设施的投入，加快5G、云计算、大数据等数字基础设施建设，包括完善网络设施、提高网络速度、降低网络成本，以及支付系统、信用评级、用户数据信息等方面的数字普惠金融基础设施建设，提高黑龙江省数字普惠金融发展的硬件条件，以及金融服务的便利性和安全性。尤其要加强对农村和边远地区的数字基础设施建设的投入，提高城乡宽带网络覆盖率，特别是在农村地区，确保网络覆盖到每一个行政村，加强移动通信网络建设，提高通信网络传输速度，提高移动支付的普及率，为数字普惠金融发展提供稳定、高效的基础设施支持。

2. 提升金融科技水平

政府应鼓励金融机构应用大数据和人工智能技术，推进数字技术在普惠金融领域的广泛应用，提高金融服务的精准性和效率。推动金融科技创新，提升数字普惠金融的服务能力、效率和质量。鼓励金融机构与互联网企业、科技企业合作，利用大数据、人工智能、区块链等技术，优化业务流程，降低金融服务成本，加强金融科技研发投入，研发适应农村和边远地区需求的数字金融产品，提高金融服务可得性，为数字普惠金融的发展提供坚实的基础。

3. 强化风险防范与合规监管

政府应建立健全信用信息共享系统，实现信用信息的互联互通，降低金融服务的风险。政府应加强对数字普惠金融的风险防范和监管，包括加强风险监测、完善风险预警机制、提高监管能力等。加强对数字普惠金融机构的监管，确保其合规运营，维护良好的市场秩序，保护金融用户的权益。通过强化风险防范和监管，保障数字普惠金融的稳健发展。

4. 完善支付体系建设

进一步推广移动支付、互联网支付等新型支付方式，提高农村和边远地区的支付服务水平。加强与银行、保险、证券等金融机构的合作，实现支付体系与金融业务的深度融合。

5. 提高金融服务覆盖率

为实现金融服务的广泛覆盖，特别是在农村和边远地区，需要积极推动金融机构拓展服务网点，增强金融服务的可达性。同时，鼓励金融机构积极采纳先进的数字信息技术，以优化和创新服务方式，通过构建线上线下相结合的服务体系，不仅可以有效延伸金融服务的触角，还能够提供更加灵活多样的服务选项，满足不同客户群体的金融需求。此外，通过提升金融服务的覆盖率和便利性，有助于缩小城乡之间的金融服务差距，使更多边缘群体也能平等地得到高效、便捷的数字普惠金融服务，促进金融包容性和社会经济的均衡发展。

8.4.3 加强人才培养和科技创新

1. 加强数字普惠金融科技人才培养和引进力度

政府部门要加强对数字普惠金融人才的培养，重视人才引进与合作。建立“政产学研用金”联合培养模式，加强高校金融学科建设等方式，设立数字普惠金融相关专业和课程，通过政策扶持、教育培训等手段，培养一批具备创新精神、专业素养和实践经验的复合型数字普惠金融人才。通过加强职业教育、开展人才交流、提供人才激励等措施，形成具有竞争力的金融科技研发团队，提高黑龙江省金融科技人才储备，提高普惠金融从业人员的素质和能力，提高金融服务的专业性和服务质量，为数字普惠金融的发展提供人才保障。

2. 鼓励科技创新

政府可以通过设立专项基金、设立创新实验室、开展创新试点以及提供贷款担保等方式，鼓励高校、科研院所、企业与金融机构等各方加强合作和交流，开展金融科技研究与技术创新，加大科技研发和创新力度，包括金融产品创新、服务创新、技术创新、风险管理以及金融服务模式创新，推动数字普惠金融的创新发展，提高金融服务的竞争力。

3. 加强国际合作与交流

政府在推动数字普惠金融发展的过程中，应积极拓展与国际组织、其他国家及国外知名高校的合作关系。通过建立多边合作机制，不仅可以引进国际先进的教学资源，提升本土教育质量，还能吸收和借鉴国外的先进技术和管理经验，以促进本土数字普惠金融体系的创新和完善。此外，国际合作还有助于共享最佳实践，加强跨国界的监管协调，提高数字普惠金融服务的跨境互联互通。这不仅能够促进金融市场的开放性和包容性，还能为国内金融机构提供更多国际化的发展机遇，增强其在全球金融市场中的竞争力。因此，加强国际合作是推动数字普惠金融发展的重要策略，对于实现金融包容性、促进经济增长具有重要意义。

8.4.4 推动数字普惠金融与实体经济深度融合

1. 引导金融资源投向实体经济

鼓励金融机构围绕黑龙江省优势产业和战略性新兴产业，加大数字普惠金融支持力度，推动产业结构优化升级，助力产业结构调整，推动金融科技与实体经济的深度融合，培育新的经济增长点。政府应出台相关政策，推动金融机构数字化转型，包括优化金融服务平台、提升线上线下服务能力、创新金融产品等。通过政策引导，促使金融机构更好地服务实体经济，加大对小微企业和农村地区的金融支持力度。政府和企业应共同努力，以金融科技为纽带，解决融资难题，将数字普惠金融服务深入实体经济各个领域，促进经济均衡发展。

2. 创新金融产品和服务

结合实体经济需求，开发有针对性的数字金融产品，如供应链金融、农业保险等，提高金融服务实体经济的效果。政府要积极搭建银企对接平台，加强政银企合作，推动数字普惠金融与其他产业的融合发展，尤其是要促进数字普惠金融与黑龙江省优势产业、特色产业的融合发展，推动金融机构与实体经济企业深度合作。同时，金融机构应主动作为，充分发挥自身金融科技优势，为企业提供个性化、便捷、高效的综合性金融服务。可利用大数据、人工智能等技术进行风险控制和信贷审批；通过线上线下相结合的方式，扩大金融服务覆盖范围；创新绿色金融、农村金融等特色产品，满足不同领域融资需求，为实体经济企业提供金融服务，促进经济高质量发展。

3. 企业应抓住金融科技带来的发展机遇，积极拥抱数字化转型

企业在金融科技的浪潮中，不仅要积极拥抱数字化转型，更应深度挖掘金融科技的潜力，以实现业务模式的创新和效率的提升。通过采用大数据、人工智能、区块链等前沿技术，企业能够更精准地进行市场分析和风险评估，从而制定更为合理的经营策略。数字化转型还能帮助企业优化供应链管理，提高响应速度，降低交易成本。尤其在支付和结算方面，金融科技的应用可以缩短处理时间，提升资金流动性。在投资领域，通过量化算法交易和智能投顾，企业能够实现更高效的资产配置和风险管理。企业必须把握金融科技带来的发展机遇，通过数字化转

型，提升运营效率，拓展业务模式和市场，保持竞争优势，实现可持续发展。

8.4.5 强化数字普惠金融机构监管长效机制

1. 构建监管长效机制，优化融资环境

政府应积极探索适合数字普惠金融发展的管理制度和规范，并走深走实，持续完善、深化金融基础设施建设和运用，牵头搭建普惠金融综合服务平台，帮助数字普惠金融机构和小微企业建立高效链接，精准、高效“输血”给小微企业。坚持政府“搭台”+市场“唱戏”的双轮驱动模式，在政府监管与市场自治之间留有张力，充分释放政府监管、市场自治、社会参与的“齐抓共管”效应，倡导负责任金融理念，将政府补贴、扶持政策等内容嵌入金融产品中，以产品展览等方式为小微企业提供对比选择的机会，提升金融服务效率。

2. 完善配套政策支持体系，奖优惩劣激发数字普惠金融市场活力

通过多方位、多层次的共治，政府实施主动性、功能性、穿透式监管，突出系统、综合、精准的治理，以及对金融机构创新的全过程监管，提升监管能力，利用数字化技术溯源追踪，强化金融风险源头治理，降低数字普惠金融机构违规创新的侥幸心理，最大限度地降低融资风险，推动普惠金融合规扩面演进。同时，充分考虑数字普惠金融的战略价值和预期增值，激励数字普惠金融机构降费扩面，激发数字普惠金融机构合规创新的内在积极性，降低对政府奖励的依赖，推动政策和服务精准触达经营主体，撬动金融资源向小微企业配置，促使其发挥主动性。

3. 探索打造线上化风控，实现信贷资源的精准投放

数字普惠金融机构应用数字技术，更高效合规地实现关键数据分析，与小微企业建立健康的合作关系。一方面，丰富服务品种和服务场景，匹配多样化融资需求，缓解企业现金流压力，提升智能风控处理能力和处理效率；另一方面，聚焦战略性新兴产业和未来产业，针对专业基础好、创新意识强、发展潜力大的高成长型小微企业，倾斜金融资源，实施“独角兽”企业培育计划，打造优势科技创新策源地，提高其贷款融资上限，加速其创新成果转化落地，构建高科技、高成长、高价值企业矩阵，助力提升企业韧性，增强产业技术国际话语权，从而在稳增长、强能力方面作出贡献。

参考文献

[1] 国务院. 国务院关于印发推进普惠金融发展规划（2016—2020 年）的通知：国发〔2015〕74 号[EB/OL].（2015-12-31）.https://www.gov.cn/gongbao/content/2016/content_5036266.htm.

[2] 国务院. 国务院关于推进普惠金融高质量发展的实施意见：国发〔2023〕15 号[EB/OL].（2023-09-25）.https://www.gov.cn/zhengce/zhengceku/202310/content_6908496.htm.

[3] 国务院. 国务院关于印发"十四五"数字经济发展规划的通知：国发〔2021〕29 号[EB/OL].（2021-12-12）.https://www.gov.cn/gongbao/content/2022/-content_5671108.htm.

[4] 中国人民银行. 中国人民银行关于印发《金融科技发展规划（2022—2025 年）》的通知：银发〔2021〕335 号[EB/OL].（2021-12-29）. https://www.gov.cn/xinwen/2022-01/05/content_5666525.htm.

[5] 黑龙江省人民政府. 黑龙江省人民政府关于印发《黑龙江省推进普惠金融高质量发展实施方案》的通知：黑政发〔2023〕15 号[EB/OL].（2023-12-11）. https://www.hlj.gov.cn/hlj/c108376/202312/c00_31693492.shtml.

[6] 伍卓，周付友. 共同富裕背景下数字普惠金融对城乡收入差距的影响效应[J].江汉论坛，2023（05）：22-29.

[7] 梁玲玲，李烨，陈松. 数字普惠金融促进企业绿色技术创新的效应与机制检验[J].统计与决策，2023，39（11）：168-173.

[8] 肖红军，阳镇. 数字普惠金融会推动企业数字化吗[J].吉林大学社会科学学报，2022，62（06）：106-126+233-234.

[9] 卫梦洁，李静萍. 数字普惠金融对商业银行信用风险的影响——基于存款和贷款结构的联合视角[J].经济问题，2024（02）：32-40.

[10] 陈军，常可欣. 数字普惠金融促进居民消费的机制与完善对策[J].理论探讨，2024（01）：144-149.

[11] 张洋，穆博，丁鑫，等. 实现金融“普”与“惠”的互动发展——基于数字普惠金融降低成本的视角[J]. 经济学家，2023（12）：77-85.

[12] 张维迎. 博弈论与信息经济学[M]. 2 版.上海：上海人民出版社，2005.

[13] 张春燕，徐恪，王保进，等. 多接口移动主机最优化费用和性能方法研究[J].计算机学报，2011，34（11）：2176-2186.

[14] 王春苹，南国芳，李敏强，等. 寡头市场信息产品与服务的最优定价策略[J].管理科学学报，2016，9（03）：92-106.

[15] 陈秋梅. 关于服务定价问题[J].中国流通经济，1999（06）：26-29.

[16] 艾瑞咨询. 2017 年中国互联网消费金融行业报告[EB/OL].（2018-02-01）.https://baijiahao.baidu.com/s?id=1589996367702788537&wfr=spider&for=pc.

[17] 艾瑞咨询. 互联网消费金融发展三大关键：获客、用户体验、风控[EB/-OL].（2018-02-07）.http://www.sinotf.com/GB/consumerfinance/2018-02-07/1NM-DAwMDMwMzA1NQ.html.

[18] Katz M L. Price discrimination and Monopolistic competition[J]. Econometrica，1984（52）：1453-1471.

[19] Matt E. Thatcher. The impact of technology on product design ，productivity，and profits：a duopolymodel of price-quality competition[C]//Proceedings of the 37th Hawaii International Conference on System Sciences，2004. Big Island，HI，USA. January 2004：3389-3398.

[20] Liang W J，Lin Y J，Hwang H. Heterogeneous duopoly，spatially discriminatory pricing，and optimal location[J].The An-nals of Regional Science，2012，49（3）：845-860.

[21] Fishbein M，Ajzen I. Belief, attitude，intention，and behavior：An introduction to theory and research[M]. Reading MA：Addison-Wesley，1975.

[22] Ajzen I，Martin F. Understanding Attitudes and Predicting Social Behavior[M]. Englewood Cliffs，NJ：Prentice Hall，1980.

后　记

本书围绕数字普惠金融赋能区域经济高质量发展展开研究，在撰写过程中，笔者深感这一课题对于当下我国经济发展的重要意义。

当前，我国正处于经济转型升级的关键时期，数字经济与实体经济深度融合成为重要发展方向。数字普惠金融作为金融领域的创新模式，在这一进程中扮演着不可或缺的角色。其以数字技术为依托，打破了传统金融服务的诸多限制，让金融资源能够更高效地流向小微企业、农村地区等经济发展的薄弱环节，为经济的均衡发展注入活力。

从全国范围来看，各地区都在积极探索数字普惠金融的发展路径，以推动区域经济增长。在东部发达地区，数字普惠金融助力创新型企业蓬勃发展，加速产业升级；在中西部地区，其为农村电商、特色农业等提供金融支持，缩小城乡差距，促进区域协调发展。黑龙江省作为我国重要的经济区域，在数字普惠金融的助力下，也迎来了新的发展机遇。通过优化金融资源配置，推动科技与金融服务创新，数字普惠金融正在为黑龙江省的产业结构调整、经济振兴发挥积极作用。然而，在数字普惠金融发展的过程中，也面临着一些挑战。例如，如何进一步完善数字普惠金融的监管体系，确保金融安全；怎样提升金融服务的质量和效率，更好地满足实体经济多样化的需求；如何解决数字鸿沟问题，让更多群体享受到数字普惠金融的便利。解决这些问题需要政府、金融机构、企业和社会各方的共同努力。

本书的研究成果旨在为解决上述问题提供一些思路和参考。通过对数字普惠金融供需机制、赋能区域经济的传导机制及其实现路径的深入探讨，为政府部门制定政策、金融机构优化服务、企业提升创新能力提供有益的借鉴。同时，期待更多的学者关注这一领域，开展更深入的研究，共同推动数字普惠金融与区域经济高质量发展的深度融合，助力我国经济在新时代实现持续、稳定、健康的发展。